T. Kaiser · H. Kaiser · J. Kaiser │ Die Anwaltsklausur · Zivilrecht

Die Anwaltsklausur Zivilrecht

Von

Torsten Kaiser

Rechtsanwalt
Wirtschaftsjurist (Univ. Bayreuth)
Mitherausgeber der Juristischen Arbeitsblätter
Seminarleiter bei den Kaiserseminaren

Horst Kaiser

Vorsitzender Richter am Landgericht Lübeck a. D.
Ehem. Arbeitsgemeinschaftsleiter für Referendare
Ehem. Mitglied des Gemeinsamen Prüfungsamtes Nord für das Assessorexamen
Seminarleiter bei den Kaiserseminaren

Jan Kaiser

Ehem. Richter am Landgericht Lüneburg
Wirtschaftsjurist (Univ. Bayreuth)
Geschäftsführender Gesellschafter der Kaiserseminare
Seminarleiter bei den Kaiserseminaren

8., neu bearbeitete Auflage 2019

Verlag Franz Vahlen

Zitiervorschlag: *Kaiser/Kaiser/Kaiser* ZivilR Anwaltsklausur

www.vahlen.de

ISBN 978 3 8006 5943 2

© 2019 Verlag Franz Vahlen GmbH
Wilhelmstraße 9, 80801 München
Druck: Druckerei C.H. Beck Nördlingen
(Adresse wie Verlag)

Satz: R. John + W. John GbR, Köln
Umschlaggestaltung: Martina Busch, Grafikdesign, Homburg Saar

Gedruckt auf säurefreiem, alterungsbeständigem Papier
(hergestellt aus chlorfrei gebleichtem Zellstoff)

Vorwort und Gebrauchsanweisung (Sie sollten das lesen!)

Im Assessorexamen sind in allen Bundesländern Anwaltsklausuren immens wichtig. Leider fallen Anwaltsklausuren regelmäßig am schlechtesten aus. Ein Grund hierfür ist sicherlich die mangelhafte Ausbildung von staatlicher Seite: Es wird kaum gelehrt, was für die Klausuren wichtig ist. Vielen Referendaren ist daher nicht klar, wie eine Anwaltsklausur überhaupt aufgebaut wird, welche spezifisch anwaltlichen Aspekte im Examen immer wieder abgeprüft werden und was genau im praktischen Teil verlangt wird. Dabei schreibt man im Zivilrecht in fast allen Bundesländern immer mehr Anwalts- als Richterklausuren im Examen!

Dieses Buch, welches auf dem **Kaiserseminar** »Die zivilrechtliche Anwaltsklausur im Assessorexamen« basiert, soll hier Abhilfe schaffen. Es richtet sich vor allem an die Teilnehmer des entsprechenden Kaiserseminars und dient in erster Linie der Nachbereitung unseres Wochenendkurses, in dem wir die häufigsten Klausurkonstellationen- und probleme im Rahmen der Anwaltsklausur und die in der letzten Zeit gelaufenen Assessorexamensklausuren besprechen, um Sie effektiv vorzubereiten.

Wir wollen Ihnen eine Gebrauchsanweisung liefern, in der die Erfahrungen aus der Analyse einer Unmenge von Original-Examensklausuren und der jahrlangen Tätigkeit der Verfasser als Repetitoren und Leiter von Arbeitsgemeinschaften weitergegeben werden. Wie ist dieses Buch entstanden? Wir haben hier nicht die Bücher der Konkurrenz »umgeschrieben« oder eigene »fixe Ideen« zu Papier gebracht, sondern eigenhändig **die Examensklausuren der letzten 18 Jahre aus dem Ringtausch der LJPAs und aus Bayern analysiert** und geschaut, was wichtig ist und dies dann zusammengefasst. Zudem ist das Feedback von Teilnehmern unserer Kurse, von AG-Leitern und von der **Prüfungsanfechtung** eingeflossen, was ebenso hilfreich war. **Größtmögliche Examensnähe ist also garantiert.** Zudem haben wir zum Teil Hinweise eingefügt, **wann bestimmte Themen zuletzt als Klausur gelaufen sind,** damit Sie ein Gefühl für die Examensrelevanz bzw. -häufigkeit bestimmter Aspekte bekommen. Dieses Lehrbuch enthält selbstverständlich auch einen Abschnitt über die mittlerweile üblichen **Kautelarklausuren.**

Bei der Flut von Ausbildungsliteratur wird es für die gewissenhafte Examensvorbereitung immer wichtiger, mit Unterlagen zu arbeiten, die von Assessorexamensprofis erstellt wurden und speziell auf die Anforderungen der Klausuren im zweiten Staatsexamen zugeschnitten sind, um von Anfang an den Überblick zu behalten und nicht unnötigen Firlefanz zu lernen. Dieses Lehrbuch erfüllt genau diese Anforderungen. Es enthält dabei sowohl die Grundlagen als auch die dann auch ins nötige Detail gehenden Spezialfragen, welche die LJPAs ständig in die Examensklausuren einbauen. Dabei werden **sowohl** die Gepflogenheiten im **Ringtausch** der LJPAs **als auch die bayerischen Besonderheiten berücksichtigt.** Zudem sind Musterschriftsätze/-schreiben und viele Formulierungsbeispiele für besonders wichtige Klausurpassagen wie zB Obersätze und Anträge enthalten.

Die Verfasser sind erfahrene Referendarausbilder. *Torsten Kaiser*, federführend im Autorenteam dieses Buches, hat zunächst als Anwalt bei Clifford Chance in Düsseldorf gearbeitet. Seit Anfang 2005 ist er Rechtsanwalt in Lübeck. *Horst Kaiser* ist Vorsitzender Richter einer Berufungszivilkammer am Landgericht Lübeck a.D. und leitete über 15 Jahre Zivilrechtsarbeitsgemeinschaften. Er war bis Ende 2004 Mitglied des LJPA Nord für das Assessorexamen. *Jan Kaiser* ist ehem. Richter am Landgericht Lüneburg. Die Kaiserseminare betreuen bundesweit die Examensvorbereitung der Referendarinnen und Referendare vieler internationaler Großkanzleien.

Die Verfasser veranstalten Wochenendseminare zur Vorbereitung auf die Examensklausuren. Nähere Informationen erhalten Sie unter: **KAISER**SEMINARE, www.kaiserseminare.com.

Inhaltsverzeichnis

Abkürzungsverzeichnis

aA . . . . anderer Ansicht
Abs. . . . . Absatz
AGB . . . . Allgemeine Geschäftsbedingungen
AnwBl. . . . . Anwaltsblatt
aE . . . . am Ende
aF . . . . alte Fassung
AG . . . . Amtsgericht oder Aktiengesellschaft, je nach Zusammenhang
AktG . . . . Aktiengesetz
Alt. . . . . Alternative
AnwBl . . . . Anwaltsblatt
AO . . . . Abgabenordnung
Art. . . . . Artikel

BauGB . . . . Baugesetzbuch
beA . . . . besonderes elektronisches Anwaltspostfach
BerufsO . . . . Berufsordnung der Rechtsanwälte
BGB . . . . Bürgerliches Gesetzbuch
BGH . . . . Bundesgerichtshof
BGH-Report . . . . . BGH-Report
BGHZ . . . . Amtliche Sammlung des Bundesgerichtshofs in Zivilsachen
BORA . . . . Berufsordnung für Rechtsanwälte
BRAGO . . . . Bundesrechtsanwaltsgebührenordnung
BRAO . . . . Bundesrechtsanwaltsordnung
BVerfG . . . . Bundesverfassungsgericht
bzgl. . . . . bezüglich
bzw. . . . . beziehungsweise

c.i.c. . . . . culpa in contrahendo

DB . . . . Der Betrieb
dh . . . . das heißt
DNotZ . . . . Deutsche Notar-Zeitschrift
DRiZ . . . . Deutsche Richterzeitung

eA . . . . einer Ansicht
EGBGB . . . . Einführungsgesetz zum Bürgerlichen Gesetzbuch
EGMR . . . . Europäischer Gerichtshof für Menschenrechte
EGZPO . . . . Einführungsgesetz zur Zivilprozessordnung
Einf v . . . . Einführung vor
Einl v . . . . Einleitung vor
einsch. . . . . Einschichtig
etc. . . . . et cetera
EuGVVO . . . . Verordnung Nr. 44/2001 über die gerichtliche Zuständigkeit und die
                      Anerkennung und Vollstreckung von Entscheidungen in Zivil- und
                      Handelssachen
evtl. . . . . eventuell

f. . . . . folgende
FamFG . . . . Gesetz über das Verfahren in Familiensachen und in den Angelegenhei-
                      ten der freiwilligen Gerichtsbarkeit
FamRZ . . . . Zeitschrift für das gesamte Familienrecht

GBO . . . . Grundbuchordnung
GbR . . . . Gesellschaft bürgerlichen Rechts
gem. . . . . gemäß
GewO . . . . Gewerbeordnung
GG . . . . Grundgesetz
ggf. . . . . gegebenenfalls
GKG . . . . Gerichtskostengesetz
GmbH . . . . Gesellschaft mit beschränkter Haftung
GmbHG . . . . Gesetz über die Gesellschaften mit beschränkter Haftung
GPA . . . . Gemeinsames Prüfungsamt Nord
grds. . . . . grundsätzlich
GrEStG . . . . Grunderwerbsteuergesetz
GVG . . . . Gerichtsverfassungsgesetz

h. . . . . herrschende
HandwO . . . . Handwerksordnung
HGB . . . . Handelsgesetzbuch
hM . . . . herrschender/herrschende Meinung
Hs. . . . . Halbsatz

idR . . . . in der Regel
iHd/iHv . . . . in Höhe des/in Höhe von
InsO . . . . Insolvenzordnung
iRd . . . . im Rahmen des
iRe . . . . im Rahmen einer/eines
iRv . . . . im Rahmen von
iSd . . . . im Sinne des/der
iSv . . . . im Sinne von
iÜ . . . . im Übrigen
iVm . . . . in Verbindung mit

JA . . . . Juristische Arbeitsblätter
JURA . . . . Juristische Ausbildung
JurBüro . . . . Das Juristische Büro
JuS . . . . Juristische Schulung
JZ . . . . Juristenzeitung

KG . . . . Kammergericht oder Kommanditgesellschaft, je nach Zusammenhang
KV . . . . Kostenverzeichnis

LG . . . . Landgericht
LJPA . . . . Landesjustizprüfungsamt/-ämter
LPartG . . . . Lebenspartnerschaftsgesetz

MDR . . . . Monatsschrift für Deutsches Recht
mwN . . . . mit weiteren Nachweisen

neLG . . . . Nichteheliche Lebensgemeinschaft
NJOZ . . . . Neue Juristische Online-Zeitschrift
NJW . . . . Neue Juristische Wochenschrift
NJW-RR . . . . . . Neue Juristische Wochenschrift – Rechtsprechungs-Report
Nr. . . . . Nummer
NRW . . . . Nordrhein-Westfalen
NZM . . . . Neue Zeitschrift für Miet- und Wohnungsrecht

obj. . . . . objektiv

OHG . . . . Offene Handelsgesellschaft
OLG . . . . Oberlandesgericht
OLGR . . . . OLG-Report

PartGG . . . . Partnerschaftsgesellschaftsgesetz
PfÜB . . . . Pfändungs- und Überweisungsbeschluss
PKH . . . . Prozesskostenhilfe
Pkw . . . . Personenkraftfahrzeug
pVV . . . . positive Vertragsverletzung/Forderungsverletzung

RG . . . . Reichsgericht
RGZ . . . . Amtliche Sammlung in Zivilsachen/Strafsachen des Reichsgerichts
Rn. . . . . Randnummer
Rpfleger . . . . Der Deutsche Rechtspfleger
Rspr. . . . . Rechtsprechung
RVG . . . . Gesetz über die Vergütung von Rechtsanwältinnen und Rechtsanwälten
RVGreport . . . . . . RVG-Report

S. . . . . Seite oder Satz, je nach Zusammenhang
SGB . . . . Sozialgesetzbuch
sog. . . . . sogenannt(e)
st. . . . . ständige

uU . . . . unter Umständen
UWG . . . . Gesetz gegen den unlauteren Wettbewerb

VB . . . . Vollstreckungsbescheid
VersAusglG . . . . . Versorgungsausgleichsgesetz
VU . . . . Versäumnisurteil(s)
VersR . . . . Versicherungsrecht
vgl. . . . . vergleiche
Vor/Vorb/Vorb v . . Vorbemerkung von
VU . . . . Versäumnisurteil
v.u.g. . . . . vorgelesen und genehmigt
VV . . . . Vergütungsverzeichnis

WE . . . . Willenserklärung/Willenserklärungen
WEG . . . . Wohnungseigentümergemeinschaft
wg. . . . . wegen

zB . . . . zum Beispiel
ZBR . . . . Zurückbehaltungsrecht
ZGS . . . . Zeitschrift für das gesamte Schuldrecht
ZMR . . . . Zeitschrift für Miet und Raumrecht
ZPO . . . . Zivilprozessordnung
zT . . . . zum Teil
ZVG . . . . Zwangsversteigerungsgesetz
ZVS . . . . Zwangsvollstreckung
zweisch. . . . . zweischichtig

Literaturverzeichnis

Anders, M./Gehle, B., Das Assessorexamen im Zivilrecht, 13. Aufl. 2017 (zit.: *Anders/Gehle* ZivilR)

Arens, W./Rinck, K., Gesellschaftsrecht, 2002 (zit.: *Arens/Rinck* GesR)

Baumfalk, W., Die zivilrechtliche Anwaltsklausur im Assessorexamen, 5. Aufl. 2007 (zit.: *Baumfalk* Anwaltsklausur)

Beck, T., Anwaltsstrategien bei der Vertragsgestaltung, 2007 (zit.: *Beck* Anwaltsstrategien)

Binz, K. J./Dörndorfer, J./Zimmermann, W., GKG, FamGKG, JVEG, 4. Aufl. 2019 (zit.: *Binz/Bearbeiter*)

Brox, H./Walker, W.-D., Zwangsvollstreckungsrecht, 11. Aufl. 2018 (zit.: *Brox/Walker* ZwangsVollstrR)

Diercks-Harms, K., Die erfolgreiche Anwaltsklausur, 2003 (zit.: *Diercks-Harms* Anwaltsklausur)

Diercks-Harms, K./Lemke-Küch, H., Das Assessorexamen – Rechtsanwaltsstation, 2. Aufl. 2004 (zit.: *Diercks-Harms/Lemke-Küch* Assessorexamen)

Dresenkamp, K./Sachtleber, O., Zivilakte, 3. Aufl. 2015 (zit.: *Dresenkamp/Sachtleber* Zivilakte)

Hagendorn, N./Bansemer, S./Sander, A., Die Anwaltsklausur im Zivilrecht, 2006 (zit.: *Hagendorn/Bansemer/Sander* Anwaltsklausur)

Heidenhain, M./Meister, B. W., Münchener Vertragshandbuch, Band 1: Gesellschaftsrecht, 7. Aufl. 2011 (zit.: MVHdb V GesR)

Herrler, S., Münchener Vertragshandbuch, Band 5: Bürgerliches Recht I, 7. Aufl. 2013 (zit.: MVHdb V BürgerlR I)

Herrler, S., Münchener Vertragshandbuch, Band 6: Bürgerliches Recht II, 5. Aufl. 2003 (zit.: MVHdb V BürgerlR II)

Hoffmann-Becking, M./Gebele, A., Beck'sches Formularhandbuch, Bürgerliches, Handels- und Wirtschaftsrecht, 13. Aufl. 2019 (zit.: BeckFormB BHW)

Kaiser, T./Kaiser, H./Kaiser, J., Materielles Zivilrecht im Assessorexamen, 9. Aufl. 2018 (zit.: *Kaiser/Kaiser/Kaiser* MatZivilR)

Kaiser, H./Kaiser, J./Kaiser, T., Die Zivilgerichtsklausur im Assessorexamen Band I, 8. Aufl. 2018 (zit.: *Kaiser/Kaiser/Kaiser* Zivilgerichtsklausur I)

Kaiser, T./Kaiser, H./Kaiser, J., Die Zwangsvollstreckungsklausur im Assessorexamen, 7. Aufl. 2017 (zit.: *Kaiser/Kaiser/Kaiser* ZwangsVollstr-Klausur)

Kersten, F./Bühling, S., Formularhandbuch und Praxis der Freiwilligen Gerichtsbarkeit, 22. Aufl. 2008 (zit.: *Kersten/Bühling* Formularbuch)

Knöringer, D., Die Assessorklausur im Zivilprozess, 17. Aufl. 2018 (zit.: *Knöringer* Zivilprozess)

Kroiß, L./Neurauter, I., Formularsammlung für Rechtspflege und Verwaltung, 26. Aufl. 2017 (zit.: *Kroiß/Neurauter* FormB Rechtspflege)

Krüger, W./Rauscher, T. (Hrsg.), Münchener Kommentar zur ZPO, 5. Aufl. 2016 f. (zit.: MüKoZPO/*Bearbeiter*)

Michel, H./von der Seipen, C., Der Schriftsatz des Anwalts im Zivilprozess, 6. Aufl. 2003 (zit.: *Michel/von der Seipen* Schriftsatz)

Mürbe, M./Geiger, H./Haidl, H. K., Die Anwaltsklausur in der Assessorprüfung, 6. Aufl. 2011 (zit.: *Mürbe/Geiger/Haidl* Anwaltsklausur)

Musielak, H. J./Voit, W. (Hrsg.), ZPO: Zivilprozessordnung Kommentar, 16. Aufl. 2019 (zit.: Musielak/Voit/*Bearbeiter*)

Palandt, O. (Begr.), Kommentar zum Bürgerlichen Gesetzbuch, 78. Aufl. 2019 (zit.: Palandt/*Bearbeiter*)

Schneider, E., Der Zivilrechtsfall in Prüfung und Praxis, 7. Auflage 1988 (zit.: Schneider *Zivilrechtsfall*)

Schuschke, W./Kessen, M./Höltje, B., Zivilrechtliche Arbeitstechnik im Assessorexamen, 35. Aufl. 2013 (zit.: *Schuschke/Kessen/Höltje* Arbeitstechnik)

Sikora, M./Mayer, A./Kell, B., Kautelarjuristische Klausuren im Zivilrecht, 5. Aufl. 2019 (zit.: *Sikora/Mayer/Kell* ZivilR)

Thomas, H./Putzo, H. (Begr.), ZPO Zivilprozessordnung, 40. Aufl. 2019 (zit.: Thomas/Putzo/*Bearbeiter*)

Vorwerk, V./Wolf, C. (Hrsg.), Beck'scher Online-Kommentar ZPO, 23. Ed. 1.12.2016 oder 30. Ed. 15.9.2018 (zit.: BeckOK ZPO/*Bearbeiter*)

Zöller, R. (Begr.), ZPO Zivilprozessordnung, 32. Aufl. 2018 (zit.: Zöller/*Bearbeiter*)

Die Autoren dieses Lehrbuches bieten auch Crash-Kurse zu allen Klausurtypen des Assessorexamens an.

Nähere Informationen unter

www.kaiserseminare.com

1. Teil. Die zivilrechtliche Anwaltsklausur

A. Einleitung

I. Grundsätzliche Herangehensweise und Klausurtechnik

Für eine gute Note sind einige grundlegende Ratschläge zu beachten.   1

1. Beachtung von Klausurstrategie und Klausurtaktik[1]

1. Anlegen von Brainstorming-Zetteln für jeden Teil der Klausur (Rechtsbehelf, Zulässigkeit, Schlüssigkeit, Erheblichkeit, Beweisfragen, Zweckmäßigkeit, praktischer Teil); hier kommen die Ideen/Assoziationen hin, die man bereits beim ersten Lesen der Klausur hat.
2. Lesen des Bearbeitervermerks zur Erfassung der Aufgabenstellung (Was ist gefordert? Was wird erlassen? Welche Vorschriften sollen nicht geprüft werden?)
3. Lesen des Sachverhaltes (Was ist passiert? Wer ist Mandant? Gibt es schon einen Prozess oder nicht? Was will der Mandant? Worum geht es vermutlich materiell?)
4. Spätestens danach: Unstreitiges/Streitiges notieren! Dann immer Zeitstrahl anfertigen.
5. Herausarbeiten (dh Sich-klar-Machen!) des Mandantenbegehrens
6. Untersuchen der Klausur nach klausurtaktischen Gesichtspunkten
7. Skizzieren der Klausurprobleme auf Lösungszettel(n) – Schwerpunkte markieren
8. Ausformulierung der Lösung (zB Gutachten und/oder Schriftsatz je nach Bearbeitervermerk)

Die Ihnen zur Urteilsklausur hoffentlich bekannten **klausurtaktischen Erwägungen**[2] gelten nur eingeschränkt für die Anwaltsklausur. Dies liegt daran, dass der Sachverhalt in der Regel offen ist und gerade die anwaltlichen Variationsmöglichkeiten einen Teilaspekt der Anwaltsklausur ausmachen. Einige klausurtaktische Überlegungen greifen jedoch auch für die Anwaltsklausuren:

- Sie wissen im Regelfall, dass wenn Sie Anwalt des (potentiellen) Klägers sind, der Mandant etwas vorträgt, was durchsetzbare Ansprüche gegen den Gegner begründet. Die Möglichkeit, dass Sie dem Mandanten mangels Ansprüchen raten müssen, nicht gerichtlich vorzugehen, ist nicht besonders examenstauglich (aber natürlich nicht völlig ausgeschlossen, vor allem wenn im Bearbeitervermerk steht, dass im praktischen Teil statt eines Schriftsatzes »nur« ein Mandantenschreiben oder ein Vergleichsvorschlag zu fertigen ist oder der Mandant entsprechende Andeutungen dazu macht).
- Wenn es um die Einlegung eines Rechtsbehelfs geht (Einspruch gegen VU, Zwangsvollstreckungsrechtsbehelfe), so können Sie mit einiger Wahrscheinlichkeit davon ausgehen, dass ein Rechtsbehelf auch möglich und zweckmäßig ist. Ansonsten kämen Sie zu dem in der Regel nicht gewollten Ergebnis, dass Sie im praktischen Teil der Klausur »nur« ein Mandantenschreiben zu fertigen hätten und gerade keinen Schriftsatz an ein Gericht.

2. Gutachtenstil, wenn ein Hauptgutachten gefordert ist?

Eigentlich sollte das Gutachten im Gutachtenstil abgefasst werden. Unproblematische Punkte können Sie im Urteilsstil darstellen. Bei der steigenden Anzahl von Klausuren mit überlangem Sachverhalt ist es mittlerweile schon zum Regelfall geworden, dass die Kandidaten in fast jeder Klausur mit irrsinnigen Zeitproblemen zu kämpfen haben. Wenn das bei Ihnen auch der Fall ist: Bevor Sie »in Schönheit sterben«, dh vieles (formal richtig) im Gutachtenstil abhandeln und am Ende eine unfertige Klausur abgeben, sollten Sie unseres Erachtens auch im Gutachten **so viel wie möglich im Urteilsstil** abhandeln (das geht schneller!) und wirklich nur bei den absoluten Hauptproblemen der materiellen Lösung in den Gutachtenstil überwechseln.

---

1 Vgl. auch *Diercks-Harms* Anwaltsklausur 3 ff.
2 Vgl. dazu ausführlich *Kaiser/Kaiser/Kaiser* Zivilgerichtsklausur I Rn. 80 ff.

Dies dürfte wegen der etwas rigideren Spitzklammerpolitik (→ Rn. 46) des **GJPA Berlin-Brandenburg** ohnehin für Kandidaten aus dem dortigen Zuständigkeitsbereich gelten.

3. Herangehen an die materiell-rechtliche Lösung nach dem üblichen Muster

Bei der Begutachtung der Rechtslage im Hinblick auf das Mandantenbegehren müssen Sie sich an die Systematik halten, die Sie noch aus dem Studium kennen: Vertrag, vertragsähnliche Ansprüche, Gesetz. Die Rechtslage ist dabei **anhand der herrschenden Rspr.** zu beurteilen, da von den Examenskandidaten grundsätzlich eine praxisnahe Lösung erwartet wird.[3]

4. Sprache und Formalia

Um in den Notenbereich »4-Punkte-aufwärts« zu gelangen, haben Sie eins zu eins wie in der Praxis Sprache, Begründungen und Formalia anzuwenden. Das fängt damit an, dass Sie bei der rechtlichen Prüfung **Absätze zu bilden haben**, um zu zeigen, dass jetzt ein neuer Prüfungspunkt anfängt. Absätze sind Ihre neuen Gliederungspunkte (Sie dürfen in der Klausur nämlich nur ganz wenige echte Gliederungspunkte wie I. 1. a) aa) etc. haben!). Bilden Sie **präzise Obersätze sowohl bei jedem neuen Prüfungsabschnitt als auch bei den zu prüfenden Normen**, nennen Sie die einschlägigen Paragraphen genau mit Absatz und Satz und subsumieren Sie dann unter Auswertung/Bezugnahme auf die Akte. Das Ziel ist es, im Zivilrecht **mindestens 25 Seiten Klausur** abzugeben. Das ist nach der Erfahrung aus der **Prüfungsanfechtung** das geschuldete Minimum! Wenn Sie nur 15 Seiten schreiben, für was wollen Sie Punkte bekommen? Für die 4 Seiten materielle Prüfung? Es steht dann am Rand der Klausur oder in den Voten: »*Obersatz fehlt!*«, »*Es fehlt an ordentlichen Obersätzen, die das Handwerk bilden*« »*nicht präzise geprüft*«, »*nicht ausreichend dargestellt*«, »*leider keine hinreichende detaillierte Erörterung von*«, »*hierzu fehlt jede Argumentation*«, »*argumentativ nur unzureichend*«, »*ohne weitere Begründung*«, »*hätte dezidierter herausgearbeitet werden müssen*«, »*zu oberflächlich dargestellt*«, »*äußerst knapp behandelt*«, »*Darstellungen sind durchweg zu knapp*«. Richtig geprüft, aber zu knapp dargestellt und daher noch nicht einmal mehr im mittleren Notenbereich. Alles Originalkommentare der Prüfer, entnommen aus der Einsicht in gelaufene Examensklausuren!

Ihre **Formulierungen** müssen ein gewisses sprachliches Niveau erreichen, das einer guten Note auch angemessen ist. Sie müssen so formulieren wie es die Praktiker tun. Gute Gedanken schlecht (= nicht praxisgerecht) formuliert bringen keine Punkte. Weitaus mehr Prüfer, als Sie sich das vorstellen können, rügen die fehlende Sprachkompetenz und ziehen auch dafür Punkte ab. »*Ausführungen deutlich verbesserungswürdig*«, »*nicht praxisgerecht formuliert*«, »*Der Bearbeitung fehlt hinreichend qualifizierte Sprache*«, »*In sprachlicher Hinsicht ist die Arbeit mit Schwächen behaftet*«, »*Formulierung nicht praxisnah*« oder einfach »*stilistisch unzureichend*« steht am Rand der Examensklausur bzw. im Votum, wenn Sie sich nicht daran halten. Auch das sind Originalkommentare von Examenskorrektoren, die wir so oder ähnlich ständig zu Gesicht bekommen. Und es gab jedes Mal Punktabzug! Verstehen Sie Jura einfach als Fremdsprache, bei der bestimmte Vokabeln (der »Juristensprech«) zu benutzen sind. Wie lernt man das? Ran ans Original! In den drei **Kaiserseminaren zum materiellen Recht** geben wir Ihnen ja die **heißen Entscheidungen für die Klausuren**, damit kann man auch das alles wunderbar üben. Achten Sie auf die Art und Weise wie dort in den Urteilen formuliert wird.

Und nur durch das **Lesen von Originalentscheidungen** lernen Sie auch, **mit komplexen Sachverhalten umzugehen**. Die LJPA verlangen neben den rein juristischen Sachen in Examensklausuren als eigentlich unjuristische Leistung auch die zügige, vollständige Erfassung einer komplexen viel zu langen Akte. Die Examensfälle im Zweiten sind daher mittlerweile auf einen sehr hohen Grad von Komplexität angelegt. Und Sie haben sich in der Klausur der Fülle von Informationen zu stellen. Erkennbares Zeichen: langer Sachverhalt, viele Daten, Zahlen und Personen. Es ist mühselig und zeitaufwendig, dies alles zu sortieren und da durchzusteigen, aber notwendig! Und dies muss geübt werden. Als Korrektor sieht man

---

3 *Diercks-Harms* Anwaltsklausur 19; *Hagendorn/Bansemer/Sander* Anwaltsklausur Rn. 16.

ziemlich schnell, wer nur mit Mini-Fällchen gelernt und wer vor den Klausuren Entscheidungen gelesen hat und daher mit der Masse der Informationen besser klar kommt. Fangen Sie rechtzeitig damit an! Also: Regelmäßig Urteile lesen und einen Zeitstrahl machen – dann sind Sie schon nach einem Monat schneller.

Die **Formalia** in den Schriftsätzen müssen Sie im Schlaf beherrschen. Das ist Ihre Visitenkarte! Jeder Punkt, jedes Komma, wann was zentriert und was nicht zentriert ist, was im Präsens und was im Futur zu beantragen ist, muss in Ihrem Kopf abgespeichert sein. Fehler bei den Formalia sind kaum wieder gutzumachen. Daher haben wir in dieses Skript **Musterschriftsätze** integriert. Die sind zu inhalieren! Die Bayern haben es dagegen leicht, sie dürfen den **Kroiß/Neurauter** benutzen, in dem viele Muster enthalten sind.

II. Die unterschiedlichen Klausurtypen

Anwaltsklausuren können nach der derzeitigen Examenspraxis im Wesentlichen in sieben verschiedenen Konstellationen auf Sie zukommen: **2**

Bei **Typ 1** sind Sie der Anwalt des potentiellen Klägers, der Ihnen als seinem Anwalt Klageauftrag erteilt hat. Das formelle Endprodukt Ihrer Klausur ist in der Regel der Entwurf einer Klageschrift.

Bei **Typ 2** sind Sie der Anwalt des Beklagten. Das formelle Endprodukt ist dann in der Regel der Entwurf einer Klageerwiderung.

Typ 3-Klausuren laufen auf die Beantragung einer einstweiligen Verfügung oder eines Arrestbefehls hinaus. Die Klausuren, in denen Sie bei Typ 3 die Antragsgegnerseite vertreten, sind eher selten. Als Variante kann auch der Widerspruch nach §§ 924 f. ZPO vorkommen.

Bei **Typ 4** geht es um die Einlegung einer Berufung für den Mandanten. Bei **Typ 5** legt Ihnen der Mandant ein erstinstanzliches Urteil und eine Berufungsschrift vor. Dann sind Sie also Anwalt des Berufungsbeklagten und müssen in der Regel den Entwurf einer Berufungserwiderung fertigen.

Bei **Typ 6** handelt es sich um Anwaltsklausuren, in denen es im Wesentlichen um die Prüfung und Einlegung von Zwangsvollstreckungsrechtsbehelfen geht.

Es kann von Ihnen auch der Entwurf zB eines Vertrages oder Testaments verlangt werden. Diese sog. **Kautelarklausuren (Typ 7)** sind mittlerweile auch üblich geworden.

> **Klausurtipp:** Es kann auch sein, dass der Fall der Klausur einem »Referendar zur weiteren Bearbeitung« übertragen wurde. In der Klausur müssen Sie dann die Rolle des (fiktiven) Referendars übernehmen, der die Angelegenheit für den Anwalt vorbereitet. Die hier dargestellten Hinweise für Aufbau und Inhalt der Klausur gelten auch für diese Klausurvariante.

> **Hinweis für Referendare in Bayern:** Die in diesem Lehrbuch enthaltenen Hinweise orientieren sich vom Aufbau der Darstellung her an den Gepflogenheiten im sog. Ringtausch der Prüfungsämter, an dem mittlerweile alle Bundesländer außer Bayern teilnehmen. **Was ist in Bayern bei der Anwaltsklausur im Zivilrecht anders als im Ringtausch?** Folgendes: Eher selten ist in Bayern – wie sonst in allen anderen Bundesländern üblich – ein Gutachten mit anschließendem Schriftsatz gefordert, sog. **Gutachtenklausur.** Für diese Fälle können Sie sich komplett an dem orientieren, was in diesem Lehrbuch dargestellt wird. In den meisten Fällen jedoch gibt in Bayern der Bearbeitervermerk vor, dass nur ein Schriftsatz an das Gericht und ergänzend ein Hilfsgutachten (gegebenenfalls inklusive Mandantenschreiben) über die Punkte zu fertigen ist, auf die im Schriftsatz nicht eingegangen wird, sog. **Schriftsatzklausur. Was Sie dann anders machen müssen als im Ringtausch liegt auf der Hand:** Zuerst müssen Sie den in diesem Lehrbuch besprochenen Schriftsatz fertigen, danach das in der Regel eher dünn ausfallende Hilfsgutachten und gegebenenfalls noch ein Mandantenschreiben.

> **Wichtig: Beim gedanklichen Lösen der Klausur auf Ihren Konzeptzetteln gehen Sie in Bayern natürlich auch die Prüfungsschritte durch, die alle anderen Referendare außerhalb Bayerns im Hauptgutachten abzuklappern haben.** Denn das Gutachten spiegelt ja wider, wie der Anwalt den

Fall löst! Was also im Ringtausch in der Gutachtenklausur in das Hauptgutachten kommt, müssen die bayerischen Referendare in der Schriftsatzklausur auf ihrem Lösungszettel durchgehen und prüfen. Alles was wir daher in diesem Skript zu den Prüfungsschritten im Gutachten aufzeigen, müssen die Referendare in Bayern selbstverständlich auch in Schriftsatzklausuren beherrschen und prüfen, nur eben nicht immer danach in die Finalform eines Hauptgutachtens gießen, sondern auf den Schriftsatz und – in der Regel den kleineren Teil – auf das Hilfsgutachten und das Mandantenschreiben verteilen. Was Sie inhaltlich-juristisch zu prüfen haben ist daher in allen Bundesländern gleich! **Alles was hier im Skript steht, ist daher selbstverständlich auch für die bayerischen Schriftsatzklausuren wichtig.** Nur wo Sie etwas darzustellen haben, kann gegebenenfalls abweichen. Darauf wird jeweils im Skript hingewiesen.

Vorweg zum Schriftsatz in Bayern: Die in der Klausur angelegten Rechtsfragen stellen Sie – statt wie im Ringtausch üblich im Hauptgutachten – dann so umfassend wie möglich in der Klageschrift/Klageerwiderung etc. dar. Oft gibt dies bereits der Bearbeitervermerk so vor: »... *Der Schriftsatz soll Rechtsausführungen, die das Rechtsbegehren des Mandanten stützen, enthalten.*« Auch wenn der Bearbeitervermerk zu dieser Frage schweigt, sollten Sie so verfahren. Diese Rechtsausführungen sind dann der Schwerpunkt Ihrer Klausur. Hierbei ist im Schriftsatz grundsätzlich der Urteilsstil zu verwenden, da dies den Gepflogenheiten in der Praxis entspricht.

Zum Hilfsgutachten in Bayern: Was kommt hier rein? Ganz einfach: alle rechtlichen Erwägungen, auf die Sie im Schriftsatz nicht eingehen können oder wollen (zB weil es auf diese in der Klage/Klageerwiderung nicht ankommt oder weil sie das Gericht nicht interessieren/zu interessieren haben), die aber im Klausursachverhalt angelegt sind. Das Hilfsgutachten können Sie dann zB untergliedern in:

1. Sonstige materiell-rechtliche Probleme
2. Sonstige prozessuale Probleme

Die rechtlichen Ausführungen sind, um Zeit zu sparen, im Hilfsgutachten am besten einschichtig und nicht nach Stationen aufzubauen. Klassischerweise handelt es sich bei den sonstigen prozessualen Erwägungen im Hilfsgutachten um die in diesem Lehrbuch ausführlich aufgezeigten und für die Note natürlich auch in Bayern mit ausschlaggebenden speziellen **Beweisprobleme und vor allem die Zweckmäßigkeitserwägungen**, deren Aufnahme im Schriftsatz in der Regel fehlplaziert wäre. Wenn neben dem Hilfsgutachten noch ein **Mandantenschreiben** zu fertigen ist (was in Bayern häufiger vorkommt als im Ringtausch), können Sie die Aspekte des Hilfsgutachtens, die unmittelbar für den Mandanten von Relevanz sind und ihm mitgeteilt werden müssten, vom Hilfsgutachten in das Mandantenschreiben rüber ziehen und gleich nur dort darstellen.

Hinweise für die Referendare in Baden-Württemberg: In Baden-Württemberg ist es in den letzten neun Jahren vereinzelnd (!) vorgekommen, dass dort laut Bearbeitervermerk eine Schriftsatzklausur – wie in Bayern – zu schreiben war. Das ist noch eine Reminiszenz von früher, als sich Baden-Württemberg noch an die bayerischen Examensklausuren angelehnt hat (was jetzt nicht mehr der Fall ist; Baden-Württemberg schreibt in der Regel die Ringklausuren mit!).

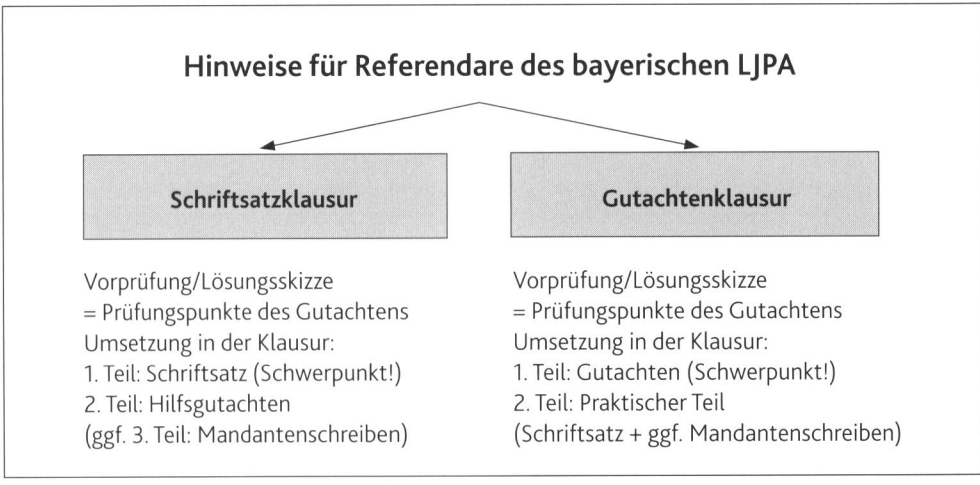

III. Aufbauvarianten für das Gutachten

In den im Ringtausch üblichen und in Bayern seltenen (aber bereits gelaufenen!) Gutachtenklausuren werden zwei verschiedene Arten des Aufbaus voneinander unterschieden: **3**

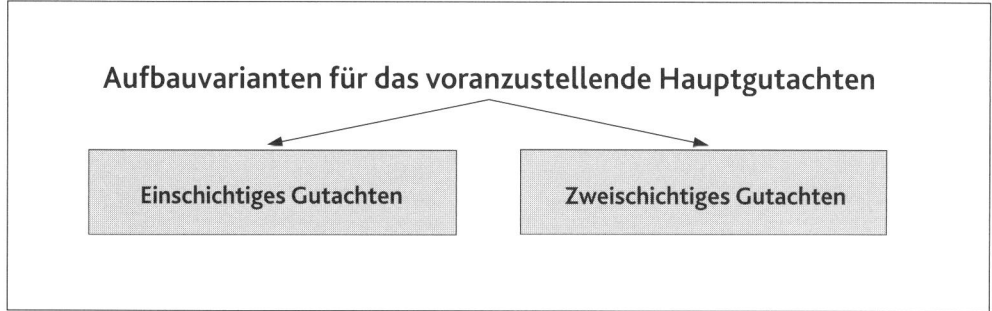

Bei dem sog. »**zweischichtigen**« Aufbau (zum Teil auch relationsmäßiger oder zweistufiger Aufbau genannt) wird der jeweilige Vortrag der Partei und dessen rechtliche Begutachtung bestimmten Stationen zugeordnet (Klägerstation, Beklagtenstation, Beweisprognosestation, Zweckmäßigkeitsstation). Bei dem sog. »**einschichtigen**« Aufbau entfällt diese Unterteilung in Stationen. Hier wird bei jedem Anspruch der Vortrag zugunsten der einen Partei (»Schlüssigkeit«) und der zu erwartende Gegnervortrag des Gegners (»Erheblichkeit«) geprüft, inklusive der gegebenenfalls erforderlichen Beweisprüfung. Es wird also ein durchgängiges Gutachten angefertigt, das Sie bereits aus dem ersten Staatsexamen kennen. Am Ende erfolgen auch im Falle des einschichtigen Aufbaus die von materiellen Fragen grundsätzlich getrennten Zweckmäßigkeitserwägungen. In unserem Wochenend-Crash-Kurs zur zivilrechtlichen Anwaltsklausur wird immer wieder die Frage gestellt, **was denn nun der richtige Aufbau sei?** Die Antwort auf diese Frage ist ganz einfach: Es gibt keinen richtigen oder falschen Aufbau! Da die LJPAs in der Regel keinen bestimmten Aufbau vorgeben, liegt es ganz beim Bearbeiter, sich »seinen« Aufbau auszusuchen, mit dem er/sie am besten klarkommt. Nur in **Niedersachsen** schreibt das dortige LJPA grundsätzlich den zweischichtigen Aufbau vor. In **Bayern** ist der einschichtige Aufbau üblicher als der zweischichtige, wenn ein Hauptgutachten gefordert wird. Wegen der relativ strikt kommunizierten Spitzklammer-Politik des **GJPA Berlin-Brandenburg** bietet sich auch dort in Berlin/Brandenburg eigentlich nur der einstufige Aufbau an.

Beachte: Wenn der Mandant im Sachverhalt mehrere **Fragen** stellt, so bietet es sich gegebenenfalls an, das Gutachten nach den jeweiligen Fragen zu untergliedern und am Ende Zweckmäßigkeitserwägungen abzuarbeiten. Innerhalb der einzelnen Fragen kann dann wieder einschichtig oder zweischichtig aufgebaut werden. Sind die Fragen nur »Zusatz« und nicht Mittelpunkt der Klausur, dann bauen Sie wie im Folgenden ab → Rn. 4 ff. beschrieben auf und prüfen die Fragen in einem eigenen Abschnitt, zB vor der Zweckmäßigkeit.

Wenn nach dem Bearbeitervermerk ein »**Aktenvermerk/Vermerk**« zu fertigen ist, so verbirgt sich dahinter nichts anderes als das Gutachten. In diesem Fall verwenden Sie anstatt »*Gutachten*« die Überschrift »*Aktenvermerk*« oder »*Vermerk*«. Alles andere bleibt gleich.

B. Die Anwaltsklausur aus Klägersicht

I. Einleitung

4 Bei der Anwaltsklausur aus Klägersicht besteht Ihr Endprodukt aus einem Gutachten (1. Teil) und einem praktischen Teil (2. Teil), unter Umständen gibt der Bearbeitervermerk auch eine dem Gutachten voranzustellende Sachverhaltsdarstellung (den sog. Sachbericht) vor. Zur gegebenenfalls abweichenden Aufgabenstellung in bayerischen Schriftsatzklausuren s. → Rn. 2.

Das Hauptgutachten sollte beim **zweischichtigen Aufbau** in der Regel wie folgt gegliedert werden:

I. **Mandantenbegehren**
II. **Klägerstation**
III. **Beklagtenstation**
IV. **Beweisprognosestation**
V. **Zweckmäßigkeitsstation**

Beachte: Machen Sie nach jeder dieser Überschriften[4] in der Klausur einen Obersatz!

Das Hauptgutachten kann beim **einschichtigen Aufbau** zB wie folgt gegliedert werden:

I. **Mandantenbegehren**
II. **Prüfung der Erfolgsaussichten einer Klage (oder: Materiell-rechtliches Gutachten)**
   – Ansprüche zugunsten des Mandanten prüfen
   – Bei jedem Tatbestandsmerkmal: Schlüssiges Vorbringen möglich? Erhebliches Vorbringen des Gegners zu erwarten? Beweissituation bei Bestreiten?
III. **Zweckmäßigkeitserwägungen (oder: Prozessuales Gutachten)**
   – Zulässigkeitsfragen und rein prozesstaktische Erwägungen

Beachte: Machen Sie nach jeder dieser Überschriften in der Klausur einen Obersatz!

Mittlerweile verlangen die Korrektoren, dass Sie gleich als Erstes im (Haupt-)Gutachten das **Mandantenbegehren darstellen** und mit einer eigenen Überschrift versehen. Für den Bereich des **GJPA Berlin-Brandenburg** ist das Mandantenbegehren stets mit einem Extra-Gliederungspunkt **vor das Gutachten** zu setzen.[5] **Dies gilt dann natürlich für alle Rechtsanwaltsklausurtypen!** Formulieren Sie das Begehren **detailliert/präzise** und nicht zu oberflächlich! Wir sehen im Rahmen der Klausuranalyse zwecks Anfechtung oder Verbesserungsversuch immer wieder, dass die Korrektoren ständig bemängeln, das Mandantenbegehren sei zu oberflächlich, zu unpräzise oder zu knapp dargestellt worden (was jedes Mal zu Punktabzug führte!). Es ist eine Katastrophe, dass hier oft den Referendaren in den Arbeitsgemeinschaften diametral andere Hinweise gegeben werden. Die Quittung kommt dann im Examen! Unten sind einige Formulierungsanregungen, an denen Sie sich orientieren können.

Beachte: Schreiben Sie sich solche Textbausteine (ebenfalls die weiteren Formulierungsratschläge in diesem Skript für Obersätze, Einleitungssätze, Anträge etc.!) **auf einen Extra-Zettel** und lesen diesen immer wieder durch, auch zB in der Bahn oder beim Arzt oder überall sonst, wo man warten muss und sonst auf dem Handy rumfummelt. Nehmen Sie den Zettel immer wieder zur Hand, Sie müssen solche Formulierungen automatisieren!

Formulierungsbeispiel für die Klägerklausur:

Der Mandant Herr Robert Zimmermann (im Folgenden »Mandant«) bittet am 15.9.2019 um Beratung, ob er Ansprüche aus einem Vertrag über die Einstellung seines Pferdes Cosmo vom 1.4.2018 gegen Herrn Franz Berger (im Folgenden: »Gegner«) in Höhe von … hat und wie er diese Ansprüche ggf. prozessual durchsetzen könnte. Zudem möchte er wissen, ob ggf. auch Ansprüche gegen seinen Angestellten Herrn Peter Becker-Rittersbach (im Folgenden: »Angestellter«) bestehen und wie diese im Prozess mit vorgetragen werden könnten.

---

4 Ausnahme: Das Mandantenbegehren braucht nie einen eigenen Obersatz. Das gilt für alle Anwaltsklausuren.
5 In den **bayerischen Schriftsatzklausuren** brauchen Sie im Hilfsgutachten das Mandantenbegehren grds. nicht separat darzustellen, weil sich das Begehren schon aus dem vorangestellten Schriftsatz ergibt.

Formulierungsbeispiel für die Beklagtenklausur:

Der Mandant Herr Robert Zimmermann (im Folgenden »Mandant«) begehrt am 15.9.2019 zum einen die Überprüfung, ob mit Erfolg die Aufhebung des gegen ihn ergangenen Versäumnisurteils des Amtsgerichts Köln, dem Mandanten am 1.5.2019 und der Klägerin am 2.5.2019 zugestellt, erreicht werden kann, sowie die Prüfung der Verteidigung gegen die zugrunde liegende Klage der Hansa GmbH & Co. KG (im Folgenden »Klägerin«) vom 12.3.2019. Zum anderen möchte er wissen, ob etwaige eigene Ansprüche gegen die Klägerin in Höhe von 43.000 EUR bestehen und wie diese effektiv in den Rechtsstreit eingeführt werden können. Dem Streit zugrunde liegt ein Leasingvertrag der Parteien vom 4.1.2018 über eine Kopiermaschine.

(Wenn noch kein VU gegen den beklagten Mandanten in der Welt ist:)
Der Mandant Herr Robert Zimmermann (im Folgenden »Mandant«) begehrt am 15.9.2019 Beratung, ob und ggf. wie eine Verteidigung gegen die von der Hansa GmbH & Co. KG (im Folgenden »Klägerin«) gegen ihn im schriftlichen Vorverfahren am 1.5.2019 zugestellte Klage möglich ist. Zum anderen möchte er wissen, ob etwaige eigene Ansprüche gegen die Klägerin in Höhe von 43.000 EUR bestehen und wie diese effektiv in den Rechtsstreit eingeführt werden können. Dem Streit zugrunde liegt ein Leasingvertrag der Parteien vom 4.1.2018 über eine Kopiermaschine.

Nach dem Gutachten folgt der **praktische Teil** (in Bayern in der Regel umgekehrt!), in der Regel also der Entwurf einer Klageschrift und gegebenenfalls das Schreiben an den Mandanten oder Dritte.

Ein **Sachbericht** – dh eine Sachverhaltsdarstellung vor dem Gutachten – **ist nicht zu fertigen**, es sei denn, der Bearbeitervermerk oder das jeweilige LJPA (so zum Teil in Sachsen-Anhalt) gibt etwas anderes vor. Wird eine Sachverhaltsschilderung verlangt, sollten Sie sich an dem orientieren, was Sie zum Aufbau des Tatbestandes in der zivilrichterlichen Klausur gelernt haben. Jedoch sind hier die Besonderheiten der Anwaltsklausursituation zu beachten.

Bei Typ 1 kann die **Sachverhaltsschilderung** zB wie folgt aufgebaut werden:

I. Benennung des Streitgegenstandes/Mandantenbegehrens
 ▍ Der Mandant … bittet am … um … (s. oben)

II. (Wahrscheinlich) Unstreitiges
 ▍ Der Mandant und die Familie … sind Nachbarn … Am 12.7.2019 nahm …

III. (Wahrscheinlich) streitiger Mandantenvortrag
 ▍ Der Mandant behauptet/erklärt, dass …

IV. Gewünschte Rechtsfolge/Begehren
 ▍ Der Mandant möchte erreichen, dass …

V. (Wahrscheinlich) streitiger Gegnervortrag
 ▍ Die Nachbarn haben bereits mitgeteilt, dass …

VI. Evtl. Prozessgeschichte
 ▍ Der Mandant hat bereits am … Klage eingelegt. Es liegt ein Versäumnisurteil vor, welches …

Der Mandant kann (gilt auch für das Gutachten!) als »**Mandant**« bezeichnet werden (»**Mandantin**« bei einer Gesellschaft!). Der Anspruchsgegner kann mit seinem Namen oder seiner Stellung (zB »**der Verkäufer**« oder auch »**Gegner**«) bezeichnet werden. Die Begriffe »**Kläger**« und »**Beklagter**« sollten generell nicht verwendet werden (anders als im Schriftsatz ans Gericht), da es ja in der Regel noch keine Klage gibt. Auch Bezugnahmen auf die Klausurakte sind zulässig und vor allem bei umfangreichen Dokumenten wie AGB oder Vertragswerken erforderlich, um fertig zu werden.

II. Wichtigstes Examenswissen zur Prüfung der Schlüssigkeit

5 Die Prüfung der Schlüssigkeit (beim zweischichtigen Aufbau in der sog. Klägerstation[6]) beinhaltet die Untersuchung, ob auf Grundlage des Mandantenvortrages (dh streitiger Mandantenvortrag + Unstreitiges) **Ansprüche für den Mandanten mit Erfolg geltend gemacht werden können**, die seinem Begehren entsprechen. Machen Sie bitte **sowohl vor der Prüfung der Ansprüche im Hauptgutachten als auch später bei der konkreten Anspruchsprüfung um alles in der Welt Obersätze![7]** Es wird von den Korrektoren permanent bemeckert, dass die Kandidaten keine oder keine präzisen Obersätze machen. Glauben Sie uns, wir sehen das fast täglich im Rahmen der Klausureinsicht! Achten Sie bei dem einleitenden (großen) Obersatz im Hauptgutachten auf die richtige Terminologie: Es geht nicht darum, ob »*die Klage schlüssig ist*«, denn es gibt ja noch überhaupt keine Klage! Es geht auch nicht darum, ob »*der Mandant schlüssig Ansprüche vorgetragen hat*«, denn Sie sind sein Anwalt und müssen seine Ansprüche geltend machen! Es geht auch nicht darum, ob eine Klage »*begründet*« ist, denn das bestimmt das Gericht und nicht Sie! Was sind mögliche, die Prüfung einleitende (große) Obersätze im vorangestellten zweischichtigen Gutachten (→ Rn. 8 zum einschichtigen Aufbau) bei der Klägerklausur?

> **Hier einige Formulierungsbeispiele für den Beginn der Klägerstation:**
>
> Zu prüfen ist, ob für den Mandanten Ansprüche gegen … auf … in Betracht kommen.
>
> Zu prüfen ist, ob für den Mandanten schlüssig Ansprüche gegen … auf … vorgetragen werden können.
>
> Zu prüfen ist, ob Ansprüche bzgl. … gegen … geltend gemacht werden können.

> **Merke:** Beachten Sie, dass materielle Einwendungen des Gegners, wenn diese auf unstreitigem Sachverhalt beruhen (dh reine Rechtsangriffe), im Falle des zweischichtigen Aufbaus nicht in der Beklagtenstation, sondern in der Klägerstation geprüft werden müssen (→ Rn. 8).

Vergessen Sie bei der Schlüssigkeitsprüfung nicht Ihre Rolle als Interessenvertreter der Partei. Wenn der Klausursachverhalt **Rechtsfragen** aufwirft, so sollten Sie – wie in der Praxis auch – immer daran denken, dass Sie die Interessen Ihres Mandanten so gut es geht zu berücksichtigen haben. Das bedeutet, dass Sie untersuchen sollten, ob für den Mandanten günstige Argumente vorgebracht werden können, die – unter Berücksichtigung der Rspr. – erfolgversprechend sind (**Argumentation pro Mandant**). Also: weg von der neutralen Rechtsbetrachtung in Richterklausuren, hin zur **parteilichen Rolle des Rechtsanwaltes**. Anwälte sind Dienstleister!

Möglich ist auch, dass nach dem Mandantenbegehren geprüft werden soll, ob **dem Gegner keine Ansprüche** gegen den Mandanten zustehen (wenn dieser sich derer »berühmt«). In der Zweckmäßigkeit ist dann an die Erhebung einer negativen Feststellungsklage zu denken, bei der der Beklagte beweisen müsste, dass ihm die angeblichen Ansprüche zustehen.

6 Sie sollten auch stets untersuchen (umfassende Beratungspflicht des Anwalts), ob dem Mandanten vielleicht **etwas anderes oder mehr oder weniger** als das in erster Linie Gewollte zusteht (aliud, plus, minus). Das müssen Sie im Gutachten herausarbeiten und ihm im Mandantenschreiben mitteilen (wenn kein Mandantenschreiben erfolgen soll, dann zumindest Hinweis in der Zweckmäßigkeit!). Ob Sie dann im Entwurf der Klageschrift vor allem das Aliud oder das Plus tatsächlich bereits einklagen, hängt davon ab, ob diese Vorge-

---

6 Eigentlich ist die übliche Bezeichnung »Klägerstation« (Beklagtenstation genauso) unsauber, weil und wenn es noch keine Klage gibt. Sie können daher auch alternativ »Schlüssigkeitsstation«/«Erheblichkeitsstation« oder »Mandantenstation«/«Gegnerstation« formulieren.

7 Dabei gibt es in der Anwaltsklausur zwei Arten von Obersätzen: zum einen den einleitenden, zusammenfassenden Satz (sozusagen der große Obersatz) vor einer rechtlichen Prüfung im Gutachten, bevor man die materielle Rechtslage oder Verfahrensverstöße oder die Zulässigkeit etc. prüft. Und zum anderen den Obersatz innerhalb der juristischen Prüfung einer Norm (sozusagen der kleine Obersatz: dort wird im Obersatz vorangestellt, welche Voraussetzungen die spezielle Norm hat; danach wird geprüft, ob diese Voraussetzungen erfüllt sind). Beide Obersätze müssen ständig gebildet werden!

hensweise noch vom Mandantenwunsch umfasst ist oder ob erst seine Reaktion abgewartet werden sollte.

Beachte: Trägt der Gegner Erhebliches gegen die Ansprüche des Mandanten vor, ergeben sich jedoch unter Zugrundelegung des Vorbringens des Gegners ebenfalls (andere) Ansprüche zugunsten des Mandanten, so müssen Sie im Gutachten natürlich diese Alternativansprüche ebenfalls prüfen. Für den Fall, dass der Klägervortrag im Prozess nicht bewiesen werden könnte, sollte sich der Klägeranwalt im Klageschriftsatz das **Vorbringen des Beklagten hilfsweise zu eigen machen** und hilfsweise darauf seine Ansprüche stützen. Denn sonst darf das Gericht diesen Vortrag nicht zu seinen Gunsten verwerten.[8] Die Zulässigkeit und Ratsamkeit dieses Vorgehens wären bei den Zweckmäßigkeitserwägungen anzusprechen.

Ein paar »No-Gos« im Gutachten: **Zulässigkeitsaspekte** der Klage sind **hier am Anfang des Hauptgutachtens nicht darzustellen!** Bevor nicht feststeht, auf welcher Grundlage was gefordert werden kann, stellt sich die Frage nach der Zulässigkeit der Klage nicht.[9] Zulässigkeitsfragen müssen daher bei Klausuren aus Klägersicht erst in der Zweckmäßigkeit geprüft werden, wenn es nicht schon eine Klage des Mandanten gibt. Auch einen am Anfang des Hauptgutachtens vorangestellten **Gesamtvorschlag** sollten Sie **nicht machen**. Das ist absolut unüblich! Ihr Vorschlag ergibt sich aus den Zweckmäßigkeitserwägungen. Kein normaler Anwalt schlägt sich selbst etwas vor und prüft danach erst, ob das auch stimmt.

Im Rahmen der gutachterlichen Anspruchsprüfung sollten Sie an geeigneten Stellen **Zwischenergebnisse** formulieren, damit Sie und der Korrektor (!) den Überblick behalten.

Beachte: Auch bei Klausuren vom Typ 1 kann vor der Anspruchsprüfung die Prüfung des **möglichen Rechtsbehelfs** erforderlich werden, vor allem wenn gegen den Mandanten schon ein Titel existiert (zB Mandant hat schon Klage eingelegt und Versäumnisurteil kassiert, dann erst geht er zum Anwalt: dann Einspruch nach §§ 338 ff. ZPO zuerst prüfen, → vgl. Rn. 50e; denken Sie dann auch an § 719 ZPO in der Zweckmäßigkeit und im Schriftsatz!). Auch möglich ist, dass der Mandant bereits einen Mahnbescheid erwirkt und der Gegner gegen diesen Widerspruch erhoben hat. Der Mandant kommt dann zum Anwalt und bittet um weitere Betreibung des Verfahrens. Hier kommt nach **§§ 696, 697 I ZPO** die Anfertigung einer Anspruchsschrift (in der Regel mit Abgabeantrag) infrage (Formulierungsbeispiel → Rn. 46, 47). Zuletzt lief das im Juni 2015, April und August 2016 im Ringtausch der LJPA und November 2016 in Bayern. Dasselbe in grün: Mandant hat VB erwirkt, Gegner hat Einspruch eingelegt, vgl. **§§ 700 III 2, 696, 697 ZPO**.

Ihnen dürfte klar sein, dass diese Klausurvarianten **auch aus Sicht des Beklagtenanwalts** gestellt werden können, wenn der Mandant gegen den **Mahnbescheid** Widerspruch oder gegen den **Vollstreckungsbescheid** Einspruch eingelegt hat. Dann ist von Ihnen eine Klageerwiderung als Antwort auf die Anspruchsbegründung des Klägers zu fertigen (Märztermin 2016). Beachten Sie dann, dass es im Antrag heißen muss:

▐ *… den Mahnbescheid des … vom … aufzuheben*[10] *und die Klage abzuweisen.*

(oder :)

▐ *… den Vollstreckungsbescheid des … vom … aufzuheben und die Klage abzuweisen.*

7

---

8 Thomas/Putzo/*Seiler* ZPO § 138 Rn. 6; BGH NJW 2018, 2412 ff. Das Gericht darf dann ohne Beweisaufnahme der Klage mit der Hilfsbegründung stattgeben (so zB im Januartermin 2019 in der Z III-Klausur eingebaut)!

9 Dies ist – wie Sie im Skript sehen werden – bei den weiteren RA-Klausurtypen oft anders. Wenn zB die Klausur aus Beklagtensicht gestellt wird, ist die Zulässigkeit logischerweise vor materiellen Fragen zu klären. Auch bei den Rechtsbehelfen ist die Zulässigkeit vorzuziehen, da es dort um starre Sachurteilsvoraussetzungen des jeweiligen Rechtsbehelfs geht, die nicht von materiellen Fragen abhängen.

10 Verfahrensrechtlich wird der Mahnbescheid mit Klageabweisung wirkungslos, außerdem ist der Mahnbescheid (anders als der VB!) kein Titel, sodass Sie die separate Aufhebung des Mahnbescheides nicht zwingend beantragen müssen. Der Antrag ist damit lediglich klarstellender Natur. Aus anwaltlicher Vorsicht ist es ratsam, das jedoch mit zu beantragen.

III. Wichtigstes Examenswissen zur Prüfung der Erheblichkeit

8 Der Anwalt des zukünftigen Klägers muss auch überprüfen, ob die **Gegenseite Erhebliches entgegensetzen könnte**, das die Ansprüche des Mandanten »zerstört«. Dies betrifft die **Einwendungen**, die der Gegner selbst bereits erhoben hat und solche, die nach dem Klausursachverhalt nahe liegen (anwaltliche Vorsicht: Was könnte der Gegner realistischerweise einwenden?). Beim zweistufigen Aufbau des Hauptgutachtens erfolgt dies in der Regel in der Beklagtenstation, beim einstufigen Aufbau integriert bei dem Tatbestandsmerkmal des Anspruches, an dem das Gegenvorbringen relevant wird. Hierbei kann es sich um

- **abweichenden Tatsachenvortrag** (Bestreiten) handeln
- oder um eine **abweichende Rechtsansicht** auf Grundlage eines unstreitigen Sachverhaltes.

Bitte vergessen Sie auch zur Erheblichkeitsprüfung nicht den **obligatorischen Obersatz** in der Klausur, egal ob sie zwei- oder einschichtig aufbauen!

> **Formulierungsbeispiel** beim zweischichtigen Aufbau für den Beginn der Beklagtenstation:
>
> Zu prüfen ist, ob dem Gegner erhebliche Einwände auf tatsächlicher Ebene zustehen könnten.

Klausurbeispiel beim zweischichtigen Aufbau:

> **III. Beklagtenstation**
>
> Zu prüfen ist, ob dem Gegner erhebliche Einwände auf tatsächlicher Ebene zustehen könnten.
>
> 1. Anspruch aus § 823 I BGB
>
> Die Behauptung vom Gegner, er sei ..., ist gegenüber dem Anspruch des Mandanten aus § 823 I BGB erheblich, da dann die Rechtswidrigkeit der Rechtsgutsverletzung entfallen würde.
>
> 2. Anspruch aus § 812 I 1 Alt. 1 BGB
>
> Hier hat der Gegner behauptet, für den erlangten Besitz an dem Pferd einen Rechtsgrund zu haben, nämlich ... Dies ist erheblich, da bei bestehendem Rechtsgrund ein Bereicherungsanspruch entfällt.

Beim **einschichtigen Aufbau** prüfen Sie im Hauptgutachten die Schlüssigkeit und die Erheblichkeit bei den Erfolgsaussichten einer Klage/materiell-rechtliches Gutachten zusammen, müssen also am Anfang dieses Prüfungsabschnittes einen etwas modifizierten Obersatz bringen.

> **Formulierungsbeispiel** für das einschichtige Gutachten:
>
> Zu prüfen ist, ob für den Mandanten schlüssig Ansprüche gegen ... auf ... vorgetragen werden können und ob diesbezüglich erheblicher Gegenvortrag zu erwarten ist.

Beachten Sie, dass Sie im Falle des **zweistufigen Aufbaus** in der Beklagtenstation grundsätzlich **nur die Erheblichkeit von abweichendem Tatsachenvortrag (Bestreiten)** des Gegners bezüglich der geprüften Ansprüche würdigen. Wenn sich die Parteien um Rechtsfragen streiten bzw. stellen sich Rechtsfragen auf Grundlage unstreitigen Sachverhaltes (Verjährung), so ist die rechtliche Würdigung der unterschiedlichen Ansichten schon in der Klägerstation vorzunehmen.[11]

> **Merke zum Gegenvorbringen beim zweischichtigen Aufbau des Hauptgutachtens:**
> - Reine Rechtsangriffe ohne Bestreiten: in Klägerstation prüfen
> - Tatsachenangriffe aufgrund von Bestreiten: in Beklagtenstation prüfen

Streiten sich die Parteien **ausschließlich um Rechtsfragen**, so bleibt die Beklagtenstation beim zweistufigen Aufbau inhaltlich leer. Sie schreiben nur einen Satz mit etwa folgendem Inhalt:

Abweichender Tatsachenvortrag durch den Gegner liegt nicht vor. Die Parteien streiten sich nur um Rechtsfragen. Aus diesem Grunde war hier weiter nichts zu prüfen.

---

11 Vgl. nur *Diercks-Harms* Anwaltsklausur 9; *Anders/Gehle* ZivilR A Rn. 116; *Schuschke/Kessen/Höltje* Arbeitstechnik Rn. 319; *Proppe* JA 1979, 297. **Achtung: Hier scheint es in Niedersachsen einige AG-Leiter und Handouts zu geben, die dies contra hM anders empfehlen!**

> **Beachte:** Wenn eine erhebliche Einwendung des Gegners auf bestrittenem Tatsachenvortrag beruht und zugunsten des Mandanten diese Einwendung durch anderen Sachvortrag entkräftet werden kann, so ist beim zweischichtigen Aufbau eine **Replikstation möglich**.

Bauen Sie einschichtig auf, entfällt die Einteilung in Stationen. Sie prüfen dann im Rahmen der Ansprüche des Mandanten die möglichen Einwendungen des Gegners sowohl in tatsächlicher (Bestreiten) als auch in rechtlicher Hinsicht (Rechtsangriff) bei jedem Tatbestandsmerkmal.

Wenn der Sachverhalt genügend Anhaltspunkte für das **Bestehen eigener Gegenansprüche** **des Gegners gegen den Mandanten** hergibt und dieser die Ansprüche wahrscheinlich auch in den Prozess einführen wird, so müssen Sie auch diese Gegenansprüche prüfen. Im Falle des zweischichtigen Aufbaus prüfen Sie die möglichen Ansprüche des Gegners in der Beklagtenstation, im Falle des einschichtigen Aufbaus nach der Prüfung der Ansprüche des Mandanten. Möglich ist es auch, diese erst in der Zweckmäßigkeit darzustellen. **9**

IV. Die Beweisprognose bei Klausurtyp 1

Der Anwalt muss sich selbstverständlich auch Gedanken über die Beweislage machen. Beim zweischichtigen Gutachtenaufbau prüfen Sie dies in der sog. Beweisprognosestation.[12] Wenn Sie einschichtig aufbauen, dann werden bei der konkreten Anspruchsvoraussetzung, bei dem abweichender Sachvortrag des Gegners existiert, die hier dargestellten Beweisfragen im Gutachten abgehandelt. In beiden Fällen sind saubere **Obersätze** zu bilden. **10**

> **Formulierungsbeispiel:**
>
> Zu prüfen ist nunmehr die Beweissituation für diesen Anspruch/für diese Ansprüche.

Auch wenn der Sachverhalt bislang vom Gegner noch nicht bestritten wurde, müssen Sie aus **anwaltlicher Vorsicht** die Beweissituation für den Fall des Bestreitens prüfen. Beim einschichtigen Aufbau des Hauptgutachtens bietet es sich in diesen Fällen an, die Beweisfragen vor den oder innerhalb der Zweckmäßigkeitserwägungen und nicht – so wie eigentlich – inzident bei der Prüfung der Ansprüche anzusprechen. Beim zweischichtigen Aufbau können Sie die Beweisprüfung für (noch) unstreitige Ansprüche entweder auch in der Beweisprognosestation vornehmen (dann aber mit einem speziellen Obersatz, aus dem deutlich wird, dass Sie die Beweissituation lediglich aus anwaltlicher Vorsicht prüfen) oder – und das wäre unseres Erachtens sauberer – in den Zweckmäßigkeitserwägungen.

Bei der Prüfung der Beweisfragen sollten Sie Ihr weiteres Vorgehen in **drei Schritte** gliedern:

1. Wer trägt die Beweislast?
2. Welche Beweismittel stehen den Parteien zur Verfügung?
3. Wie sieht die Beweisprognose für den Prozess aus?

1. Klärung der Beweislast

Natürlich müssen Sie in der Klausur darstellen, wer für die bestrittenen Tatsachen die Beweislast trägt. Fragen zur Beweislast klären Sie bitte stets durch einen **Blick in den Palandt!** **11**

2. Prüfung der zur Verfügung stehenden Beweismittel

Dann sind die Beweismittel darzustellen, die im konkreten Fall zur Verfügung stehen. Dies gilt sowohl für die Mandantenseite als auch für den Gegner. Übrigens: Selbst wenn rechtliche oder tatsächliche Vermutungen eine Rolle spielen (§ 1006 BGB, prima facie), dürfen Sie sich nicht auf diesem Ergebnis ausruhen. Sie müssen immer mit dem »worst case« rechnen, also damit, dass der Gegner die Beweisvermutung erschüttert oder gar den Gegenbeweis führen kann (Gebot der anwaltlichen Vorsicht). Also auch dann Beweismittel prüfen! **12**

---

12 *Kaiser* JA 2004, 640 ff.

Welche **Beweismittel** sind im Zivilprozess (Strengbeweisverfahren!) zugelassen?

⇒ **S**achverständigengutachten, §§ 402 ff. ZPO ⎫
⇒ **A**ugenschein, §§ 371 ff. ZPO ⎪
⇒ **P**arteivernehmung, §§ 447 f. ZPO ⎬ Die Eselsbrücke lautet **SAPUZA**
⇒ **U**rkunden, §§ 415 ff. ZPO ⎪
⇒ **Z**eugen, §§ 373 ff. ZPO ⎪
⇒ **A**mtliche Auskunft, § 273 II Nr. 2 ZPO ⎭

In der Regel müssen Sie in der Klausur selbstständig die möglichen Beweismittel suchen!

Aus anwaltlicher Vorsicht ist es in der Regel geboten, **alle zur Verfügung stehenden Beweismittel** im Schriftsatz zu benennen. Besteht die Gefahr, dass die Zeugen sich gegenseitig widersprechen oder unsicher sind, so legen Sie dar, dass die unsicheren Zeugen nicht zu benennen sind. Wenn ein Beweismittel zur Verfügung steht, welches aus Rechtsgründen nicht verwertet werden kann, so legen Sie in der Klausur dar, dass eine Einführung in den Rechtsstreit nicht ratsam ist. Typische Klausurfälle sind zB **eidesstattliche Versicherungen** (nicht im Strengbeweisverfahren zulässig!) oder heimliche **Mithörzeugen** (zuletzt Februar-, April- u. Oktobertermin 2017, Januartermin 2019). Im letzten Fall liegt in der Regel wegen der Verletzung des Allgemeinen Persönlichkeitsrechts ein Beweisverwertungsverbot vor, wobei aber stets eine **Interessenabwägung** erforderlich ist. Diese müssen Sie dann in der Klausur auch darstellen! Details dazu stehen bei Thomas/Putzo/*Seiler* ZPO § 286 Rn. 7 f.

Klausurtipp: Die Problematik der sog. **Beweisvereitelung** durch den Gegner ist im Thomas/Putzo auch bei § 286 ZPO kommentiert (Märztermin 2017!).

3. Wie sieht die Beweisprognose für den Prozess aus?

13 Dann müssen Sie anhand der zur Verfügung stehenden Beweismittel in Bezug auf die streitigen entscheidungsrelevanten Tatsachen eine kurze antizipierte Beweisprognose anstellen. Dabei kann die Beweisprognose für den Mandanten **positiv, offen oder sogar negativ** sein (dazu müssen Sie etwas schreiben im Gutachten!). Bei negativer Prognose sollte der davon betroffene Teil nicht eingeklagt werden (Hinweis an Mandant!), bei offener Prognose kann geklagt werden (Hinweis an Mandant wg. Prozessrisiko!). **Für die Bayern:** Fragen zur Beweislast und die Beweismittel gehören natürlich in den Schriftsatz. Probleme/Besonderheiten bei der Beweisprognose und die unten aufgezeigten speziellen Klausurprobleme zu den Beweismitteln sollten in der Regel im Hilfsgutachten platziert werden, es sei denn, sie sind von unmittelbarer Relevanz für den Richter (dann in den Schriftsatz).[13]

4. Spezielle Klausurprobleme zu den Beweismitteln

13a Die wichtigsten zu den Beweismitteln gestellten Klausurprobleme sind die Folgenden.

- **Zeugen, §§ 373 ff. ZPO**
  - Zeugnisfähigkeit besitzt grundsätzlich jeder mit Ausnahme der Parteien selbst und deren gesetzlichen Vertretern. Streitverkündete sind nicht Partei und können daher ebenfalls Zeuge sein. Nicht als Zeugen dürfen notwendige Streitgenossen gehört werden, einfache Streitgenossen zumindest nicht bei Tatsachen, die alle Streitgenossen betreffen.
  - Stehen **mehrere gleich taugliche Zeugen** für denselben Tatsachenvortrag zur Verfügung, so würde bei Benennung aller Zeugen der Prozess länger dauern und teurer werden (prozessunökonomisch!). Außerdem besteht die Gefahr sich widersprechender Aussagen. Andererseits wird die Beweiskraft des eigenen Vortrages verstärkt, wenn mehrere Zeugen zur Verfügung stehen. Da zudem eine Nachbenennung von bereits in der ersten Instanz bekannten Zeugen im Berufungsverfahren in der Regel an §§ 529 ff.

---

13 Für die Bayern gilt generell: Wo Sie was in Zweifelsfällen in der Klausur darstellen (Schriftsatz, Hilfsgutachten, Mandantenschreiben) ist weniger wichtig, als Sie glauben. Den meisten Korrektoren in Bayern ist viel wichtiger, dass Sie die Klausurfragen überhaupt erkannt und bearbeitet haben.

ZPO scheitern dürfte, ist es aus anwaltlicher Vorsicht daher grundsätzlich ratsam, **alle Zeugen zu benennen.**

– Allein die Tatsache, dass ein Zeuge mit der sie benennenden Partei verwandt oder sonst ihrem Lager zuzurechnen ist, steht der Glaubwürdigkeit des Zeugen nicht entgegen. Nach der Rspr. zu solchen **»Sympathiepersonen«** (**»Sympathie-Rspr.«**) ist es grundsätzlich nicht zulässig, ohne weitere objektive Anhaltspunkte (»einseitige Begünstigungs- oder Belastungstendenz?«) allein aus der gegebenenfalls bestehenden Sympathieverknüpfung Zweifel an der Glaubwürdigkeit der Personen zu schöpfen.[14] Dennoch ist nicht ausgeschlossen, dass das Gericht im Rahmen einer freien Beweiswürdigung berücksichtigen wird, dass die Sympathieperson gegebenenfalls ein erhebliches Eigeninteresse am Ausgang des Rechtsstreits hat. **Die Problematik kommt in so gut wie jedem Examensdurchgang in mindestens einer Z-Klausur vor!**

– Neuerdings dazu oft in Klausuren eingebaut: Ehegatte/Kinder werden als Zeugen vernommen, **ohne vom Gericht belehrt** worden zu sein. Was ist das Problem? Erst selber nachdenken und Norm finden, dann erst Fußnote lesen![15]

– Beachten Sie die Sonderregelung in **§ 455 ZPO** bei prozessunfähigen Mandanten.

– Kann der Mandant spontan zur mündlichen Verhandlung einen Zeugen mitbringen (sog. **sistierter Zeuge**), so ist dies zulässig, je nach Aussage des Zeugen ist bei Verzögerung des Verfahrens aber dann an § 296 I ZPO zu denken.[16]

Klausurtipp: Wenn die Aussage eines Zeugen Beweismittel ist, so ist dem Gericht der volle Name und die **ladungsfähige Anschrift des Zeugen** mitzuteilen. Wenn eine konkrete Angabe des Namens und/oder der Adresse noch nicht möglich ist, reicht vorerst folgende Formulierung:

▌ Zeugnis des N.N.[17], dessen ladungsfähige Anschrift nachgereicht wird.

Das Gericht wird dann eine Frist nach § 356 ZPO setzen.

● **Urkunden, §§ 415 ff. ZPO**

– Wenn eine Urkunde Beweismittel ist, ist dem Gericht nach **§ 420 ZPO** das Original als Anlage vorzulegen, wenn die Partei das Original besitzt oder zumindest beschaffen kann. Kopien würdigt das Gericht lediglich frei. Für öffentliche Urkunden gilt § 435 ZPO. Im **Schriftsatz** an das Gericht wird aber **immer nur eine Kopie** der Urkunde beigefügt, um einen versehentlichen Untergang des Originals bei Gericht zu verhindern (vgl. § 131 I ZPO!).

– Die (formelle) **Beweiskraft** von öffentlichen Urkunden ergibt sich aus §§ 415, 417 f. ZPO, die von bestimmten Privaturkunden aus § 416 ZPO. Sowohl bei öffentlichen als auch bei privaten Urkunden kann der Richter grundsätzlich nach § 286 ZPO über die inhaltliche Wahrheit/Richtigkeit der Erklärung (materielle Beweiskraft) frei entscheiden. Indizwirkungen kann die Urkunde natürlich dennoch haben, sodass eine Einführung in den Prozess aus anwaltlicher Vorsicht in der Regel geboten ist. Eine Urkunde entfaltet überhaupt nur dann Beweiskraft, wenn sie echt (§§ 439, 440 ZPO; lesen!) und unversehrt (§ 419 ZPO) ist. Nur öffentliche Urkunden besitzen nach § 437 ZPO die (widerlegliche) Vermutung der Echtheit.

– **Exkurs:** Schriftvergleichung durch Urkunden, wenn der Gegner die Echtheit (s)einer Unterschrift bestreitet. Hier war in den Klausuren auf **§ 441 ZPO** einzugehen. Zudem ist es zweckmäßig, ein Vorgehen nach §§ 402 ff. ZPO (graphologisches Gutachten) anzuregen. Das lief zuletzt im Märztermin 2018!

– **Exkurs:** Ist der gerichtliche **Posteingangsstempel** als öffentliche Urkunde iSv § 418 ZPO wegen eines Gerichtsfehlers **unrichtig**, muss nach § 418 II ZPO der Gegenbeweis geführt werden. Parallel kann ein Antrag nach §§ 23 ff. EGGVG auf Berichtigung gestellt werden.

---

14 BGH NJW 1995, 955; 1988, 566; OLG Saarbrücken Urt. v. 2.2.2011 – 1 U 31/10-9; KG MDR 2009, 680 mwN. Vgl. dazu auch die Originalklausur in JuS 2013, 730; zT wird die Rspr. auch »Beifahrer-Rspr.« genannt.

15 Es geht um das Zeugnisverweigerungsrecht nach § 383 I ZPO! Ist die nach § 383 II ZPO erforderliche Belehrung unterblieben, ist die Aussage dennoch verwertbar, wenn der Fehler nicht rechtzeitig nach § 295 ZPO gerügt wird.

16 BGH NJW 2016, 3304; Zöller/*Greger* ZPO § 279 Rn. 4 mwN; aA Thomas/Putzo/*Seiler* ZPO § 284 Rn. 5.

17 Nomen Nominandum = noch zu Benennender.

– Ein Antrag nach **§§ 421 ff. ZPO** auf gerichtliche Bestimmung der Vorlegung einer Urkunde durch den Gegner ist möglich, wenn dieser die Urkunde im Besitz hat und ein materiell-rechtlicher Anspruch auf Herausgabe der Urkunde besteht, zB aus § 810 BGB (Ausnahme: § 423 ZPO; lesen!). Gleiches gilt nach §§ 428 ff. ZPO gegenüber besitzenden Dritten. Handelt es sich um Urkunden in Besitz von Behörden (zB Ermittlungsakten der Staatsanwaltschaft), gilt § 432 ZPO. Eine Erleichterung zu §§ 421 ff., 428 ff. ZPO stellt **§ 142 ZPO** dar. Alles das war zuletzt im Ringtausch im Julitermin 2016 und Dezember 2017 zu erkennen und »herauszuarbeiten«.

- **Augenschein, §§ 371 ff. ZPO**
  – Augenscheinsobjekte sind neben Plänen, Skizzen und Fotografien auch zB Tonträger und Videos. Ob ein heimlich aufgenommenes Video (zB **Dashcams**) in einem Zivilprozess zu Beweiszwecken verwendet werden darf, ist von einer von Ihnen umfassend darzustellenden **Interessenabwägung** abhängig und durch diverse Entscheidungen hochaktuell.[18] In der Praxis am wichtigsten zum Augenschein: der sog. Ortstermin.
  – Zwar kann die Einnahme des Augenscheins gem. § 144 ZPO auch von Amts wegen angeordnet werden, ein Antrag ist aber zu empfehlen, damit für die Berufung die Rüge unterlassener Beweiserhebung erhalten bleibt (anwaltliche Vorsicht).
  – Wenn sich das Augenscheinsobjekt nicht im Besitz des Mandanten oder in einem frei zugänglichen Bereich befindet, kann neben dem Antrag auf Einnahme des Augenscheins nach § 144 I 2 ZPO der Antrag auf Fristsetzung zur Vorlage des Gegenstandes durch den Gegner/Dritte gestellt werden, wenn ein Anspruch auf Herausgabe besteht (§ 371 II ZPO).

- **Sachverständigenbeweis, §§ 402 ff. ZPO**
  – Auch den Sachverständigenbeweis muss das Gericht grundsätzlich von Amts wegen erheben. Aus anwaltlicher Vorsicht ist es jedoch stets geboten, die **Einholung anzuregen**, wenn die zu beweisende Tatsache dem Sachverständigenbeweis zugänglich ist.
  – **Privatgutachten**, die der Mandant vor dem Prozess auf eigenes Betreiben eingeholt hat, sind keine Sachverständigengutachten iSv §§ 402 ff. ZPO (vgl. § 404 I 1 ZPO), sondern in der Regel **private Urkunden iSv § 416 ZPO**, die der Substantiierung des Parteivorbringens dienen. Der Vorteil eines Privatgutachtens liegt vor allem darin, dass für den Gegner ein einfaches Bestreiten nicht mehr zulässig ist. Das Gutachten sollte daher auf jeden Fall als Privaturkunde in den Prozess eingebracht werden. Der Privatsachverständige sollte stets zusätzlich als sachverständiger Zeuge benannt werden (§ 414 ZPO). Zusätzlich sollte hilfsweise noch ein Sachverständigengutachten nach §§ 402 ff. ZPO angeregt werden (anwaltliche Vorsicht). **Diese Thematik wird unfassbar oft in Klausuren eingebaut!** Die soeben beschriebenen Punkte mussten Sie dann stets im Gutachten darlegen/«herausarbeiten»!
  – Wenn für die Einholung des Privatgutachtens beim Mandanten Kosten entstanden sind (wie zB im Apriltermin 2019!), so ist zu prüfen, ob diesbezüglich ein **materiell-rechtlicher Ersatzanspruch** gegenüber dem Gegner besteht (zB als Schadensersatz oder aus Verzug). Eine Geltendmachung im Prozess über §§ 91 ff. ZPO kommt nur ausnahmsweise in Betracht.[19]
  – **§ 411a ZPO** regelt die Verwertung von Sachverständigengutachten aus anderen Verfahren.
  – **§ 406 ZPO** regelt die Ablehnung eines Sachverständigen. Lesen Sie *Milde* NJW 2018, 1149!

- **Eigene Parteivernehmung, §§ 447, 448 ZPO**
  – Die Vernehmung nach **§ 447 ZPO** ist nur möglich, wenn der Gegner zustimmt. Damit kann kaum gerechnet werden, sodass dieses Vorgehen in der Regel ausscheidet.

---

18 Verwertbarkeit von permanenter anlassloser Aufzeichnung von Dashcams umstritten wg. Verstoß gegen BDSG 2018, DSGVO, § 22 KunstUrhG und Eingriff in APR. Für Zulässigkeit – Argumente: effektiver Rechtsschutz, rechtliches Gehör und Rechtsstaatsprinzip überwiegen zumal öffentlicher Raum und typische Beweisnot in diesen Fällen – im Zivilprozess BGH und h. Rspr.: Thomas/Putzo/*Seiler* ZPO § 286 Rn. 8; BGH JA 2018, 869 ff.; OLG Nürnberg MDR 2017, 1299 f.
19 Vgl. zu den Kriterien Thomas/Putzo/*Hüßtege* ZPO § 91 Rn. 49.

- Die Vernehmung nach **§ 448 ZPO** ist in der Praxis ein »wackeliges« Beweismittel, da § 448 ZPO voraussetzt, dass für die zu beweisende Tatsache eine **gewisse Anfangswahrscheinlichkeit** besteht (»anbewiesen«) und zudem dem Gericht ein Ermessen zusteht, die Partei anzuhören.
- Auch die Anhörung der eigenen Partei zur Sachverhaltsaufklärung nach **§ 141 ZPO** steht im Ermessen des Gerichts. Die Anhörung ist zudem kein echtes Beweismittel.[20]
- **§§ 448, 141 ZPO** werden bei sog. **Vier-Augen-Gesprächen prüfungsrelevant.** Eine Ermessensreduzierung des Gerichts für ein Vorgehen nach § 448 ZPO oder § 141 ZPO zugunsten der sich in Beweisnot befindenden Partei wird nämlich dann anzunehmen sein, wenn bei einem Vier-Augen-Gespräch zwischen einer Partei und dem Vertreter bzw. Mitarbeiter/Repräsentanten (= Lagerzeuge) der Gegenseite die Gegenseite hierdurch automatisch einen Zeugen zur Verfügung hat, während die andere Naturalpartei die Verhandlung selbst geführt hat und daher beweislos ist.[21] In diesen Fällen gebietet der **Grundsatz der Waffengleichheit**, der Anspruch auf rechtliches Gehör (Art. 103 I GG) sowie das Recht auf Gewährleistung eines fairen Prozesses (Art. 6 I EMRK) und eines wirkungsvollen Rechtsschutzes (Art. 20 III GG) auch die Vernehmung/Anhörung der beweislosen Partei nach § 448 oder § 141 ZPO.[22] Diese Grundsätze gelten auch, wenn es sich um ein **Sechs-Augen-Gespräch** zwischen den Parteien in Anwesenheit eines Zeugen der Gegenseite handelt, der im Lager der Gegenseite steht.[23] Die Rspr. gilt dagegen grundsätzlich nicht, wenn ein **Vier-Augen-Gespräch allein zwischen zwei Naturalparteien** stattgefunden hat. Hier herrscht ja keine Waffenungleichheit (im Märztermin 2019 eingebaut!).[24]

Beachte: Bei **Beweisnot** könnte der Anspruch an einen Dritten (der Mandant ist dann Zeuge) abgetreten werden.[25] Eine weitere zulässige Schaffung eines Beweismittels wäre die Abberufung eines GmbH-Geschäftsführers (dann kann er Zeuge sein!). Hierauf sollten Sie die Mandantin gegebenenfalls hinweisen, wenn dies angezeigt ist (so zuletzt im Dezembertermin 2017).

V. Die Zweckmäßigkeitserwägungen bei Klausurtyp 1

Hier wird geprüft und dargestellt (auch wenn im praktischen Teil laut Bearbeitervermerk ein Schriftsatz erlassen ist – **keine Klausur ohne Zweckmäßigkeit!** Das gilt für alle Anwaltsklausuren!), was der Anwalt zweckmäßigerweise unternehmen sollte, um dem Mandanten optimal zum Erfolg zu verhelfen. Ausführungen dazu kommen im Ringtausch ans Ende des Gutachtens, in Bayern in der Regel ins Hilfsgutachten und/oder in das Mandantenschreiben. **14**

---

20 Sie kann aber iRd Beweiswürdigung iSv § 286 ZPO Berücksichtigung finden und hat ggü. einer Vernehmung nach § 448 ZPO oder einer Zeugenaussage nicht notwendigerweise einen niedrigen Beweiswert, vgl. BGH MDR 2018, 172.

21 Ist der Zeuge ein außenstehender Dritter, der nicht im Lager der sie benennenden Partei steht (zB Notar), hat die Rspr. entschieden, dass die Grundsätze zu den Vier-Augen-Gesprächen nicht gelten (BGH NJW 2002, 2247; 2010, 3292; OLG Koblenz NJOZ 2004, 378; *Bruns* MDR 2010, 417; Musielak/Voit/*Huber* ZPO § 448 Rn. 2 f.). Aus anwaltlicher Vorsicht sollte dennoch auch in diesen Fällen ein entsprechendes Beweisangebot zur Anhörung des beweislosen Mandanten nach §§ 448, 141 ZPO gemacht werden. Schlimmstenfalls geht der Antrag ins Leere.

22 BGH BeckRS 2012, 19868; OLG Frankfurt a.M. MDR 2013, 107; Thomas/Putzo/*Reichold* ZPO § 448 Rn. 4 mwN; *Bruns* MDR 2010, 417. Eine überwiegende Wahrscheinlichkeit für die Richtigkeit der streitigen Tatsache ist in den Fällen der »Vier-Augen-Rspr.« nicht nötig, BGH NJW-RR 2006, 61.

23 BGH MDR 2017, 352; NJW 2013, 2601; OLG München BeckRS 2016, 19866; KG MDR 2017, 1144; Thomas/Putzo/*Reichold* ZPO § 448 Rn. 4. Zuletzt wieder Dezembertermin 2017!

24 BGH NJW 2017, 3367; OLG Naumburg BeckRS 2014, 16159. Ausnahmsweise kommt zT bei **Berufshaftungssachen** eine Parteianhörung auch bei Vier-Augen-Gesprächen der Parteien untereinander infrage, BGH NJW 2011, 2889 mwN (Aufklärungsgespräch Arzt-Patient, Aufklärungsgespräch Rechtsanwalt – Mandant; so auch das BAG generell im Arbeitsrecht; BGH verneinend für Anlageberater). **Leider unklar Thomas/Putzo/*Reichold* ZPO § 448 Rn. 4!**

25 BGH NJW 2001, 826; *Diercks-Harms* Anwaltsklausur 31. Das Gericht wird der Aussage des (früheren) Gläubigers aber wahrscheinlich ohnehin nicht dasselbe Gewicht beimessen wie der Aussage eines neutralen Dritten. Zudem kann wegen des Prinzips der Waffengleichheit auch der Gegner ggf. nach §§ 448, 141 ZPO gehört werden. Auch droht dann eine (negative) Drittfeststellungswiderklage des Gegners, wodurch der Mandant zur Prozesspartei wird.

Beachte: Natürlich steht es Ihnen frei, die Zweckmäßigkeitserwägungen auch mit »Prozesstaktik« bzw. »Prozesstaktikstation« zu überschreiben, die Formulierung ist Geschmacksfrage.

Hinweis für Referendare aus dem GJPA Berlin-Brandenburg: Zum Teil wird Ihnen gegebenenfalls in Skripten und/oder von AG-Leitern empfohlen, die Zweckmäßigkeitserwägungen erst nach dem Gutachten in einem weiteren Abschnitt separat darzustellen (dh, Gutachten und Prozesstaktik werden getrennt). Dies ist auch möglich, aber nicht zwingend (und bei keinem anderen LJPA üblich), denn eigentlich gehören die prozesstaktischen Erwägungen ja inhaltlich zu den gutachterlichen Überlegungen des Anwalts. Es handelt sich hierbei also um eine »Berliner Marotte«.

1. Kostenrechtliche Aspekte aus Anwaltssicht

15   Vorab Folgendes: Auf komplizierte Kostenberechnungen wird es in der Anwaltsklausur nicht hinauslaufen (Ausnahme → Rn. 59 f.). Sie müssen auch auf Kostenbesonderheiten wie zB bei Aufrechnung, Widerklage, Hilfsanträgen, Baumbach'sche Formel etc. nur dann eingehen, wenn der Mandant danach fragt oder der Sachverhalt dazu Anlass gibt (was selten ist!). Bei Bedarf wiederholen Sie dazu *Kaiser/Kaiser/Kaiser* Zivilgerichtsklausur I Rn. 176 ff. Zum **Basiswissen** zu den Prozesskosten im Rahmen der Anwaltsklausur gehört allerdings Folgendes:

Gerichtskosten fallen nur einmal an. Der Kläger muss einen Vorschuss iHv drei Gebühren nach dem Gebührenstreitwert im Zeitpunkt der Einreichung der Klage einzuzahlen (Nr. 1210 KV GKG). Vorher soll die Klage gem. § 12 I GKG nicht zugestellt werden. **Außergerichtliche Kosten** sind im RVG geregelt. Der Rechtsanwalt erhält in jedem Zivilprozess (mit oder ohne Beweisaufnahme) eine **Verfahrensgebühr** iHd 1,3-fachen Satzes (Nr. 3100 VV RVG) und in der Regel eine **Terminsgebühr** iHd 1,2-fachen Satzes (Nr. 3104 VV RVG), also insgesamt 2,5 Gebühren. Die Verfahrensgebühr entsteht mit der ersten Tätigkeit des Rechtsanwalts, die dieser nach Erteilung des Klageauftrages des Mandanten zu dessen gerichtlicher Vertretung ausübt (zB bereits die Entgegennahme von Informationen). Die Terminsgebühr entsteht, wenn der Rechtsanwalt einen Termin wahrnimmt, egal ob er dort streitige oder unstreitige Anträge stellt. Gegebenenfalls kann die Terminsgebühr auch ohne Termin anfallen, so vor allem bei außergerichtlichen Vergleichs- oder Erledigungsbemühungen (vgl. die Vorbemerkung zur Nr. 3104 VV RVG). Nach der Rspr.[26] setzt das Anfallen der Terminsgebühr noch nicht einmal voraus, dass die Klage bereits rechtshängig ist (zB Besprechung des Anwalts mit der Gegenseite zwecks Vermeidung des Prozesses). Aus Nr. 7002 und Nr. 7008 VV RVG ergeben sich die Auslagenpauschale und die Umsatzsteuer als weitere Kostenpositionen.

Beachte: Als **vorgerichtliche Gebühren des Rechtsanwalts** sind die Beratungsgebühr nach § 34 RVG/Nr. 2100 VV RVG (einfacher Rat) und die Geschäftsgebühr nach Nr. 2300 VV RVG (umfassende anwaltliche Tätigkeit) praxisrelevant.

Möglich ist auch eine **Gebührenvereinbarung**[27] mit dem Mandanten, vgl. §§ 3a ff. RVG und § 49b BRAO (lesen!). Vor Gericht können im Kostenfestsetzungsverfahren allerdings nur die gesetzlichen Gebühren abgerechnet werden. § 49b II BRAO iVm § 4a RVG regeln die Zulässigkeit von **Erfolgshonoraren**. Die Formerfordernisse des § 3a I RVG gelten übrigens nach der Rspr. auch für einen Schuldbeitritt zur Vergütungsvereinbarung.

2. Die Zweckmäßigkeitsüberlegungen im Einzelnen

16   Die Analyse aller Examensklausuren der letzten 18 Jahre hat ergeben, dass es häufig vorkommende prozesstaktische Aspekte gibt, die typischerweise im Rahmen der Zweckmäßigkeitserwägungen zu erörtern gewesen sind (und die zusammen mit dem praktischen Teil teilweise **bis zu 50 % der Note** ausmachen!). Diese stellen wir im Folgenden vor. Je nach konkretem Klausursachverhalt müssen Sie von den hier dargestellten Erwägungen die ernsthaft in Be-

---

26 BGH NJW 2011, 530; OLG Saarbrücken NJW-RR 2018, 1516 ff.
27 Eine Vergütungsvereinbarung, die gegen die Formvorschriften §§ 3a, 4a RVG verstößt, ist dennoch wirksam. Aus ihr kann die vereinbarte Vergütung bis zur Höhe der gesetzlichen Gebühr gefordert werden, BGH MDR 2016, 915.

tracht kommenden Aspekte ansprechen. Beachten Sie, dass Sie bei den Zweckmäßigkeitserwägungen (gilt für alle Anwaltsklausurtypen!) immer darzustellen haben,

1. **was** Sie vorschlagen/nicht vorschlagen,
2. **warum** Sie das vorschlagen/nicht vorschlagen und
3. **ob das prozessual zulässig ist** bzw. aus welcher Norm sich das ergibt, was Sie vorschlagen.

Die Zweckmäßigkeitsüberlegungen sollten Sie im Gutachten mit einem **Obersatz** beginnen. Hier zwei **Formulierungsbeispiele**, an denen Sie sich orientieren können:

Zu prüfen ist, welche prozesstaktischen Schritte im vorliegenden Fall zweckmäßig sind.

Zu prüfen ist nun, was vorliegend zweckmäßig ist.

Für die zu behandelnden Aspekte können Sie sich an folgendem Merksatz orientieren,

»OB, WER, WEN, WIE und WO ...«

Klage erhoben werden sollte.[28]

Beachte: Durch Berichte unserer Kursteilnehmer im **Wochenendseminar zur zivilrechtlichen Anwaltsklausur** erfahren wir immer wieder, dass (auch in Bayern!) in den **Arbeitsgemeinschaften fast nie die erhebliche Wichtigkeit der Zweckmäßigkeitsprüfung für die Klausurnote deutlich gemacht wird**. Es muss Ihnen bewusst sein, dass gute Ausführungen in diesem Abschnitt Ihres Gutachtens entscheidend sind für die Endnote! Die Relevanz der Zweckmäßigkeit ist nur dann geringer, wenn die Klausur im materiellen Teil sehr schwer ist (was selten ist), viele/schwierige prozessuale Aspekte bereits inzident an anderer Stelle im Gutachten zu prüfen waren (was ebenfalls selten ist) oder eine Kautelarklausur vorliegt.

a) Muss oder sollte überhaupt geklagt werden (OB)?

Welche Zweckmäßigkeitserwägungen sind beim »OB« möglich?

17

- Rat an den Mandanten
- Kostenrisiko § 93 ZPO
- Aufrechnung/Widerklage durch Gegner droht: Was tun?

In der Regel wird es darauf hinauslaufen, dass sowohl Erfolgsaussichten zumindest hinsichtlich eines Teils des Mandantenbegehrens als auch ausreichende Vollstreckungschancen bestehen. Daher halten Sie im Gutachten gleich am Anfang kurz fest, dass dem **Mandanten zu raten ist,** (gegebenenfalls in bestimmter Höhe) Klage zu erheben (Ausnahme: Bayern, wenn kein Hauptgutachten zu fertigen ist – hier ergibt sich der Rat an den Mandanten aus Ihrem Schriftsatz). Aufgrund der bisherigen Weigerungshaltung des Gegners dürfte auch eine dem Gerichtsverfahren **vorgeschaltete Mediation**[29] aussichtslos sein. Auch das können Sie kurz hinschreiben.

Dann ist immer darzustellen, ob zeitlich vor der von Ihnen zu entwerfenden Klageschrift im Hinblick auf **§ 93 ZPO** ein **vorgerichtliches Anspruchsschreiben an den Gegner** erforderlich ist oder nicht. Wenn ja, dann sollten Sie dieses Schreiben dann neben der Klageschrift im praktischen Teil entwerfen, wenn der Bearbeitervermerk nichts Abweichendes vorschreibt.

Beachte: Wenn der Mandant noch keinen Klageauftrag erteilt hat, dann ist gegebenenfalls auch nur ein vorgerichtliches Anspruchsschreiben zu fertigen. Dies wäre dann bereits eine Kautelarklausur.

---

28 Aufbautechnisch ist es auch durchaus vertretbar, die reinen Zulässigkeitsfragen (Zuständigkeit, Parteifähigkeit etc.) im Rahmen der Zweckmäßigkeit separat als »Zulässigkeitsfragen« oder »prozessrechtliches Gutachten« zu prüfen, und die restlichen Aspekte dann als »Sonstige Zweckmäßigkeitserwägungen« oder »prozesstaktisches Gutachten« zu bezeichnen.

29 Mediation ist die grds. freiwillige außergerichtliche Streitbeilegung, geregelt im MediationsG. Wenn schon geklagt wird, kann auch der Richter eine Mediation anregen, vgl. § 278a ZPO. Davon zu trennen ist die bei einigen Rechtsstreitigkeiten zwingende vorherige Durchführung eines Schlichtungsverfahrens vor einer Gütestelle nach den jeweiligen Landesschlichtungsgesetzen. Selbst vor der mündlichen Verhandlung wird der Richter noch auf eine gütliche Einigung hinwirken, vgl. § 278 ZPO.

Wenn der Gegner einen eigenen Anspruch hat, mit dem er die **Aufrechnung** erklären könnte (zB September und Oktobertermin 2018!), müssen Sie hier Folgendes in der Klausur »herausarbeiten«: Ist der Anspruch des Gegners sicher gegeben, so ist es sinnvoll, sich diesen Anspruch vom eigenen Anspruch abzuziehen und nur den überschießenden Betrag einzuklagen (Prozessökonomie, Streitwertreduzierung). Hier wäre also selber aufzurechnen, und zwar entweder vorprozessual oder in der Klageschrift, wobei bei außergerichtlichen Erklärungen auf § 174 BGB zu achten ist (→ Rn. 30). Wenn der Anspruch des Gegners dagegen unsicher ist (zB wegen zweifelhafter Beweis- oder Rechtslage), sollte die eigene Forderung auf keinen Fall durch Aufrechnung verbraucht werden. Hier ist in voller Höhe Klage zu erheben. Könnte der Gegner mit einem ungleichartigen Anspruch eine **Widerklage** erheben, so gilt: Wenn der Mandant nicht schon zur Leistung durch den Gegner aufgefordert wurde, so kann – wenn tatsächlich eine Widerklage erhoben würde – der Widerklageanspruch nach Maßgabe von § 93 ZPO sofort anerkannt werden, sodass jetzt nichts zu veranlassen wäre. Andernfalls sollte dem Mandanten geraten werden, den Gegenanspruch unverzüglich zu erfüllen. Vgl. → Rn. 36 zum Fall, dass dem Gegner ein **Zurückbehaltungsrecht** zusteht. Ist das Bestehen des Gegenspruchs bezüglich des ZBR/der Widerklage unsicher, sollte die weitere Entwicklung abgewartet und wegen des Gegenanspruches noch nichts veranlasst werden.

> **Beachte:** Wenn Sie eine **Verkehrsunfallklausur** bekommen und **Gegenansprüche** des Gegners gegen den Mandanten aus dem Unfall im Raume stehen, dann sollten Sie bezüglich der Gegenansprüche von einem vorschnellen Anerkenntnis oder einer Erfüllung/Aufrechnung erstmal die Finger lassen. Nach den AKB (Allgemeine Bedingungen für die Kfz-Versicherung) hat nämlich primär die eigene Versicherung des Mandanten das Recht, das Heft diesbezüglich in die Hand zu nehmen, und die wird fuchsteufelswild, wenn man bezüglich der Gegenansprüche auf eigene Faust tätig wird. Das gilt grundsätzlich: Ist eine eigene Haftpflichtversicherung im Hintergrund und werden Gegenansprüche gegen den versicherten Mandanten geltend gemacht, dann ist diesbezüglich der **Versicherer zu informieren** und auf weitere Weisung zu warten.

b) Wer muss oder sollte klagen (WER)?

18 Welche Zweckmäßigkeitserwägungen sind beim »WER« möglich?

- Streitgenossenschaft auf Mandantenseite
- Partei- und Prozessfähigkeit auf Mandantenseite
- Prozessführungsbefugnis auf Mandantenseite

Prozesstaktisch ist als Nächstes festzulegen, wer Partei des Rechtsstreits auf Klägerseite werden sollte. Im Normalfall, in dem nur der Mandant als Kläger in Betracht kommt, verlieren Sie zur Frage, wer klagen sollte, kein Wort. Kommt eine **Streitgenossenschaft** mit einer anderen Person in Betracht, so müsste der Aspekt aufgeworfen werden, wer klagen sollte. Bei materiell notwendiger Streitgenossenschaft nach §§ 59, 62 ZPO müssen alle klagen (Ausnahmen: §§ 432, 2039 BGB – Septembertermin 2018), bei einfacher Streitgenossenschaft nicht. Gibt es von vornherein zwei Mandanten, dann haben Sie stets zu untersuchen, ob eine gemeinsame Klage notwendig ist und wenn nicht, ob die Einklagung des Anspruchs durch nur einen der Mandanten zweckmäßiger ist (der andere Gläubiger könnte dann Zeuge sein, und der Rechtsstreit wird insgesamt schlanker).

Dann kann gegebenenfalls zu erörtern sein, ob der Mandant **rechts- bzw. parteifähig** ist, vgl. § 50 ZPO. Die Erfahrung aus der Klausuranalyse zeigt, dass – obwohl unproblematisch – viele LJPA und Korrektoren bei den Gesellschaften (also AG, GmbH, OHG, KG, GbR etc.) einen kurzen Satz zur Rechts- und damit Parteifähigkeit lesen wollen.

> **Formulierungsbeispiel:**
> Die Mandantin als Aktiengesellschaft ist als juristische Person des Privatrechts rechtsfähig und damit parteifähig, § 50 ZPO, § 1 I 1 AktG.

Ist die Partei wegen fehlender oder beschränkter Geschäftsfähigkeit **prozessunfähig** (vgl. §§ 51 f. ZPO; Beispiel: Personen unter 18 Jahren), so ist eine Vertretung erforderlich (zB durch die Eltern, vgl. § 1629 BGB). Das schreiben Sie dann im Gutachten hin! Gleiches gilt für Fälle mit **Betreuung**, vgl. §§ 1896, 1902 BGB (Betreuer als Vertreter!).

Auch die **Prozessführungsbefugnis** kann eine Rolle spielen, und zwar in Form einer gesetzlichen oder gewillkürten Prozessstandschaft. Klausurrelevante Beispiele für die gesetzliche Prozessstandschaft sind neben § 265 II 1 ZPO die Klage des Insolvenzverwalters nach § 80 InsO (Partei kraft Amtes), das Revokationsrecht des Ehegatten aus § 1368 BGB[30] und **§ 2039 BGB** im Falle einer Miterbengemeinschaft.[31] In **gewillkürter Prozessstandschaft** kann der Mandant klagen, wenn der materielle Rechtsinhaber diesen zur klageweisen Geltendmachung ermächtigt hat. Eine Klage wäre dann aber nur zulässig, wenn die Ausübung des Rechts übertragbar ist, der Prozessstandschafter ein eigenes schutzwürdiges Interesse an der Geltendmachung hat und dadurch keine Benachteiligung des Anspruchsgegners eintritt.[32] Leistung an sich kann dann aber nur gefordert werden, wenn der Rechtsinhaber dem Mandanten eine **Einziehungsermächtigung** erteilt hat. Dies ist dann alles hier in der Zweckmäßigkeit (und im Schriftsatz!) darzustellen!

c) Wen muss oder sollte man verklagen (WEN)?

Welche Zweckmäßigkeitserwägungen sind beim »WEN« möglich? 19

* Streitgenossenschaft auf Gegnerseite
* Rechts- und Parteifähigkeit auf Gegnerseite
* Streitverkündung
* Singuläre Klage gegen einen Dritten

aa) Streitgenossenschaft auf Gegnerseite

Auch hier müssen Sie darauf achten, ob auf der zukünftigen Beklagtenseite möglicherweise 20 eine **notwendige Streitgenossenschaft** vorliegt, bei der alle Streitgenossen zusammen verklagt werden müssten (zB Klage gegen mehrere Bucheigentümer aus § 917 BGB). Es kann auch sinnvoll sein, mehrere Gegner zu verklagen und so eine **einfache Streitgenossenschaft** auf Beklagtenseite zu begründen. Dies wird vor allem bei den **Verkehrsunfall-Klausuren** zu diskutieren sein.[33] Zweckmäßigerweise sollte in jedem Fall die Kfz-Haftpflichtversicherung des Gegners verklagt werden (vgl. § 115 VVG!), da bei dieser von einer ausreichenden finanziellen Leistungsfähigkeit auszugehen sein dürfte (Erhöhung der Vollstreckungschancen). Im Regelfall besteht auch Streit über den Unfallhergang, sodass auch der Fahrer mitverklagt werden sollte, um diesen im Prozess als Zeugen auszuschalten. Der gegnerische Halter kann zudem mitverklagt werden, um nochmals die Vollstreckungschancen zu erhöhen. Andererseits dauert das Verfahren dadurch gegebenenfalls länger, bei Teilabweisung droht ein Kostenrisiko nach der Baumbach'schen Formel. Die höheren Vollstreckungschancen sind jedoch in der Regel der ausschlaggebende Grund, auch den Halter zu verklagen.[34]

Es kann **über die dargestellten Verkehrsunfallprozesse hinaus** auch in anderen Situationen sinnvoll und von Ihnen in der Klausur mit den oben bereits dargestellten Argumenten zu diskutieren sein, jemanden mitzuverklagen. Gemeint sind Klausuren mit **Gesamtschuldnern** oder **Gesellschaften** mit persönlich haftenden Gesellschaftern auf der Gegenseite. Auch bei **Räumungsprozessen** ist es prozesstaktisch ratsam, gegen sämtliche Gewahrsamsinhaber vorzugehen, um den Titel gegen alle vollstrecken zu können.[35] Achten Sie bei Mitverklagung mehrerer Parteien natürlich auch darauf, ob für alle Streitgenossen ein gemeinsamer Gerichtsstand gegeben ist. Haben die Streitgenossen ihren Gerichtsstand bei unterschiedlichen Gerichten, kann bei gemeinsamer Verklagung auf rügeloses Einlassen spekuliert werden. Nach einer Rüge kann auch nach Rechtshängigkeit ein Antrag nach § 36 I Nr. 3 ZPO (lesen!) beim nächsthöheren Gericht gestellt werden.

---

30 *Kaiser/Kaiser/Kaiser* MatZivilR Rn. 94.

31 *Kaiser/Kaiser/Kaiser* MatZivilR Rn. 99. Bei § 2039 BGB Klageantrag auf Leistung an alle!

32 *Kaiser/Kaiser/Kaiser* Zivilgerichtsklausur I Rn. 353 ff. Nach wohl hM ist jederzeit ein **Widerruf der Prozessführungsermächtigung** durch den Rechtsinhaber möglich (einschränkend der 5. Senat des BGH für die Zeit nach Beginn der mündlichen Verhandlung – Rechtsgedanke § 269 I ZPO).

33 Vgl. dazu *von Katte/Danfa* JA 2016, 932; *Sarimehmetoglu* JA 2011, 127.

34 In einer Situation ist die Mitverklagung des Halters dagegen nicht ratsam: Hat ein Dritter den Pkw des Mandanten gefahren und wird der gegnerische Halter mitverklagt, könnte dieser im Wege der Drittwiderklage die Widerklage auf den vom Mandanten personenverschiedenen Fahrer ausdehnen, der oft der einzige Zeuge ist.

35 Vgl. *Kaiser/Kaiser/Kaiser* ZwangsVollstr-Klausur Rn. 80.

bb) Rechts- und Parteifähigkeit

21 Im Zusammenhang mit der Frage, wer zu verklagen ist, kann gegebenenfalls zu erörtern sein, ob der Gegner als Gesellschaft **rechts- bzw. parteifähig** ist, vgl. § 50 ZPO (s. oben).

cc) Streitverkündung

22 Gegebenenfalls ist auch einem Dritten der **Streit zu verkünden**. Die Streitverkündung ist in §§ 72 ff. ZPO geregelt. Sie ist die förmliche Benachrichtigung eines Dritten von einem anhängigen Prozess mit der Aufforderung, dem Rechtsstreit auf einer bestimmten Seite[36] beizutreten. Zulässig ist eine Streitverkündung auch in der Berufungs- oder Revisionsinstanz. Wenn Sie Zeit haben: *Lühl* JA 2017, 700 ff. und *Krüger/Rahlmeyer* JA 2014, 202 ff. sind zwei feine Aufsätze dazu. Die Streitverkündung dient dem Zweck, gegenüber dem Streitverkündeten die sog. **Interventionswirkung** gem. §§ 74 III, 68 ZPO eintreten zu lassen. Mit der Interventionswirkung kann vermieden werden, dass die Partei nach einer Niederlage im ersten Prozess in einem zweiten Rechtsstreit mit einer dem ersten Urteil widersprechenden Begründung erneut unterliegt. Die Interventionswirkung besteht darin, dass in einem Folgeprozess das Urteil des Vorprozesses im Verhältnis zwischen Streitverkündeten und Streitverkünder **zugunsten des Streitverkünders (nach hM nie zu seinen Lasten!)** als richtig gilt. Die Interventionswirkung geht erheblich weiter als die Rechtskraft, sie erfasst nämlich bindend alle tatsächlichen und rechtlichen Grundlagen, auf denen das Urteil beruht. Auch die Unaufklärbarkeit von Tatsachen (»non liquet«, bitte nicht aus Versehen »non liquid« schreiben!) nimmt an der Interventionswirkung teil. Die Interventionswirkung tritt bei Nichtbeitritt des Streitverkündeten[37] nur bei einer wirksamen Streitverkündung ein. **Voraussetzungen für eine wirksame Streitverkündung** sind die formgerecht wirksame Vornahme nach Maßgabe des § 73 ZPO und die Zulässigkeit der Streitverkündung gem. § 72 ZPO (lesen!). Dies müssen Sie in der Klausur darstellen!

Eine weitere Wirkung der Streitverkündung ist materiell-rechtlicher Art: Gemäß § 204 I Nr. 6 BGB **hemmt die Streitverkündung die Verjährung** des Anspruches gegen den Streitverkündeten, und zwar bei »demnächstiger« Zustellung schon mit Eingang der Streitverkündungsschrift bei Gericht, § 167 ZPO. Die Verjährungshemmung tritt bei unwirksamer Streitverkündung (dh wenn die Voraussetzungen von §§ 72, 73 ZPO nicht vorliegen) auch nicht im Falle des Beitritts ein.

Aus Klägersicht wird die Streitverkündung vor allem dann relevant, wenn aus tatsächlichen oder rechtlichen Gründen unklar ist, wer von mehreren in Betracht kommenden Parteien der Schuldner ist **(Ansprüche aus Alternativverhältnissen)**. Der mögliche Alternativanspruch ist dann der Streitverkündungsgrund iSv § 72 ZPO. Denken Sie zB an Baumängel, deren Ursache eine Schlechtleistung des Werkunternehmers A oder eine Schlechtleistung des Werkunternehmers B sein kann. Klausurrelevant ist auch der Fall, dass nicht klar ist, wer der Vertragspartner des Mandanten ist oder wer eine Verkehrssicherungspflicht verletzt hat (A oder B?). Wer dann jeweils verklagt werden soll und wem der Streit verkündet wird, hängt vom Klausursachverhalt ab (Wunsch des Mandanten, Zahlungsfähigkeit der Gegner, Beweislage etc.).

> **Beachte:** Sie müssen aber stets darauf achten, ob tatsächlich ein Alternativverhältnis vorliegt. **Eine Streitverkündung durch den Kläger ist nämlich unzulässig, wenn von vornherein eine kumulative Haftung von Gegner und Dritten besteht**, zB bei Ansprüchen gegenüber mehreren Gesamtschuldnern. Ist allerdings unklar, ob eine Alternativ- oder eine Kumulativhaftung gegeben ist, darf der Kläger den Streit verkünden, weil diese Unsicherheit nicht zu seinem Nachteil gereichen darf (lief schon mehrfach, zuletzt im Julitermin 2018!).[38]

> **Klausurtipp:** Wenn bei Verlust des Vorprozesses ein Nachprozess gegen den Streitverkündeten geführt werden muss, sollten im Nachprozess die **Kosten des erfolglosen Vorprozesses** zweckmäßi-

---

36 Die Aufforderung, auf einer bestimmten Seite beizutreten, ist gesetzlich nicht vorgeschrieben, aber in der Praxis üblich.

37 Im Falle des Beitritts kommt es für die Interventionswirkung nicht auf die Zulässigkeit der Streitverkündung an (BGH NJW 2008, 519 f.). Etwaige Formmängel nach § 73 ZPO werden aber auch bei einem Beitritt nach hM nicht geheilt, hier gilt nur § 295 ZPO im Folgeprozess (Thomas/Putzo/*Hüßtege* ZPO § 73 Rn. 7).

38 BGH NJW-RR 2015, 1058; MDR 2015, 350; Thomas/Putzo/*Hüßtege* ZPO § 72 Rn. 7.

Die Streitverkündung erfolgt dann im praktischen Teil der Klausur als eigener Schriftsatz (vgl. → Rn. 47) oder (bei Zeitnot) in der Klageschrift selbst. Letzteres ist zulässig.[39]

Fazit: Was müssen Sie bei der Streitverkündung im Gutachten immer ansprechen (die Bayern im Hilfsgutachten)?

* Interventionswirkung, §§ 74, 68 ZPO
* Verjährungshemmung, § 204 I Nr. 6 BGB
* Voraussetzungen nach §§ 72, 73 ZPO

Wenn der Mandant oder der Bearbeitervermerk vorgibt, dass bezüglich eines Dritten (dem eigentlich der Streit verkündet werden müsste) »**ein Vorgehen nicht gewollt ist**«, dann stellen Sie nur kurz dar, dass Alternativansprüche bestehen und eine Streitverkündung in Betracht kommt (Vorteile aufzählen!), diese jedoch wegen des Mandantenwunsches oder des Bearbeitervermerks nicht zu veranlassen ist. Dann stellen Sie kurz dar, dass der Mandant ausdrücklich auf die ihm entgehenden Vorteile der Streitverkündung hinzuweisen ist (anwaltliche Vorsicht!).

Merke: Macht der Mandant in der Klausur spezifische Vorgaben, müssen diese beachtet werden. Sind die Vorgaben aber »juristisch unklug«, dann sollen Sie das merken und in der Klausur explizit darauf hinweisen, dass das mit dem Mandanten noch zu besprechen ist!

dd) Singuläre Klage gegen einen Dritten

Schließlich besteht noch die Möglichkeit, dass dem Mandanten **eigene Ansprüche gegen Dritte** zustehen, die nicht im Wege einer Streitverkündung oder Mitverklagung in den laufenden Prozess mit einbezogen werden können. Hier kommt nur eine **singuläre Klage** bzw. wegen § 93 ZPO ein vorprozessuales Aufforderungsschreiben gegen den Dritten in Betracht.

23

d) Wie muss geklagt werden (WIE)?

Welche Zweckmäßigkeitserwägungen sind beim »WIE« möglich?

24

* Welcher Antrag ist zu stellen
* Eingehen auf Einwendungen des Gegners
* Mahnverfahren oder Urkundenprozess
* Verfahren nach § 495a ZPO
* Gebührenschaden
* Gestaltungsrechte
* Unbezifferter Klageantrag
* Stufenklage
* Klagenhäufung
* Teilklage
* Abzug von eigenem Mitverschulden
* Gegner hat Einrede, ggf. Annahmeverzug
* Feststellungsklagen nach § 256 I und § 256 II ZPO
* Besorgnis der Nichterfüllung
* Antrag nach § 890 II ZPO
* Selbstständiges Beweisverfahren

Zuerst ist immer auf **den zu stellenden Antrag** einzugehen und dieser kurz zu beschreiben.

Formulierungsbeispiel:

Vorliegend bietet sich ein Herausgabeantrag an, in dem das herauszugebende Pferd so genau wie möglich zu beschreiben ist, um den Voraussetzungen von § 253 II Nr. 2 ZPO zu genügen.

---

39 BGH NJW 1988, 1379.

Fast immer sind dann noch weitere anzusprechende (kompliziertere) Aspekte eingebaut, die nun aufgelistet werden und auf die Sie dann zusätzlich eingehen müssen:

25 Problem: Eingehen auf Einwendungen des Gegners bereits in Klageschrift?

- Dagegen spricht, dass auf diese Weise dem Gegner gegebenenfalls sogar Verteidigungsmöglichkeiten präsentiert werden (»*Keine schlafenden Hunde wecken*«) und der Vorteil, sich gegebenenfalls später auf Präklusion zu berufen, verloren geht.
- Wenn die Einwendungen des Gegners jedoch abzusehen und diese ohnehin (entweder aus Rechtsgründen oder weil der Sachvortrag durch Gegenbeweise sicher entkräftet werden kann) unerheblich sind, dürfte ein Eingehen prozessökonomisch sinnvoll sein (Straffung des Prozesses/Beschleunigungsmaxime, Gericht kann sich gezielter vorbereiten). Es kann sich zudem zulasten des Klägers auswirken, wenn das Gericht den Eindruck gewinnt, der Kläger würde Tatsachen zurückhalten. Bei zu erwartendem anderweitigem Sachvortrag entspricht ein frühes Eingehen auch der Prozessförderungspflicht nach § 282 ZPO.
- Wie Sie sich entscheiden, ist den Prüfern in der Regel egal. An Ihrer Stelle würden wir hier die »Nicht-darauf-eingehen-Option« wählen, um den Schriftsatz nicht unnötig lang werden zu lassen (Eigentor!). Generell sollten Sie auf diesen Punkt aber ohnehin nur eingehen, wenn nicht sonstige – punkteträchtigere – Zweckmäßigkeitserwägungen im Raume stehen.

26 Problem: Wahl des Mahnverfahrens nach §§ 688 ff. ZPO

- Die Beantragung eines Mahnbescheides läuft in praxi elektronisch, eignet sich daher als Klausurthema nicht. Wenn es um Geldansprüche geht, dann schreiben Sie ins Gutachten folgenden Satz:

  > Die Beantragung eines Mahnbescheids **dürfte unzweckmäßig sein**, da wegen des vorprozessualen Verhaltens zu erwarten ist, dass der Gegner Widerspruch einlegen wird. Dann käme es nur zu einer **unnötigen Verzögerung** des Verfahrens.

- Eine mögliche Klausursituation in diesem Zusammenhang ist jedoch der Antrag auf Übergang ins streitige Verfahren mit einer Anspruchsbegründung, §§ 696, 697 I ZPO (→ Rn. 7). Sollte sich in diesem Stadium herausstellen, dass das Mahnverfahren zu Unrecht eingeleitet wurde, kann der Mahnantrag zurückgenommen werden.

27 Problem: Wahl des Urkundenverfahrens nach §§ 592 ff. ZPO

- Das Urkundenverfahren ist nur möglich, wenn es um einen Anspruch auf Geldzahlung geht. Sodann bedarf es der Vorlage von Urkunden. Nach der herrschenden Rspr. müssen unstreitige Tatsachen nicht durch Urkunden bewiesen werden.[40]
- Das Urkundenverfahren ist für den Mandanten deshalb zweckmäßig, da der Gegner nach § 595 II ZPO bezüglich seiner Beweismittel beschränkt ist, das Verfahren so beschleunigt wird und der Titel gem. § 708 Nr. 4 ZPO ohne Sicherheitsleistung vorläufig vollstreckbar ist. Zudem ist nach § 595 I ZPO eine Widerklage ausgeschlossen (Aufrechnung/Zurückbehaltungsrecht sind aber möglich!). Nachteilig ist die mögliche Schadensersatzpflicht nach § 600 II ZPO und die zu erwartende **Verzögerung des Rechtsstreits** im Falle eines Nachverfahrens nach §§ 599 ff. ZPO.
- In den bisherigen Examensklausuren war die Klage im Urkundenprozess aus diesen Gründen **praktisch nie gewollt**. Bei Vorhandensein ausreichender Urkunden sollten Sie aber in jedem Fall **kurz auf diese Möglichkeit eingehen**.

28 Problem: Anregung des vereinfachten Verfahrens nach § 495a ZPO vor AG

- Eine diesbezügliche Anregung bietet sich in der Regel wegen der mit § 495a ZPO (lesen!) verbundenen Gefahren **nicht** an. Zum einen sind prozessleitende Anordnungen, die im Ermessen des Gerichts stehen, grundsätzlich nicht anfechtbar, zum anderen ist das Verfahren aufgrund der Gestaltungsfreiheit des Gerichts missbrauchsanfällig. Auch die Ein-

---

40 *Gehle* JA 2018, 694 ff.; *Tunze* JuS 2017, 1073 ff.; *Leidig/Jöbges* NJW 2014, 892. Bei vollständig unstreitigem Sachverhalt muss nach der Rspr. aber zumindest eine Urkunde vorgelegt werden.

flussmöglichkeiten im Rahmen einer mündlichen Verhandlung könnten nicht genutzt werden.

Problem: Gebührenschaden (sehr häufiges Klausurproblem!) 29

* Der Gebührenschaden ist der Schaden, der dem Mandanten dadurch entsteht, dass er vor dem Klageauftrag vorgerichtlich kostenpflichtige anwaltliche Hilfe in Anspruch nehmen musste. Diese Kosten (**1,3 Geschäftsgebühr nach Nr. 2300 VV RVG** plus Auslagenpauschale plus MwSt) sind dann als Schaden iSv § 249 I BGB ersetzbar, wenn die Inanspruchnahme des Anwalts erforderlich und zweckmäßig war. Da der Gebührenschaden bei einem anschließenden Gerichtsverfahren nicht von selbst am Kostenfestsetzungsverfahren der §§ 103 ff. ZPO teilnimmt, ist es zweckmäßig, diese Schadensposition[41] **mit einzuklagen,** wenn ein sog. materiell-rechtlicher Kostenerstattungsanspruch besteht. Vgl. *Kaiser/Kaiser/Kaiser* MatZivilR **Rn. 33 zu den möglichen Anspruchsgrundlagen, die Sie dann in der Klausur zu prüfen haben.** Dies gilt selbst dann, wenn die Rechtsschutzversicherung des Mandanten bereits eine Deckungszusage erteilt hat. Auf die Höhe des Streitwertes (Gebühren- und Zuständigkeitsstreitwert) hat der Gebührenschaden als sog. Nebenforderung iSv § 4 ZPO, § 43 GKG keinen Einfluss, wenn er neben der Hauptforderung eingeklagt wird.[42]

* Dem Kostenerstattungsanspruch ist im Verhältnis zum Schädiger grundsätzlich der Gegenstandswert zugrunde zu legen, der der berechtigten Schadensersatzforderung entspricht (BGH NJW 2018, 935 ff.; 2018, 2417 f.).

* **Achtung:** Wenn dem Anwalt **bereits Klageauftrag erteilt** wurde, dann können ab dann vorgerichtliche Anwaltskosten nicht entstehen, weil auch die vorprozessuale Tätigkeit des Anwalts ab Erteilung des Klageauftrages von der Verfahrensgebühr erfasst und diese wiederum nach §§ 103 ff. ZPO festgesetzt wird.[43]

* Problematisch ist wegen der **Anrechnungsvorschriften in Teil 3 Vorbem. 3 (4) zu Nr. 3100 VV RVG und § 15a II RVG,** in welcher Höhe die Geschäftsgebühr einzuklagen ist. Dass bei Miteinklagung der Geschäftsgebühr über kurz oder lang eine Anrechnung stattfindet, ergibt sich aus § 15a II Alt. 2 bzw. Alt. 3 RVG. Fraglich ist, ob nun bei der Geschäftsgebühr oder bei der Verfahrensgebühr die Anrechnung vorzunehmen ist, mit anderen Worten: Welche Gebühr vermindert sich, wenn anzurechnen ist? Die Rspr. geht davon aus, dass vor allem wegen des Wortlauts von Teil 3 Vorbem. 3 (4) Nr. 3100 VV RVG die Anrechnung »auf die Verfahrensgebühr« zu erfolgen hat, diese also grundsätzlich **erst im Kostenfestsetzungsverfahren** bei der Verfahrensgebühr stattfindet.[44] Im Erkenntnisverfahren (in der Klage) kann daher der volle (ungekürzte) Gebührenschaden als eigene Position geltend gemacht werden, was vor allem wegen des früheren Verzugseintritts vorteilhaft für den Mandanten ist.

* Beachten Sie, dass der Gebührenschaden **nur als Freistellungsanspruch** geltend gemacht werden kann, wenn der Mandant diese Kosten noch nicht gezahlt hat. Wenn der Gegner die Freistellung ernsthaft und endgültig verweigert hat oder eine ihm diesbezüglich gesetzte Frist fruchtlos abgelaufen ist, kann aber gleich auf Zahlung geklagt werden.[45] Hat der Mandant die Rechnung bereits bezahlt, kann ein »**normaler**« **Zahlungsantrag** gestellt werden.

---

41 Die Kosten eines obligatorischen Schlichtungsverfahrens iSd § 15a EGZPO werden dagegen über §§ 91 I, III, 103 ff. ZPO auf Antrag mit festgesetzt, die Anwaltskosten eines freiwilligen Güteverfahrens nicht, so BGH NJW-RR 2019, 378.

42 *Schneider* NJW 2008, 3317 mwN. Anders OLG Rostock JurBüro 2013, 194 bei Widerklage mit Gebührenschaden.

43 BGH NJW 2011, 1603; OLG Saarbrücken NJW-RR 2018, 1516 ff.

44 BGH MDR 2017, 670; NJW-RR 2015, 189; DAR 2012, 295; BeckRS 2011, 08343; VersR 2011, 283; NJW 2010, 1375; 2007, 2049; OLG München BeckRS 2017, 104890; NJOZ 2014, 1234; OLG Hamm NJOZ 2012, 1841; OLG München NJW-RR 2012, 1023; OLG Frankfurt a.M. NJOZ 2017, 1319; 2012, 1501; OLG Hamm NJW-RR 2011, 1566; OLG Rostock NJW-RR 2011, 820; KG NJW-Spezial 2013, 349; LG Bremen BeckRS 2013, 02048; *Kaiser* JA 2011, 49 ff.; *Mayer* NJW 2017, 1440 ff.

45 BGH NJW 2013, 452; OLG Hamm NJW-RR 2016, 1428; LG Koblenz BeckRS 2017, 135306; Palandt/*Grüneberg* BGB § 250 Rn. 2. Für den Erstattungsanspruch im Außenverhältnis irrelevant ist, ob der Anwalt schon im Innenverhältnis eine Rechnung gestellt hat, BGH NJW 2011, 2509; LG Frankfurt a.M. BeckRS 2011, 01197.

- Problem: Die Rechtsschutzversicherung des Mandanten hat den Gebührenschaden bezahlt. Dann geht der Anspruch auf Ersatz des Gebührenschadens gem. § 86 I VVG auf die Rechtsschutzversicherung über, die Position fällt also beim Mandanten weg. Ermächtigt die Versicherung den Mandanten dann, den Anspruch im eigenen Namen einzuklagen, liegen in der Regel die Voraussetzungen der gewillkürten Prozessstandschaft vor. Passiert dies erst nach Rechtshängigkeit, liegt ein Fall von § 265 II 1 ZPO vor (Thematik war September 2016 und Juli 2018 eingebaut!).

30 Problem: Gestaltungsrechte

- Kommen für den Mandanten mehrere Gestaltungsrechte in Betracht (zB Anfechtung, Rücktritt, Minderung, Kündigung), so ist hier zu klären, welches Recht geltend gemacht werden soll und gegebenenfalls, welche Voraussetzungen (zB Fristsetzung) dafür noch geschaffen werden müssen (zuletzt April 2017, September 2018).
- Wichtig ist, dass Sie dann die Regelung in **§ 174 BGB** (lesen! Beifügung einer Originalvollmacht) im Gutachten ansprechen und – wenn erforderlich – auch im vorgerichtlichen Schreiben an die Gegenseite daran denken. **Bei Erklärungen im Rechtsstreit durch den Prozessbevollmächtigten gilt § 174 BGB aber nicht!**
- Wie kann der Zugang eines Schreibens am sichersten nachgewiesen werden? Lesen Sie dazu *Kaiser* NJW 2009, 2187 f. oder *Mrosk* NJW 2013, 1481 ff.

31 Problem: Unbezifferter Klageantrag (sehr häufiges Klausurproblem!)[46]

- **Vor allem bei Schmerzensgeld iSv § 253 II BGB** (weitere, allerdings in Klausuren seltene Fälle: § 651n II BGB, Nutzungsausfall, merkantiler Minderwert bei Kfz) sollten Sie stets darstellen, dass der Antrag sowohl beziffert als auch nach **§ 287 ZPO** unbeziffert gestellt werden kann, solange der Kläger im Prozess (= Sie als Anwalt in der Klausur!) die für die Bemessung des Schmerzensgeldes notwendigen Tatsachen vorträgt und – sei es durch die Streitwertangabe in der Klageschrift oder durch Schweigen auf die gerichtliche Streitwertfestsetzung – eine ungefähre Größenordnung des vorgestellten Schmerzensgeldbetrages mitgeteilt wird. Es liegt dann in den Fällen von § 287 ZPO kein Verstoß gegen den Bestimmtheitsgrundsatz nach § 253 II Nr. 2 ZPO vor.
- Wichtig ist, dass Sie stets die **Vor- und Nachteile** der verschiedenen Möglichkeiten kurz gegeneinander abwägen. Pro Bezifferung im Antrag: klare Richtlinie für die Entscheidung des Gerichts, Möglichkeit einer Beschwer für die Berufung. Contra: bei Zuspruch eines geringeren Betrages Kostentragungspflicht für Mandant nach § 92 I ZPO und Bindung des Gerichts in der Höhe wegen 308 ZPO. Diese Nachteile würde ein unbezifferter Antrag verhindern, aber: Beschwer für eine gegebenenfalls erforderliche Berufung fraglich! **Zweckmäßig ist daher ein Mittelweg:** Man stellt einen **unbezifferten Antrags und gibt in der Klagebegründung** (und nicht im Antrag – dann ja wieder sofortiges Kostenrisiko bei Unterschreitung nach § 92 I ZPO)[47] **eine Begehrensvorstellung an,** was zulässig ist.[48] Dadurch ist die Beschwer für eine eventuell erforderliche Berufung gegeben, wenn der in der Klagebegründung angegebene vorgestellte Betrag unterschritten wird.[49] Das Kostenrisiko ist nur minimal, denn nur wenn das Begehren »*völlig übersetzt ist*« (Grenze: 20%), wird der Kläger an den Kosten beteiligt, sonst nicht.[50]
- **Exkurs:** Wenn die zukünftige Entwicklung des Heilungsverlaufes inklusive Schmerzen noch nicht absehbar ist, so könnte das Schmerzensgeld mittels einer offenen Teilklage auf den bisherigen Krankheitsverlauf beschränkt werden (**Teilschmerzensgeld**). Dies ist aber in der Regel nicht zweckmäßig, da ein neben dem Schmerzensgeldantrag zusätzlich gestell-

---

46 *Kaiser/Kaiser/Kaiser* Zivilgerichtsklausur I Rn. 316 ff.
47 In der Praxis geben einige Anwälte den Mindestbetrag im Antrag mit an. Das ist zwar nicht unzulässig, aber prozesstaktisch ein schwerer Fehler!
48 BGH NJW 1992, 311; 1984, 1807; 1982, 340; OLG Naumburg NJOZ 2014, 52; OLG Frankfurt a.M. BeckRS 2010, 28922; LG Dessau-Roßlau BeckRS 2016, 3942; Thomas/Putzo/*Seiler* ZPO § 253 Rn. 12. Vgl. auch *Reinhold/Geffken* JA 2015, 51 ff. und die Originalexamensklausur in JuS 2013, 730 ff.
49 BGH MDR 2016, 867; NJW 1999, 1339 und 1984, 1807; OLG Frankfurt a.M. BeckRS 2010, 28922.
50 Thomas/Putzo/*Hüßtege* ZPO § 92 Rn. 9; MüKoZPO/*Schulz* § 92 Rn. 23 mwN; vgl. BGH NJW 2015, 1829 f. und OLG Köln BeckRS 2004, 11657 zur Quote in den Fällen der Unter-/Überschreitung.

ter Feststellungsantrag bezüglich aller weiteren zukünftigen Schäden (→ Rn. 38) diesen Schaden wegen noch nicht vorhersehbarer Schmerzen mit umfasst und weiter reicht.[51]

* Vgl. Palandt/*Grüneberg* BGB § 253 Rn. 25 zur **Rechtskraft** von Schmerzensgeldurteilen. Klausureinstieg wäre zB der Einwand des Gegners, dass jetzt kein Schmerzensgeld verlangt werden könne, weil die Rechtskraft eines vorherigen Urteils entgegenstehe.

Problem: Stufenklage als Sonderform des unbezifferten Klageantrages, § 254 ZPO   32

* Die Erhebung einer Stufenklage kommt in Betracht, wenn der Klageantrag mangels Sachverhaltskenntnis beim Mandanten ohne Mitwirkung des Gegners nicht beziffert/bestimmt werden kann und ein Auskunftsanspruch existiert. Die Stufenklage besteht in der Regel aus **drei Stufen**: Auskunft, gegebenenfalls eidesstattliche Versicherung (§§ 259 ff. BGB) und Herausgabe/Zahlung je nach Auskunft.
* Beispiele: Klage gegen den Erbschaftsbesitzer nach §§ 2018 ff. BGB (Auskunftsanspruch: § 2027 BGB), Klagen gegen den Miterben oder Vorerben (Auskunftsansprüche: § 2057 und § 2127 BGB), Klagen des Pflichtteilsberechtigten nach §§ 2303 ff. BGB (Auskunftsanspruch: § 2314 BGB), Klage aus dem Auftragsrecht oder beim Geschäftsbesorgungsvertrag (Auskunftsanspruch: §§ 675, 666 BGB) oder subsidiär der **Auskunftsanspruch aus § 242 BGB**.[52]
* Vorteile (dazu müssen Sie etwas hinschreiben in der Klausur!): Alle Ansprüche des Mandanten werden in einem Prozess umfassend geltend gemacht, zudem tritt auch bezüglich des Herausgabe- oder Zahlungsanspruches (3. Stufe) die Rechtshängigkeit und damit die Hemmung der Verjährung und die etwaige verschärfte Haftung nach §§ 818 IV, 989, 2023 BGB ein. Auch Kostenvorteile ergeben sich, vgl. § 44 GKG. Wenn der Beklagte während des Prozesses vor einer entsprechenden Verurteilung durch Teilurteil eine **positive Auskunft** erteilt, kann der 1. und 2. Antrag fallen gelassen und über § 264 Nr. 2 ZPO sogleich zum 3. Antrag übergegangen werden (für Teilerledigungserklärung nach h. Rspr. »*kein Raum*«, da Anträge 1. und 2. lediglich prozessuale Hilfsansprüche für den 3. Antrag sind).[53] Bei **negativer Auskunft** (dh erteilte Auskunft ergibt, dass nichts mehr zu holen ist) kann die komplette Stufenklage durch den Kläger durch Klageänderung in eine Feststellungsklage iSv § 256 I ZPO bezüglich der Kostentragungspflicht des Gegners geändert werden. Die Kosten der Stufenklage sind dann als Verzögerungsschaden nach §§ 280 II, 286 BGB zu ersetzen, wenn die negative Auskunft im Verzug verspätet erteilt wurde. Eine vollständige Erledigungserklärung würde in diesem Fall nicht zweckmäßig sein, weil bei Leerlaufen des dritten Antrages dieser nie begründet war und sich auch die Anträge 1 und 2 als prozessuale Hilfsansprüche nicht erledigen können (nur bei Anschluss des Beklagten an die Erledigungserklärung könnte der Kläger über die Billigkeitsentscheidung nach § 91a ZPO gewinnen – aber riskant!).

Klausurtipp: In der Urteilsklausur stellt sich gegebenenfalls die Frage, ob in diesen Fällen der negativen Auskunft eine dennoch erklärte einseitig gebliebene Erledigungserklärung wegen offensichtlicher Unbegründetheit »*sachgerecht*« als ein Feststellungsantrag des Klägers bezüglich der Kostentragungspflicht des Beklagten ausgelegt werden kann (nach Rspr. ja!).[54] Lesen Sie dazu *Kaiser/Kaiser/Kaiser* Zivilgerichtsklausur I Rn. 321. Diese Auslegungs-Problematik kam zuletzt im Doppelpack sowohl im Februar- und Märztermin 2014 und dann im Maitermin 2014. Auch im Augusttermin 2017 und Januartermin 2018 ging es wieder um diese Thematik.

---

51 Palandt/*Grüneberg* BGB § 253 Rn. 23 mwN; OLG Nürnberg MDR 2018, 955 f.

52 *Kaiser/Kaiser/Kaiser* MatZivilR Rn. 19.

53 Thomas/Putzo/*Seiler* ZPO § 254 Rn. 6 mwN; Zöller/*Greger* ZPO § 254 Rn. 12 mwN. Es fehlt das Rechtsschutzbedürfnis für die Feststellung einer Teilerledigung bei einseitiger Erledigungserklärung, der Antrag wäre unzulässig. Die beidseitige Teilerledigungserklärung wäre prozessual wirkunglos (Zöller/*Vollkommer* ZPO § 91a Rn. 58).

54 OLG Frankfurt a.M. BeckRS 2010, 1579; BGH NJW 1994, 2895 ff. So auch OLG Koblenz NJW 2015, 1896; OLG München BeckRS 2005, 10564; OLG Karlsruhe NJW-RR 2014, 546 und BGH NJW 2011, 1292 zur Auslegung einer Erledigungserklärung als Klagerücknahme iSv § 269 III ZPO (anders ohne Hinweis auf die Rspr. Thomas/Putzo/*Hüßtege* ZPO § 91a Rn. 6!). Anders aber umgekehrt: Ist die Klagerücknahme erst einmal erklärt, dann kann man diese nicht auslegen/umdeuten in eine Erledigungserklärung, vgl. BGH NJW 2014, 3520; 2007, 1460; 2004, 23; aA LG Hagen BeckRS 2015, 119930.

33   Problem: Klagenhäufung (sehr häufiges Klausurproblem!)[55]

- Die Klagenhäufung nach § 260 ZPO wird vor allem relevant, wenn dem Mandanten mehrere Ansprüche gegen den Gegner zustehen. Eine Klagenhäufung bietet sich in der Regel aus prozessökonomischen Gründen (ein Verfahren, eine Beweisaufnahme) und aus Kostengründen (wegen der Degression der Gebühren ist eine Klagenhäufung stets günstiger als eine getrennte Geltendmachung) an. Zudem tritt selbst im Falle des Hilfsantrages bereits die Verjährungshemmung ein. Dann ist darzustellen, in welchem Verhältnis die verschiedenen Ansprüche zweckmäßigerweise gestellt werden sollten.
- Dabei ist die objektive eventuelle Klagenhäufung ratsam, wenn dem Mandanten der mit dem Hilfsantrag geltend gemachte Anspruch nur bei Unbegründetheit des Hauptantrages zusteht. Eine objektive kumulative Klagenhäufung ist dann ratsam, wenn dem Mandanten die Ansprüche aus beiden Anträgen zugleich zustehen. Schließlich kann aus Kostengründen erwogen werden, eine uneigentliche/unechte Klagenhäufung anzuraten, wenn nämlich der zweite Anspruch/Antrag nur dann begründet ist, wenn auch der erste Anspruch/Antrag durchgeht. Dann würde bei Erfolglosigkeit des Hauptantrages nicht über den weiteren Antrag entschieden und daher eine Streitwerterhöhung nicht eintreten.
- Bei einer Räumungsklage kann auch **§ 283a ZPO** (sog. Sicherungsanordnung gegen den Mietnomaden) als zusätzlicher Antrag relevant werden. Problematisch dürfte dann vor allem die Darlegung der »besonderen« Nachteile des Mandanten sein.[56]

34   Problem: Teilklage[57]

- Eine Teilklage ist zu erwägen, wenn ein hohes Prozessrisiko besteht und deshalb aus Kostenersparnisgründen nur ein Teil des Anspruches eingeklagt werden soll. Nachteilig ist aber, dass für den nicht eingeklagten Teil im Falle eines Folgeprozesses keine Rechtskraft besteht und diesbezüglich die Verjährung nicht gehemmt wird. Zudem könnte der Gegner zu einer negativen Feststellungswiderklage bezüglich des nicht geltend gemachten Teils des Anspruches provoziert werden, wodurch Rechtskraft zuungunsten des Mandanten für den Restanspruch und zusätzliche Kosten erzeugt würden. Eine Teilklage ist **wegen der überwiegenden Nachteile daher in der Regel prozesstaktisch nicht ratsam.**
- Eine Umgehung der oben genannten Nachteile durch eine uneigentliche Klagenhäufung (Hauptantrag: Teilklage, uneigentlicher Hilfsantrag: Rest des Anspruches) ist nicht zulässig, da darin eine prozessrechtlich unzulässige Kostenminimierung des Klägers durch »Zerstückelung eines Gesamtzusammenhangs« liegt und zudem die für eine objektive Klagenhäufung notwendige Verschiedenheit der Streitgegenstände nicht gegeben ist. Außerdem verhält sich der Kläger dann widersprüchlich und missbräuchlich.[58] Man kann also, wenn man vom Gegner 100 Euro haben will, nicht 1 EUR einklagen und den Rest in 1-EUR-Schritten jeweils hilfsweise uneigentlich als Hilfsantrag dahintersetzen. Eigentlich logisch.

35   Problem: Abzug von eigenem Mitverschulden

- In den Fällen, in denen Sie im Gutachten ein eigenes Mitverschulden des Mandanten bei Schadensersatzansprüchen bejaht haben, müssen Sie darlegen, dass Sie nur einen Teil des Anspruches geltend machen (dh **nur Quote einklagen!**), da sonst bei Teilabweisung eine Kostentragungspflicht des Mandanten droht.
- **Anders bei Schmerzensgeld:** Hier darf das Mitverschulden nicht in Form einer Quote berücksichtigt werden. Es fließt nach dem Maß der beiderseitigen Verursachung schon als Bewertungsfaktor in die Bemessung des »angemessenen« Schmerzensgeldes ein.

---

55 *Kaiser/Kaiser/Kaiser* Zivilgerichtsklausur I Rn. 319 ff.
56 Dazu *Flotow* NJW 2013, 1185; *Börstinghaus* NJW 2013, 3265.
57 *Kaiser/Kaiser/Kaiser* Zivilgerichtsklausur I Rn. 326; *Glasmacher* JA 2018, 207 ff.
58 LG Frankfurt a.M. BeckRS 2012, 02230; LG Berlin BeckRS 2005, 09297; Zöller/*Greger* ZPO § 260 Rn. 4b; *Lüke/Kerwer* NJW 1996, 2121; MüKoZPO/*Becker-Eberhard* § 260 Rn. 19; aA OLG Hamburg BeckRS 2002, 17472. Gleiches gilt übrigens für eine Hilfsaufrechnung, vgl. BGH MDR 1995, 407.

**Problem: Dem Anspruch steht sicher eine Einrede/ein Zurückbehaltungsrecht des Geg- 36
ners entgegen**

* Um eine teilweise Klageabweisung mit Kostennachteil zu vermeiden, ist der Antrag von
  vorneherein auf eine **Zug-um-Zug**-Verurteilung zu stellen, vgl. §§ 320, 273, 274 I BGB.
* Bei Interesse: LG Frankfurt a.M. BeckRS 2018, 9049 aus dem Märztermin 2019!
* Falls ein Gegenanspruch des Gegners dessen Recht zum Besitz ergibt, dann gilt dies ebenfalls. Hier vorprozessual zu erfüllen wäre nicht zweckmäßig, da man dann in Vorleistung
  gehen und im Prozess seinem eigenen Anspruch hinterherlaufen würde.

**Problem: Dem Gegner steht eine Einrede/ein Zurückbehaltungsrecht zu, und er befindet 37
sich im Verzug der Annahme (sehr häufig in Klausuren zu erkennen!)[59]**

* Befindet sich der Gegner in der obigen Zug-um-Zug-Situation bereits im Annahmeverzug,
  so ist es zweckmäßig, **zusätzlich** zum Zug-um-Zug-Antrag den **Annahmeverzug iSv
  §§ 293 ff. BGB gem. § 256 I ZPO feststellen** zu lassen, um wegen §§ 756 I, 765 ZPO die
  Zwangsvollstreckung zu erleichtern (daraus folgt Feststellungsinteresse). Ein isolierter Antrag auf Feststellung des Verzuges ist nach hM dagegen unzulässig. Typische Klausurfälle:
  Der Mandant erklärt wegen Mängeln der Kaufsache den Rücktritt (zuletzt Apriltermin
  2019!), Verkäufer verweigert die Rücknahme. Auch möglich wäre der Fall, dass die gegenseitigen Leistungen über § 812 BGB rückausgetauscht werden.[60]
* Zugleich sollte gegebenenfalls in diesen Fällen auch ein **Leistungsantrag** auf Abholung
  bzw. Rücknahme der Sache gestellt werden, weil der Mandant nur so einen vollstreckbaren
  eigenen Titel erhält. Voraussetzung ist, dass überhaupt ein eigener Anspruch auf Abholung
  besteht, was beim Rücktritt der Fall ist.[61]
* Wenn sich der Gegner **noch nicht im Verzug** der Annahme befindet, so kann der Feststellungsantrag nach Eintritt des Verzuges im Wege einer nachträglichen objektiven Klagenhäufung bzw. -änderung noch nachgeholt werden. Für den Eintritt des Verzuges reicht der
  Klageabweisungsantrag auf den Zug-um-Zug-Antrag in der Klageschrift.[62]

Problem: Feststellungsklage, § 256 I ZPO (sehr häufig in Klausuren zu erkennen!)[63] 38

* Gegebenenfalls ist dem Mandanten zu einem (zusätzlichen) Feststellungsantrag zu raten.
  Wenn zB bei einem Schadensfall die Höhe des zukünftig entstehenden Schadens noch nicht
  genau feststeht, ist es wegen der dann bereits eintretenden Verjährungshemmung (§ 204 I
  Nr. 1 BGB) für den Gesamtanspruch zweckmäßig, in objektiver Klagenhäufung den Leistungsantrag (Geltendmachung der bereits bezifferbaren Schäden – Schaffung eines Voll-
  streckungstitels) mit einem Feststellungsantrag iSv § 256 I ZPO über den Grund der Haftung bzw. die Verpflichtung des Schädigers zu verbinden. Das **Feststellungsinteresse**
  besteht, wenn ein Schadenseintritt in der Zukunft möglich ist (eben weil die Schadensent-
  wicklung noch nicht abgeschlossen ist).[64] Ein weiterer Vorteil ist, dass nach erfolgreicher
  Feststellungsklage die Haftung des Gegners dem Grunde nach nicht mehr angegriffen
  werden kann.
* Eine Feststellungsklage ist insgesamt auch zulässig, wenn der Anspruch bereits teilweise
  beziffert werden könnte. Man muss also nicht das Begehren aufspalten in eine bezifferte
  Leistung und eine Feststellung. Wenn der Mandant aber zügig »*Geld bekommen*« will (was
  natürlich in der Regel der Fall ist), dann ist eine Kombination (wie oben) sinnvoller. Wenn
  eine vollständige Bezifferung möglich ist, wird das Feststellungsinteresse allerdings in der
  Regel verneint (verkürzt »**Vorrang der Leistungsklage**«).[65]

---

59 *Kaiser/Kaiser/Kaiser* Zivilgerichtsklausur I Rn. 447; *Kaiser* NJW 2015, 1286.
60 BGH NJW 2016, 2173; OLG Koblenz NJW-RR 2018, 121 ff.; OLG Hamm NJW-RR 2018, 183 ff.
61 *Kaiser/Kaiser/Kaiser* MatZivilR Rn. 15.
62 OLG Düsseldorf MDR 2009, 57 mwN. Ein separates Mahnschreiben an den Gegner ist daher unnötig.
63 *Kaiser/Kaiser/Kaiser* Zivilgerichtsklausur I Rn. 447 ff.
64 Bei der Verletzung einer Norm zum Schutz des Vermögens muss der zukünftige Schaden »wahrscheinlich«
   sein (BGH WM 2018, 1591). Die Instanzrechtsprechung trennt hier jedoch nicht immer scharf.
65 BGH MDR 1996, 411; JA 2017, 227; Thomas/Putzo/*Seiler* ZPO § 256 Rn. 18. Ist eine Feststellungsklage
   aber in zulässiger Weise erhoben worden, ist der Kläger nicht gehalten, zur Leistungsklage überzugehen,
   wenn er den Schaden nachträglich beziffern könnte, vgl. OLG Hamburg NJOZ 2018, 816 ff. mwN.

- Ist die Verpflichtung zum Ersatz künftiger Schäden rechtskräftig festgestellt, so steht die Sperrwirkung der materiellen Rechtskraft (ne bis in idem) der Zulässigkeit einer erneuten Feststellungsklage in unverjährter Zeit mit gleichem Streitgegenstand nicht entgegen, wenn Schäden noch nach Ablauf der 30-jährigen Verjährungsfrist eintreten können.[66]

- Bei Feststellungsanträgen ist immer darauf zu achten, dass sich die Feststellung auf **ein Rechtsverhältnis** beziehen muss. Bloße Elemente oder Vorfragen eines Rechtsverhältnisses, reine Tatsachen, die Wirksamkeit von Willenserklärungen oder die Rechtswidrigkeit eines Verhaltens können nicht Gegenstand einer Feststellungsklage sein.

- Möglich ist auch eine **negative Feststellungsklage**, zB wenn sich der Gegner **berühmt**, Ansprüche oder Gestaltungsrechte (ausgeübt) zu haben, die ihm aber in Wirklichkeit nicht zustehen. Die Beweislast für das Bestehen der Ansprüche/Gestaltungsrechte trägt dann übrigens der Gegner der Feststellungsklage, selbst wenn er im Prozess der Beklagte ist. Schließlich sollten Sie wissen, dass bei einer negativen Feststellungsklage das **Feststellungsinteresse nachträglich entfällt**, wenn der Beklagte eine positive Leistungs- oder Feststellungswiderklage erhebt. Was ist dann als Anwalt des Klägers zu tun? Erst nachdenken, dann Fußnote lesen![67] Das kommt ständig in Klausuren dran!

- Ein weiterer Fall ist die Feststellung, dass ein Anspruch des Klägers aus einer vorsätzlich begangenen unerlaubten Handlung herrührt.[68] Das Feststellungsinteresse ergibt sich aus § 850f II ZPO, § 302 Nr. 1 InsO und § 393 BGB. Dieser Feststellungsanspruch ist nach der Rspr. unverjährbar und erhöht den Streitwert nicht. In Klausuren wird diese Thematik aber mittlerweile kaum noch verlangt.

38a Problem: Musterfeststellungsklage, §§ 606 ff. ZPO nF

- Die Examensrelevanz der am 1.11.2018 eingeführten Musterfeststellungsklage als »Sonderform« der Feststellungsklage für bestimmte Verbraucherverbände dürfte sich vor allem auf die **mündliche Prüfung** beschränken (dann vermischt und vermengt mit Fragen zum Abgasskandal). Die besonderen Zulässigkeitsvoraussetzungen sind in §§ 606, 608 ZPO geregelt. Ausschließlich zuständig ist das OLG am allgemeinen Gerichtsstand des Beklagten, vgl. § 119 III GVG, § 32c ZPO. In §§ 611, 612 f. ZPO sind das Urteil und der Vergleich als mögliche »Endprodukte« des Verfahrens speziell normiert.

- Lesen Sie vor allem vor Ihrer Mündlichen die Vorschriften einmal quer und bei Bedarf zusätzlich *Waclawik* NJW 2018, 2921 ff.

39 Problem: Zwischenfeststellungsklage, § 256 II ZPO

- Eine zusätzliche Zwischenfeststellungsklage nach § 256 II ZPO ist zB immer dann prozesstaktisch ratsam, wenn für den Kläger ein Singuläranspruch aus einem bestimmten Rechtsverhältnis geltend gemacht wird und sich der Gegner (gegebenenfalls nur konkludent) dessen berühmt, dass das zugrunde liegende Rechtsverhältnis (zB ein Dauerschuldverhältnis wie Miete) schon gar nicht besteht. In diesen Fällen kann über § 256 II ZPO auch über den Singuläranspruch hinaus Rechtskraft bezüglich des zugrunde liegenden Rechtsverhältnisses erzeugt werden, welches ansonsten nicht von der Rechtskraft erfasst wäre. Dies kann für weitere Folgeprozesse des Mandanten wichtig werden. Ein weiteres Beispiel wäre, dass sich neben einer Klage aus §§ 985, 894 BGB ein Antrag auf Feststellung des Eigentums des Klägers nach § 256 II ZPO anbietet, um diese Tatsache wasserdicht für etwaige weitere Prozesse der Rechtskraft zuzuführen.[69] Auch das kam bereits mehrfach.

---

66 BGH MDR 2018, 594 f.

67 Weil weder eine negative Feststellungsklage noch die Verteidigung gegen diese die Verjährung hemmt, hat der Beklagte ein Interesse an der Erhebung einer positiven Feststellungs- oder Leistungswiderklage. Diese scheitert nach hM nicht an der Rechtshängigkeitssperre iSv § 261 III ZPO. Vielmehr entfällt für die negative Feststellungsklage das Feststellungsinteresse, sobald die Widerklage erhoben worden ist und einseitig nicht mehr zurückgenommen werden kann. Diesbezüglich ist dann für erledigt zu erklären, da die eigene Feststellungsklage nach Rechtshängigkeit unzulässig wurde! Die Einleitung eines selbst. Beweisverfahrens ist übrigens idR kein »Berühmen«, vgl. BGH NJW 2019, 520 ff.

68 Vgl. dazu aktuell OLG Koblenz NJW-RR 2019, 82.

69 Bei einem Urteil über §§ 985, 894 BGB nimmt die dingliche Rechtslage weder im Sinne des erfolgreichen Klägers noch im Sinne des erfolgreichen Beklagten an der Rechtskraft teil, vgl. BGH NJW 2019, 71 f.; *Eicker* JA 2019, 52 ff.

- Die Vorgreiflichkeit nach § 256 II ZPO ist gegeben, wenn die Entscheidung des Rechtsstreits von dem Bestehen/Nichtbestehen des festzustellenden Rechtsverhältnisses abhängt **und** wenn die Möglichkeit besteht, dass das zu klärende Rechtsverhältnis über den gegenwärtigen Rechtsstreit hinaus noch Bedeutung haben könnte.

- Eine Kostengefahr besteht bei zusätzlicher Geltendmachung nicht, da aufgrund der Teilidentität der Streitgegenstände der Gebührenstreitwert in der Regel nicht erhöht wird.[70]

Problem: Besorgnis der Nichterfüllung, §§ 257 ff. ZPO   **40**

- Ein Vorgehen nach **§ 259 ZPO** ist zweckmäßig, wenn aufgrund des Verhaltens des Gegners die Besorgnis besteht, dass er den Anspruch nicht erfüllen wird, zB bei Räumungsklagen bezüglich Wohnraum (hier gilt § 257 ZPO nämlich nicht) oder bei Verschaffungsansprüchen aus einem Kaufvertrag. **§ 510b ZPO** regelt eine Ausnahme von den strengen Voraussetzungen der §§ 255, 259 ZPO. § 510b ZPO gilt allerdings nicht für Herausgabeansprüche wie § 985 BGB, dem Hauptfall in Klausuren (s. unten).

- Die Klage auf künftige Leistung nach § 259 ZPO kann mit einem Vorgehen nach § 255 ZPO verbunden werden. § 255 ZPO gestattet unter den dort genannten Voraussetzungen die Verbindung eines Primäranspruches mit einer Fristsetzung. Wenn nun für den Sekundäranspruch – dh für den Anspruch, der nach Ablauf der Frist entsteht – die Voraussetzungen von § 259 ZPO erfüllt sind, ist eine **Kombination von §§ 255, 259 ZPO** möglich (sog. »3er-Antrag«/Ersatzverurteilung: Leistung – Fristsetzung durch das Gericht – Verurteilung bezüglich des Sekundäranspruchs für den Fall des fruchtlosen Fristablaufs). Möglich sind Fälle, in denen dem Mandanten zB ein Verschaffungs- oder Nachbesserungsanspruch aus Kaufvertrag zusteht: Hier kann durch §§ 255, 259 ZPO eine Kombination mit den Sekundäransprüchen (vor allem § 281 BGB) erreicht werden. Auch für § 985 BGB ist ein Vorgehen nach §§ 255, 259 ZPO möglich. Der zukünftige Schadensersatzanspruch nach fruchtlosem Fristablauf folgt dann ebenfalls aus § 281 BGB, der nach der Rspr. **auch auf § 985 BGB anwendbar** ist (sehr klausurrelevant!).[71]

- Zur Ersatzverurteilung bei § 985 BGB hat der BGH eine Feinheit geklärt, die sich für Examensklausuren anbietet. Bislang war **beim 3er-Antrag** streitig, ob die Verurteilung zum Schadensersatz nach § 281 BGB zusätzlich (zB im Antrag) davon abhängig gemacht werden kann, dass der Gläubiger den Schadensersatzanspruch auch in Zukunft geltend macht. Denn eigentlich hat der Gläubiger von § 281 BGB materiell nach Ablauf der Frist ein Wahlrecht, ob er noch den Primäranspruch oder lieber den Schadensersatz statt der Leistung realisieren will (vgl. § 281 IV BGB). Dieses Wahlrecht würde er nach dem BGH durch den reinen 3er-Antrag im Prozess verlieren, denn dort wird für den Fall des Ablaufs der Frist beantragt, den Beklagten zum Schadensersatz zu verurteilen und damit das Wahlrecht nach § 281 IV BGB bereits jetzt ausgeübt. Diese Zwickmühle hat der BGH nunmehr geklärt: Möchte sich der Gläubiger sein **Wahlrecht »in die ZVS rüberretten«**, kann er dies beim 3er-Antrag durch die Art der Antragstellung oder durch Erklärung im Schriftsatz deutlich machen, indem er den Schadensersatzantrag unter die weitere Bedingung eines nach Fristablauf erklärten Schadensersatzverlangens stellt.[72] Hier müssen Sie daher je nach Wunsch des Mandanten in der Klausur darstellen, welche Vorgehensweise zweckmäßig ist (schon festlegen oder noch nicht?).

- Behauptet der Gegner (Mandant wird vortragen, der Gegner lüge), zur Herausgabe der bestimmten Sache vor Prozessbeginn nicht in der Lage zu sein (»**Unvermögensfall**« **vor Rechtshängigkeit**), ist ein Vorgehen über den 3er-Antrag/Ersatzverurteilung nach §§ 255, 259 ZPO zwar möglich, aber gefährlich, da bei Unmöglichkeit einer Herausgabe die Klage aus § 985 BGB (und auch etwaige Ansprüche aus beendeter Leihe/Miete etc.) unbegründet wäre. Der Unvermögenseinwand ist in diesen Fällen nicht irrelevant, weil § 265 II 1 ZPO bei vor Rechtshängigkeit behauptetem Unvermögen nicht gilt.[73] Der zweite (Frist) und der

---

70 Thomas/Putzo/*Hüßtege* ZPO § 5 Rn. 7.

71 BGH NJW 2018, 786 ff. (Chorarchiv-Fall); 2016, 3235; *Kaiser/Kaiser/Kaiser* MatZivilR Rn. 48.

72 BGH NJW 2018, 786 ff. (Chorarchiv-Fall). Aus anwaltlicher Vorsicht dürfte es für den Fall, dass sich der Mandant das Wahlrecht erhalten möchte, ratsam sein, dies bereits im Antrag klarzumachen (anderes Ergebnis vertretbar).

73 *Kaiser/Kaiser/Kaiser* Zivilgerichtsklausur I Rn. 402; Palandt/*Grüneberg* BGB § 275 Rn. 34 mwN.

dritte Antrag (Schadensersatz) gehen dann auch ins Leere, weil diese als sog. unechte Hilfsanträge gerade vom Erfolg des Hauptantrages abhängen. Was ist prozesstaktisch ratsam? Entweder kann von vornherein nur auf Schadensersatz oder Herausgabe des Erlangten (zB aus §§ 283, 989, 990 BGB bzw. § 816 BGB) geklagt werden oder es kann neben dem 3er-Antrag als gestaffelter Hauptantrag ein weiterer echter Hilfsantrag (Bedingung ist, dass Unvermögen vorliegt) auf Schadensersatz oder Herausgabe des Erlangten gestellt werden. Der Vorteil dieser Vorgehensweise ist, dass wenn keine Unmöglichkeit vorliegt, der 3er-Antrag/die Ersatzverurteilung nach §§ 255, 259 ZPO greift und der Mandant die Möglichkeit hat, sowohl den Primäranspruch als auch den Schadensersatz zu realisieren, falls die Sache doch nicht auffindbar ist. Liegt dagegen nach dem Ergebnis der Beweisaufnahme Unmöglichkeit vor, greift der echte Hilfsantrag durch. Das Kostenrisiko ist minimal, da der Streitwert des Hilfsantrages in der Regel dem des Hauptantrages entspricht oder sogar höher ist.[74]

> **Beachte:** Es gibt den Unvermögensfall vor (→ Rn. 40) und den Unvermögensfall nach Rechtshängigkeit (→ Rn. 46), und beides sind klausurrelevante Konstellationen, die alleine 2018 und 2019 in jeweils drei Durchgängen eingebaut wurden! Lesen Sie dazu unsere Kurzversion zum schnellen Wiederholen vor den Klausuren in **NJW 2014, 3497 ff.**

41 Problem: Antrag bei Unterlassungsansprüchen

- Bezüglich der Formulierung ist auf den Bestimmtheitsgrundsatz nach **§ 253 II Nr. 2 ZPO** zu achten. Damit der Gegner nicht durch geringe Modifikationen seines rechtswidrigen Verhaltens »aus dem Tenor« fällt, sollte der Antrag nicht zu eng formuliert werden.
- Die Beschlüsse nach §§ 887 ff. ZPO können im Erkenntnisverfahren noch nicht beantragt werden, da sie einen bereits vorhandenen Titel voraussetzen. Zulässig ist es jedoch, bei Unterlassungs- oder Duldungsansprüchen die **Androhung des Ordnungsmittels nach § 890 II ZPO** im Urteil jetzt schon in der Klageschrift zu beantragen.

42 Exkurs: Das selbstständige Beweisverfahren, §§ 485 ff. ZPO

Durch einen Antrag auf Beweissicherung im selbstständigen Beweisverfahren können Sie erreichen, dass vor allem vor einem Rechtsstreit eine Beweiserhebung zB durch Einholung eines Sachverständigengutachtens stattfindet. Die Vorteile sind, dass ein so eingeholtes Sachverständigengutachten im gegebenenfalls nachfolgenden Hauptsacheprozess als ein gerichtliches Gutachten verwertet wird (wie Resultat einer Beweisaufnahme! vgl. **§ 493 I ZPO**), zudem würde aus Klägersicht bei erfolglosem Ausgang des Beweisverfahrens ein mitunter kostspieliges Hauptsacheverfahren erspart bleiben. Nachteilig ist aber, dass sich der Rechtsstreit unnötig in die Länge zieht, wenn es nach Abschluss des Beweisverfahrens zum Hauptsacheprozess kommt.

Im Rahmen der Rechtsanwaltsklausur wird der Schwerpunkt eines derartigen Antrages wie in der Praxis auf der Beweissicherung zur Abwehr von Rechtsnachteilen, die dem Antragsteller durch den **drohenden Verlust von Beweismitteln** entstehen können, liegen. Gemäß **§ 485 II ZPO** ist dafür ein rechtliches Interesse erforderlich. Dies ist jedenfalls dann zu bejahen, wenn durch Einholung eines Gutachtens ein Rechtsstreit vermieden werden kann. Da dies nie auszuschließen ist, ist diese Voraussetzung in der Regel gegeben. Darüber hinaus liegt das rechtliche Interesse vor, wenn Verjährung droht (der Antrag auf Beweissicherung im selbstständigen Beweisverfahren hemmt gem. § 204 I Nr. 7 BGB die Verjährung). Beachten Sie **§§ 485 II, 486, 487 ZPO (lesen)**, die Normen sind dann in der Klausur darzustellen. Da sich beim selbstständigen Beweisverfahren die gerichtliche Auseinandersetzung nur auf die zu entscheidende Beweisfrage beschränkt, war das selbstständige Beweisverfahren bislang nur sehr selten Klausurgegenstand (so zB nach vielen Jahren Pause im Januarter-

---

74 *Kaiser/Kaiser/Kaiser* Zivilgerichtsklausur I Rn. 191; *Klappstein* JA 2012, 606; BGH MDR 2018, 109 f. Die Erhebung einer Stufenklage würde in den Unvermögensfällen übrigens ausscheiden. Diese greift nur dann, wenn der Mandant ohne Mitwirkung des Gegners nicht wissen kann, in welcher Höhe ihm ein Anspruch zusteht oder wenn der Gegenstand des Anspruches unbekannt ist (was beides in den Unvermögensfällen nicht zutrifft).

min 2019). Nur wenn der Sachverhalt entsprechend angelegt ist oder der Mandant danach fragt, sollten Sie auf diese Möglichkeit eingehen. Was bislang schon mehrfach lief war die Variante, dass der Mandant bereits ein Beweisverfahren hinter sich hatte und nun mit dem Gutachten in der Hand vor dem Anwalt steht und Rat haben – dh klagen – will. Dann müssen Sie an § 493 I ZPO denken (s. oben).

Wie würde beim selbstständigen Beweisverfahren der Schriftsatz lauten? Hier ein Beispiel:

> Antrag auf Beweissicherung
>
> (Dann: Großes Rubrum wie üblich, die Parteien heißen Antragsteller/Antragsgegner, wenn es noch kein Hauptverfahren gibt.)
>
> Namens und in Vollmacht des Antragstellers beantrage ich im Wege des selbstständigen Beweisverfahrens ohne mündliche Verhandlung ein schriftliches Sachverständigengutachten über folgende Fragen einzuholen:
>
> 1.) ...
> 2.) ...
> 3.) Die Auswahl des Sachverständigen wird in das Ermessen des Gerichts gestellt.
>
> Begründung:
>
> ...
>
> Unterschrift des Rechtsanwalts

e) Wo muss geklagt werden (WO)?

Welche Zweckmäßigkeitserwägungen sind beim »WO« möglich?   43

- Örtliche Zuständigkeit, §§ 12 ff. ZPO (an § 29 und § 32 ZPO denken!)
- Sachliche Zuständigkeit, §§ 23, 71 GVG
- Funktionelle Zuständigkeit (Kammer für Handelssachen? §§ 94 ff., § 101 GVG)
- Bestehen eines Wahlrechts, § 35 ZPO
- Ggf. Gerichtsstandsvereinbarung nach §§ 38 ff. ZPO

Hier prüfen Sie, welches Gericht **örtlich, sachlich** und gegebenenfalls **funktionell** zuständig ist. Diese Thematik kennen Sie schon aus der Z I-Klausur, vgl. *Kaiser/Kaiser/Kaiser* Zivilgerichtsklausur I Rn. 357 ff. Denken Sie an **§ 35 ZPO** (lesen!).

Wenn eine **Gerichtsstandsvereinbarung** zwischen dem Mandanten und dem Gegner getroffen worden ist, müssen Sie zunächst prüfen, ob ein gesetzlich geregelter ausschließlicher Gerichtsstand vorliegt, der einer Parteivereinbarung grundsätzlich entgegensteht. Ist dies nicht der Fall, müssen Sie die Vereinbarung nach §§ 38 ff. ZPO auf ihre Wirksamkeit hin untersuchen (gehören die Parteien zum »**prorogationsbefugten Personenkreis**« iSv § 38 I ZPO?). Beachten Sie, dass nach bereits eingetretener Rechtshängigkeit keine Gerichtsstandsvereinbarung geschlossen werden kann (Rechtsgedanke § 261 III Nr. 2 ZPO »perpetuatio fori«).

f) Sonstige Probleme im Rahmen der Zweckmäßigkeit

Welche Zweckmäßigkeitserwägungen gibt es sonst noch?   44

- VU-Antrag
- Schnelle Einreichung bei Zeitdruck
- PKH-Antrag
- Schreiben an Mandanten, Gegner, Dritte

Sonstige Aspekte sind:

- In **Bayern** war laut Klausurakte zum Teil darzulegen, welche Maßnahmen des Anwalts noch am Tag der fiktiven Bearbeitung der Akte zu veranlassen wären. Dann führen Sie (in der Regel im Hilfsgutachten oder Mandantenschreiben) aus, welche Aspekte eilig sind (zB Erfragen fehlender Informationen vom Mandanten, schnelle Einreichung des Schriftsatzes bei Gericht geboten wegen drohender Verjährung, Prozessvollmacht vom Mandanten fehlt etc.).

- **Versäumnisurteil-Antrag nach § 331 III ZPO:** Für den Fall des schriftlichen Vorverfahrens sollte bereits in der Klage ein Versäumnisurteil-Antrag gestellt werden, um unnötige Verzögerungen zu vermeiden.
- Wenn die Verjährung des Anspruches droht, die Klage also schnell anhängig gemacht werden muss, kommen folgende Möglichkeiten in Betracht (gilt natürlich im Prinzip für jede Anwaltsklausur, wenn der **Schriftsatz schnell zu Gericht** muss!):
  - Sofortige Einreichung bei der Geschäftsstelle des Gerichts oder im Hausbriefkasten, zB durch einen Angestellten des Anwalts. Insbesondere ist darauf zu achten, dass bereits der Gerichtskostenvorschuss gezahlt wird, denn sonst wird das Gericht die Klageschrift nicht zustellen, vgl. § 12 GKG. Nur so kommt der Mandant auch in den Genuss von § 167 ZPO.
  - **Klageeinreichung durch Telefax,** vgl. § 130 Nr. 6 ZPO. Das Original der Klageschrift kann, muss aber nicht nachgereicht werden (es ist aber in der Praxis üblich).
  - Klageeinreichung **durch elektronisches Dokument** (zB **über beA**) nach § 130a ZPO.
- **Prozesskostenhilfe-Antrag** nach §§ 114 ff. ZPO: Die Bewilligung von Prozesskostenhilfe erfolgt dann, wenn hinreichende Erfolgsaussichten hinsichtlich der Rechtsverfolgung, die **Bedürftigkeit des Antragstellers** und die fehlende Mutwilligkeit gegeben sind. Der wirtschaftliche Vorteil besteht darin, dass das Prozesskostenhilfe-Verfahren gerichtskostenfrei und die Partei von Auslagenvorschüssen befreit ist. Der taktische Vorteil ist, dass zumindest ein grober Eindruck von der Rechtsauffassung des Gerichts erlangt werden kann. Die Verjährungshemmung ergibt sich aus § 204 I Nr. 14 BGB. Der Mandant ist laut den Lösungsskizzen auf § 123 ZPO (lesen!) hinzuweisen.
  - Kommt Prozesskostenhilfe in Betracht (zuletzt im Januar- u. Oktobertermin 2018 zu erkennen), müssen Sie erläutern, dass die Wahl besteht zwischen einer **unbedingten Klage mit Prozesskostenhilfe-Antrag** (sinnvoll bei überwiegender Erfolgsaussicht, Nachteil: der Prozess läuft; bei ablehnender Prozesskostenhilfe-Entscheidung trägt der Mandant das volle Kostenrisiko) und einer »**bedingten« Klageerhebung nur für den Fall der Bewilligung von Prozesskostenhilfe** (sinnvoll bei »wackeligen« Ansprüchen, weil die Klage bei ablehnender PKH-Entscheidung nicht erhoben ist). Weil echte Bedingungen bei Klagen unzulässig sind, darf **nur die Zustellung** der dem Prozesskostenhilfe-Antrag beigefügten Klage an den Beklagten bedingt werden (was in der Praxis als zulässig durchgewunken wird).[75] Möglich ist auch, zuerst nur einen »reinen« **Antrag auf Prozesskostenhilfe** ohne Klage zu stellen. Für Prozesskostenhilfe-Anträge herrscht **kein Anwaltszwang,** vgl. §§ 78 III, 117 I 1 ZPO.
  - Scheidet Prozesskostenhilfe-Gewährung aus, kann der Mandant aber dennoch nicht den Gerichtskostenvorschuss zahlen, kann ein Antrag nach **§ 14 Nr. 3a, b GKG** zweckmäßig sein.
  - Mögliche Klausurvariante (lief aber erst einmal in 16 Jahren, und zwar im Märztermin 2018): Vorgehen gegen ablehnenden Prozesskostenhilfe-Beschluss über die **sofortige Beschwerde** nach §§ 127 II, III, 567 ff. ZPO, da das **Gericht zu Unrecht Prozesskostenhilfe abgelehnt** hat. Die Prüfungspunkte der Beschwerde ergeben sich dann aus der Kommentierung zu § 127 ZPO! Tipp zur Formulierung des Schriftsatzes:

  In der Sache ...

  wird für den Kläger gegen die die Prozesskostenhilfe ablehnende Entscheidung des ... sofortige Beschwerde eingelegt mit folgendem Antrag:

  Dem Kläger wird unter Beiordnung des Unterzeichnenden als Rechtsanwalt für die erste Instanz rückwirkend auf den Zeitpunkt der Antragstellung Prozesskostenhilfe gewährt.

- **Schreiben an den Mandanten**
  Sie müssen – wenn in der Klausur angelegt – in der Zweckmäßigkeit darlegen, dass ein Schreiben an den Mandanten zB mit folgenden Punkten angebracht sein kann:
  - Hinweis auf Möglichkeit einer außergerichtlichen Mediation (vgl. § 253 III Nr. 1 ZPO)
  - Beantwortung von Fragen des Mandanten
  - Aufklärung über Prozessrisiko, wenn dies geboten ist

---

75 Thomas/Putzo/*Seiler* ZPO § 117 Rn. 4 mwN; OLG Dresden NJW-RR 1998, 1688 mwN.

- Hinweis ob bzw. warum ein Minus, Aliud oder Plus eingeklagt wird/werden soll
- Aufforderung zur Zahlung der (verauslagten oder erforderlichen) Gerichtskosten
- Aufforderung zum Ausfüllen des Prozesskostenhilfe-Formulars/Nachfrage, ob Prozesskostenhilfe in Betracht kommt
- Erfragen vollständiger Zeugenanschrift
- Ergänzung unvollständiger Angaben (zB zur Schadenshöhe beim Verkehrsunfall)
- Berechtigung zum Vorsteuerabzug erfragen

- **Schreiben an Dritte**
  - Eventuell ist ein Schreiben an die **Rechtsschutzversicherung** des Mandanten erforderlich (**Deckungszusage**), so zuletzt im Januartermin 2018.[76]
  - Bei Klausuren mit deliktischem Einschlag kann es gegebenenfalls ratsam sein, neben dem zivilrechtlichen Vorgehen **Strafanzeige bzw. Strafantrag** nach §§ 77 ff. StGB zu stellen.

In der Zweckmäßigkeit legen Sie dar, ob, an wen, warum und mit welchem Inhalt ein Schreiben ergehen muss. Diese Schreiben müssen Sie dann – je nach Bearbeitervermerk – im praktischen Teil ausformulieren. Ist laut Bearbeitervermerk ein solches Schreiben nicht gefordert, so gehen Sie **nur hier in der Zweckmäßigkeit auf diese Punkte ein!**

Klausurtipp: Wenn Ihnen bei der Zweckmäßigkeit gegebenenfalls aus Panik wenig bis nichts einfällt, dann sollten Sie berücksichtigen, dass einige der bereits dargestellten Zweckmäßigkeitsaspekte in jeder Klausur angesprochen werden können, egal wie schlimm es läuft. Zudem gibt es einige »**Notfall-Zweckmäßigkeitserwägungen**«, die Sie in jeder Klausur unterbringen können. Und hier kommt der **Notfall-Plan** für Sie:
Zuerst kommt – wie immer – ein Obersatz. Dann: **45**

- OB der Klage/Rat an den Mandanten (s. oben)
- Kostenfalle § 93 ZPO (s. oben)
- WEN sollte man verklagen? (s. oben; wenn es nur den Gegner gibt, so legen Sie dar, dass eine Mitverklagung anderer oder eine Streitverkündung »offensichtlich« ausscheidet)
- WO der Klage? (s. oben)
- In die Klageschrift sollte die Sachverhaltsdarstellung des Mdt. aufgenommen werden.
- Eingehen auf mögliche Einwände des Gegners zweckmäßig (s. oben)
- Stellung eines Versäumnisurteil-Antrages nach § 331 III ZPO zweckmäßig (s. oben)
- Nach § 130 Nr. 2 iVm § 253 II ZPO sollten die Anträge möglichst bestimmt gestellt werden. Zweckmäßig sind daher folgende Anträge ... (dann Formulierung der Anträge)
- Nach § 130 Nr. 5 ZPO sollten die Beweismittel in der Klageschrift bezeichnet werden. Dies ist aufgrund der Prozessökonomie und der Beschleunigung des Verfahrens zweckmäßig. Als Beweismittel kommen daher die Folgenden in Betracht: ... (dann nochmaliges Aufzählen der Beweismittel)
- Kostenanträge sind obsolet, da das Gericht von Amts wegen über die Kosten entscheidet, vgl. § 308 II ZPO. Gleiches gilt für den Antrag hinsichtlich einer gegebenenfalls erforderlichen Sicherheitsleistung durch Bankbürgschaft, vgl. § 108 I 2 ZPO. Auch ein Antrag auf Erlass eines Anerkenntnisurteils ist wegen § 307 S. 2 ZPO nicht erforderlich.
- Der Mandant sollte um Erstattung des GK-Vorschusses gebeten werden.

VI. Praktischer Teil

Was Sie hier zu fertigen haben, muss der Bearbeitervermerk sagen. In der Regel wird dies der   **46**
Entwurf einer Klageschrift sein. Dahinter sollten Sie – wenn nicht durch den Bearbeitervermerk anderweitig vorgegeben – das **Schreiben an den Mandanten** setzen. Ein Mandantenschreiben sollten Sie unserer Erfahrung nach auch dann fertigen, wenn der Bearbeitervermerk

---

76 *Terriuolo* AnwBl. 2017, 44 zur umstrittenen Frage der Vergütung der Einholung der Deckungszusage durch den Anwalt.

dazu nichts hergibt und keine weiteren Fragen offen sind.[77] Gegebenenfalls sind **Schreiben an Dritte** zu entwerfen. Möglich ist auch, dass der Bearbeitervermerk vorgibt, dass **nur die Anträge** auszuformulieren sind oder **nur ein Schreiben an den Mandanten oder den Gegner** zu fertigen ist und kein Schriftsatz an ein Gericht.

> **Merke:** Die übliche Terminologie der LJPAs in den Bearbeitervermerken ist, dass »Schreiben/Schriftstücke« alles Schriftliche meint, welches nicht an ein Gericht geht. »Schriftsatz« meint Schreiben an ein Gericht wie zB die Klageschrift.

> **Klausurtipp zu möglichen Klausurvarianten:** Möglich ist auch die in den letzten Jahren immer häufiger in Examensdurchgängen gestellte Situation, dass es **bereits eine rechtshängige Klage gibt** und der Mandant (Kläger) nach einem **Anwaltswechsel** (Achtung: Wenn der Mandant den Anwaltsvertrag mit dem vorherigen Prozessbevollmächtigten noch nicht gekündigt hat, so sollten Sie ihn auf das Erfordernis einer sofortigen Kündigung – §§ 626 f. BGB – hinweisen! Beachten Sie bitte auch **§ 87 ZPO!**) Sie bittet, nunmehr die weitere Prozessvertretung wahrzunehmen. Dann fertigen Sie im praktischen Teil natürlich keine Klageschrift (die gibt es ja schon), sondern einen **einfachen Schriftsatz mit kleinem Rubrum**. Darin ist darauf zu achten, dem Gericht den **Anwaltswechsel** eindeutig **anzuzeigen**.
>
> Im Hauptgutachten prüfen Sie dann zuerst die Zulässigkeit und dann die materiell-rechtlichen Erfolgsaussichten der bereits eingelegten Klage (ein- oder zweischichtig), am Ende steht wie immer die **Zweckmäßigkeit** wie ein Fels in der Brandung. Hierzu Folgendes: Oft wird es auf eine nachträgliche **Ergänzung** von Vortrag zu den Ansprüchen und auf die **Änderung der Anträge** inklusive gegebenenfalls (Teil-)Rücknahme hinauslaufen. Die §§ 263 ff., 269 ZPO sind dann genau abzuarbeiten. Auch die **Auswechslung des Beklagten oder die Hinzufügung eines weiteren Beklagten** kann erforderlich werden.[78] Ist der Prozess bislang – wie fast immer – vom vorherigen Anwalt nicht de lege artis geführt worden, ist diesem der **Streit zu verkünden** (→ Rn. 22). Wenn vor dem unzuständigen Gericht geklagt wurde, dann ist an einen **Verweisungsantrag** nach § 281 ZPO zu denken. Es können auch die verschiedenen Spielarten der **Erledigung** relevant werden, vor allem wenn der Gegner nach Rechtshängigkeit den Anspruch erfüllt oder sich eine negative Feststellungsklage durch eine positive Leistungswiderklage erledigt hat (→ vgl. Rn. 38; so Maitermin 2018!).[79] Wenn der Gegner nach Anhängigkeit, aber vor Rechtshängigkeit den Anspruch des Mandanten befriedigt, kommt ein **Vorgehen nach § 269 III 3 ZPO** in Betracht. Alternativ ist auch eine Klageänderung auf Feststellung der Kostentragungspflicht möglich (Verfolgung als »normale« Kostenerstattungsklage), da § 269 III 3 ZPO nicht sperrt.[80] Letzteres ist sogar in der Regel zweckmäßiger, da bei § 269 III 3 ZPO nur eine summarische Prüfung erfolgt. Zur Frage der Reaktion bei Erfüllung im Mahnverfahren vgl. *Petzold* NJW 2019, 822 ff.
>
> Wenn der **Beklagte bereits eine Widerklage** erhoben hat, so sind zusätzlich deren Zulässigkeit, deren materielle Erfolgsaussichten und die zweckmäßige Reaktion darauf zu untersuchen. Wenn als Reaktion auf die Widerklage der Antrag des Klägers/Mandanten geändert werden sollte, so greifen für die dann vorliegende Klageänderung nicht die §§ 263 ff. ZPO, sondern allein § 33 ZPO. Es handelt sich um eine sog. **Wider-Widerklage**, bei der die Regeln der Widerklage vorrangig gegenüber §§ 263 ff. ZPO sind.[81] Dies kam in den letzten Jahren immer häufiger vor! Beispiele: Z II-Klausur im Ringtausch Märztermin 2012. Dort war der Kläger/Mandant Eigentümer eines Mopses, den er während des Prozesses über andere Ansprüche durch verbotene Eigenmacht dem Beklagten weggenommen hatte. Dieser antwortete mit einer Widerklage (§§ 861 ff. BGB). Daraufhin war zu untersuchen, wie auf die Widerklage reagiert werden sollte. Zweckmäßig ist ein zusätzlicher Fest-

---

77 In Bayern und in Berlin-Brandenburg ist ein Mandantenschreiben nur zu fertigen, wenn der Bearbeitervermerk dies vorgibt, sonst nicht!

78 *Kaiser/Kaiser/Kaiser* Zivilgerichtsklausur I Rn. 405 ff.

79 *Kaiser/Kaiser/Kaiser* Zivilgerichtsklausur I Rn. 425 ff. Auch der **Widerruf einer einseitigen Erledigungserklärung** ist **möglich**, Thomas/Putzo/*Hüßtege* ZPO § 91a Rn. 6. Das war Thema im Februar 2014 und Juli 2017. Generell zur Beseitigung von Prozesshandlungen Thomas/Putzo/*Seiler* Einl III Rn. 17 ff.

80 OLG Frankfurt a.M. NJW 2019, 1158; OLG Rostock BeckRS 2014, 01557; aA Thomas/Putzo/*Hüßtege* ZPO § 91a Rn. 36. Dieselbe Problematik stellt sich auch bei Erledigung nach Rechtshängigkeit. Hier geht die hM (KG MDR 2018, 559 mwN) aber von der Sperrwirkung einer (möglichen) Erledigungserklärung aus; **anders auch hier wieder Thomas/Putzo/*Hüßtege* ZPO § 91a Rn. 6.**

81 Thomas/Putzo/*Hüßtege* ZPO § 33 Rn. 9; *Wagner* JA 2014, 655.

stellungsantrag bezüglich der Eigentümerstellung der Klägerin und der fehlenden Besitzberechtigung des Beklagten, sodass die Widerklage analog § 864 II BGB unbegründet wird (**petitorische Wider-Widerklage**).[82] Dann Z IV-Klausur im Ringtausch Februar 2013 und wieder identisch April 2014: selbe Konstellation, nur haben die LJPAs hier den Mops gegen ein Kfz ausgetauscht. Auch im Dezembertermin 2014 und Augusttermin 2017 musste als Reaktion auf die Widerklage ein Antrag der bereits erhobenen Klage geändert werden. Das (zugegeben fiese) Thema ist also beliebt bei den LJPA.

Wenn der Beklagte bei einer schon eingelegten Herausgabeklage behauptet (der Mandant wird in der Regel vortragen, dies *»sei eine Schutzbehauptung des Beklagten und stimme gar nicht ...«*), nach Rechtshängigkeit die streitbefangene Sache an einen Dritten weiterveräußert und weggegeben zu haben (**Unvermögensfall nach Rechtshängigkeit**), so müssen Sie im Rahmen der Zweckmäßigkeit die verschiedenen Reaktionsmöglichkeiten herausarbeiten:

1. Umstellung der Klage nach § 264 Nr. 3 ZPO auf Schadensersatz (zB aus §§ 989, 990 BGB oder § 283 BGB) oder Herausgabe des Erlangten (§ 816 BGB),
2. Rücknahme der Klage und neue Klage gegen den Dritten oder
3. Parteiwechsel (Austausch des Beklagten).
4. Es kann auch weiter auf Herausgabe gegen den Beklagten geklagt werden, da dieser nach § 265 II 1 ZPO gesetzlicher Prozessstandschafter des Dritten ist. Der Unvermögenseinwand ist hier nach **§ 265 II 1 ZPO** unerheblich (Veräußerung nach Rechtshängigkeit), der Antrag müsste also nicht geändert werden.[83] In der Regel ist dies der Weg, der dem Mandantenbegehren entspricht. Ratsam ist es dann, neben dem Herausgabeantrag zusätzlich den Weg nach §§ 255, 259 ZPO zu gehen (sog. **»3er-Antrag«/Ersatzverurteilung**), da dann gleichzeitig der Schadensersatzanspruch bei Nichtherausgabe tituliert ist (→ Rn. 40; dh, die bereits eingelegte Klage ist zu ändern!).[84] Eine Streitverkündung gegenüber dem Dritten dürfte zwar grundsätzlich auch in Betracht kommen, wäre aber wegen der Möglichkeit des Vorgehens nach §§ 265 II 1, 727 ZPO nicht gleichermaßen ratsam. Zu was Sie letztlich raten, hängt natürlich von der Klausur bzw. vom Mandantenwunsch ab.

Teilt der Mandant mit, dass er nach Rechtshängigkeit den streitbefangenen **Anspruch** an einen Dritten **abgetreten** hat, so gilt § 265 II 1 ZPO: Der Mandant bleibt weiterhin (gesetzlich) prozessführungsbefugt, muss jedoch den Antrag nach § 264 Nr. 2 ZPO auf Zahlung an den Rechtsnachfolger umstellen, wenn ihm keine Einziehungsermächtigung erteilt wurde (sonst wäre die Klage unbegründet).

Es gab auch Klausuren, in denen das Gericht oder die Gegenseite bereits einen **Vergleichsvorschlag** unterbreitet hatten. Dann war in der Zweckmäßigkeit abzuwägen, ob auf den Vorschlag einzugehen ist oder nicht. Achten Sie aber hier darauf, dass ein Vergleich gegebenenfalls kostenintensiv sein kann, da neben der Terminsgebühr zusätzlich eine Einigungsgebühr (Nr. 1000 ff. VV RVG) anfällt. Bei aussichtsloser Prozesssituation ist es daher bei niedrigem Vergleichsangebot sogar gegebenenfalls besser, den Vorschlag nicht anzunehmen und die Klage zurückzunehmen.

Schließlich ist auch möglich, dass auf Anraten des vorherigen Anwaltes bereits ein **Prozessvergleich** geschlossen wurde, mit dem der Mandant nicht zufrieden ist. Dann ist im Hauptgutachten zuerst zu prüfen, ob Einwände gegen die Wirksamkeit des Vergleichs durchgreifen und wie diese geltend zu machen sind (formeller Einwand – materieller Einwand, Weiterführung des alten Verfahrens versus neuer Prozess?). **Wiederholen Sie zu alledem unbedingt *Kaiser/Kaiser/Kaiser* MatZivilR Rn. 92 und *Kaiser/Kaiser/Kaiser* ZwangsVollstr-Klausur Rn. 11.** Ist das Festhalten am Vergleich

---

82 Vgl. zu §§ 861 ff. BGB und zur petitorischen Widerklage *Kaiser/Kaiser/Kaiser* MatZivilR Rn. 47.

83 Bei Rechtskrafterstreckung auf den Dritten iSv § 325 I, II ZPO kann der Titel nach § 727 ZPO gegen den Dritten umgeschrieben werden, wenn eine Vollstreckung beim Beklagten scheitert. Ob der Titel nach § 325 ZPO gegen den Dritten wirkt oder nicht, wird dabei vom Rechtspfleger iRd Klauselerteilung nicht geprüft, der Mandant bekommt also recht zügig eine »neue« Klausel und kann die Vollstreckung beim Dritten betreiben. Die fehlende Bösgläubigkeit muss der Dritte dann in einem von ihm anzustrengenden Verfahren nach § 768 ZPO einwenden, vgl. Thomas/Putzo/*Seiler* ZPO § 727 Rn. 15. Dort würde allerdings der beklagte Mandant die Beweislast für das Vorliegen der Rechtskrafterstreckung nach § 325 ZPO tragen, vgl. *Kaiser/Kaiser/Kaiser* ZwangsVollstr-Klausur Rn. 119.

84 Beachte: Behauptet der Beklagte, in anderer Weise als durch Veräußerung nach Rechtshängigkeit der Sache verlustig gegangen zu sein, gilt § 265 II 1 ZPO nicht (Märztermin 2019)! Das Unvermögen nach Rechtshängigkeit wäre dann also nicht irrelevant, der 3er-Antrag gefährlich. Lösung: Wie bei Unvermögensfall vor Rechtshängigkeit, dh 3er-Antrag als gestaffelter Hauptantrag und Hilfsantrag auf Schadensersatz (→ Rn. 40).

für den Mandanten sinnvoller (weil nur geringe Erfolgsaussichten in der Hauptsache bestehen), sollte der Vergleich nicht angegriffen werden (dann nur Mandantenschreiben im praktischen Teil). Gegebenenfalls kann der Prozessvergleich auch nicht mehr beseitigt werden, da dieser formell und materiell korrekt geschlossen wurde. Dann ist das alte Verfahren »tot«. Hier kommen Regressansprüche gegen den vorherigen Prozessbevollmächtigten in Betracht, der dem Mandanten zu diesem ungünstigen Vergleich geraten hatte (dann Klageschrift im praktischen Teil). Die Thematik wird jährlich mindestens einmal in Klausuren eingebaut, Sie sollten darauf vorbereitet sein!

Auch als **Beklagtenanwalt** können Sie mit dieser prozessualen Situation eines Anwaltswechsels in der Klausur konfrontiert sein, die Probleme sind ähnlich (so zB Junitermin 2017, dann wieder Oktobertermin 2017 und Junitermin 2018!). Das heißt, auch hier sind oft die bislang gestellten Anträge des vorherigen Anwaltes zu verbessern, unterlassene Maßnahmen aus Beklagtensicht zu ergreifen (Zurückbehaltungsrecht, Aufrechnung, Widerklage, Streitverkündung etc.), Maßnahmen zurückzunehmen (zB Aufrechnung) und/oder Regressansprüche gegen den vorherigen Anwalt per Streitverkündung abzusichern. Dem Gericht ist eindeutig der Anwaltswechsel anzuzeigen. Alles was zu tun ist muss dann in der Zweckmäßigkeitsprüfung dargestellt werden.

Weiter unten haben wir Muster für die Klageschrift und weitere Schriftsätze/Schreiben aus Sicht des Klägers angeführt, an denen Sie sich orientieren sollten. Auf einige fehlerträchtige Bereiche soll jetzt hingewiesen werden.

Beachte: In einigen Bundesländern werden in Klausuren aus dem Familienrecht zum Teil auch **Scheidungsanträge** nach §§ 133 ff. FamFG abgefordert. Da es sich hier um ein Spezialrechtsgebiet handelt, wird in diesem Skript nicht weiter darauf eingegangen. Wir empfehlen den vom Familienrecht betroffenen Referendaren unseren **Crash-Kurs zur Familienrechtsklausur im Assessorexamen** und das dazugehörige spezielle **Kursskript**.

Für die Bayern: Sie haben für den Großteil der Schriftsätze den **Kroiß/Neurauter**, an dem Sie sich orientieren können. Fehlt dort ein Muster, so können Sie sich grundsätzlich an das halten, was wir hier in diesem Lehrbuch vorschlagen.

- **Hinweise zu der Bezeichnung der Parteien**

Nennen Sie den Kläger im Schriftsatz nicht »*Mandanten*« (dies ist ein beliebter Fehler!). Achten Sie auch darauf, dass juristische Personen mit der weiblichen Terminologie bezeichnet werden (Klägerin, Beklagte) und stets die Vertretungsverhältnisse im Rubrum anzugeben sind.

- **Hinweise zu den Anträgen**

Wichtig ist, dass Sie den **Antrag einrücken und korrekt, vollständig und vollstreckungsfähig** formulieren. Anträge zur Kostenentscheidung und zur vorläufigen Vollstreckbarkeit sind überflüssig und sollten weggelassen werden (anders bitte nur in Bayern!). Gleiches gilt für den Antrag nach § 307 ZPO (weglassen!). Der **Versäumnisurteil-Antrag** nach § 331 III ZPO sollte aber **nie** vergessen werden. In der Praxis werden die **Hauptsacheanträge** in der Klage (und Klageerwiderung) wegen §§ 130 Nr. 2, 137 I ZPO in der Regel so formuliert, dass sie nur angekündigt werden (»*... werde ich folgende Anträge stellen: ...*«), also: **Futur** ist als Zeitform zu benutzen.[85] Bitte schreiben Sie nicht, dass »*eine schriftliche Prozessvollmacht anbei liegt*« oder »*versichert wird*« oder ähnliches. Das macht man in der Praxis im Zivilprozess nicht[86] und führt zu bösen Punktabzügen! Vergessen Sie bei den Anträgen die **Zinsen** und dort den

---

85 Dies ist vor allem wegen § 253 II Nr. 2 ZPO und dem Wortlaut von § 130 ZPO (»*vorbereitende Schriftsätze*«, die Klageschrift ist aber ein bestimmender Schriftsatz!) nicht ganz unproblematisch, ist aber allgemein akzeptiert, vgl. Thomas/Putzo/*Seiler* ZPO § 130 Rn. 1; Zöller/*Greger* ZPO § 130 Rn. 1. Der VU-Antrag wird dagegen im Präsens gestellt! **In Bayern dagegen wird es nicht als falsch angestrichen, den Hauptsacheantrag auch im Präsens zu formulieren (vgl. *Kroiß/Neurauter* FormB Rechtspflege Muster Nr. 7), ebenso bislang im GJPA Berlin-Brandenburg. Futur geht dort aber auch und ist sogar einen Tucken richtiger!**

86 Der Mangel der Vollmacht wird nach § 88 ZPO im Zivilprozess nur auf Rüge vom Gericht geprüft!

§ 187 BGB analog nicht. Mit der Formulierung »seit Rechtshängigkeit« bei Prozesszinsen ist in der Praxis der Zuspruch der Zinsen unter Berücksichtigung der (analogen) Anwendung von § 187 BGB (ein Tag nach Zustellung) gemeint. Es wäre unüblich (aber sicherlich nicht verkehrt), wenn Sie – was eigentlich juristisch die exakte Formulierung wäre – Zinsen ab »dem auf die Zustellung folgenden Tag« beantragen.

Im Folgenden werden Beispiele der wichtigsten Anträge dargestellt:

* **Bezifferter Klageantrag**

    ... den Beklagten zu verurteilen, an den Kläger 1.500 EUR nebst Zinsen in Höhe von 5 Prozentpunkten über dem jeweiligen Basiszinssatz seit Rechtshängigkeit zu zahlen.

* **Bezifferter Klageantrag mit zusätzlichem Gebührenschaden als Zahlungsantrag**[87]

    1. den Beklagten zu verurteilen, an den Kläger 1.500 EUR nebst Zinsen in Höhe von 5 Prozentpunkten über dem jeweiligen Basiszinssatz seit Rechtshängigkeit zu zahlen und
    2. den Beklagten weiter zu verurteilen, an den Kläger 150 EUR nebst Zinsen in Höhe von 5 Prozentpunkten über dem jeweiligen Basiszinssatz seit Rechtshängigkeit zu zahlen.

* **Bezifferter Klageantrag mit zusätzlichem Gebührenschaden als Freistellungsantrag**

    1. den Beklagten zu verurteilen, an den Kläger 1.500 EUR nebst Zinsen in Höhe von 5 Prozentpunkten über dem jeweiligen Basiszinssatz seit Rechtshängigkeit zu zahlen und
    2. den Beklagten weiter zu verurteilen, den Kläger von der Gebührenforderung seines Prozessbevollmächtigten Rechtsanwalt ... in Höhe von 150 EUR freizustellen.

* **Bezifferter Klageantrag mit Haupt- und Hilfsantrag**

    ... den Beklagten zu verurteilen, an den Kläger 1.500 EUR nebst Zinsen in Höhe von 5 Prozentpunkten über dem jeweiligen Basiszinssatz seit Rechtshängigkeit zu zahlen,
    hilfsweise den Beklagten zu verurteilen, den Pkw ... an den Kläger herauszugeben.

* **Antrag auf Räumung einer Mietsache**

    ... den Beklagten zu verurteilen, die Wohnung ... bestehend aus ... in der ... zu räumen und geräumt an den Kläger herauszugeben. Zur Räumung gehört die Entfernung der an der ... angebrachten Markise Marke ... Farbe ... und die Entfernung ...

* **Antrag auf Herausgabe und Eigentumsübergang**

    ... den Beklagten zu verurteilen, an den Kläger den Holzschrank... herauszugeben und zu übereignen.

* **Unbezifferter Klageantrag**

    ... den Beklagten zu verurteilen, an den Kläger ein angemessenes Schmerzensgeld, dessen Höhe in das Ermessen des Gerichts gestellt wird, nebst Zinsen in Höhe von 5 Prozentpunkten über dem jeweiligen Basiszinssatz auf den zuerkannten Betrag seit Rechtshängigkeit, zu zahlen.

* **»Normaler« 3er-Antrag bei Klage auf Herausgabe, Fristsetzung und künftige Leistung, §§ 255, 259 ZPO**

    1. Der Beklagte wird verurteilt, an den Kläger... herauszugeben.
    2. Dem Beklagten wird eine in das Ermessen des Gerichts gestellte Frist zur Herausgabe des ... ab Rechtskraft des Urteils gesetzt.
    3. Der Beklagte wird verurteilt, nach fruchtlosem Fristablauf an den Kläger ... EUR nebst Zinsen in Höhe von 5 Prozentpunkten über dem jeweiligen Basiszinssatz seit Fristablauf zu zahlen.

---

87 Man kann auch beide Summen in einem Antrag zusammenfassen. So wie im Beispiel ist es aber klarer.

Beispielsformulierung für die Variante, wenn der Mandant sein Wahlrecht nach § 281 IV BGB behalten will und dies im Antrag mit aufgenommen wird (→ vgl. Rn. 40):

1. Der Beklagte wird verurteilt, an den Kläger ... herauszugeben.
2. Dem Beklagten wird eine in das Ermessen des Gerichts gestellte Frist zur Herausgabe des ... ab Rechtskraft des Urteils gesetzt.
3. Der Beklagte wird für den Fall des fruchtlosen Fristablaufs und des Zugangs eines klägerischen Schadensersatzverlangens beim Beklagten anstelle der erlöschenden Herausgabeverpflichtung verurteilt, an den Kläger ... EUR nebst Zinsen in Höhe... seit dem Zugang des Schadensersatzverlangens zu zahlen.

- **Vorgehen nach § 890 II ZPO**

  1. Der Beklagte wird verurteilt, es zu unterlassen, ...
  2. Dem Beklagten wird angedroht, dass für jeden Fall der Zuwiderhandlung ein Ordnungsgeld, ersatzweise Ordnungshaft oder nur Ordnungshaft, gegen ihn festgesetzt wird.

- **Vorgehen nach § 254 ZPO**

  1. Der Beklagte wird verurteilt, dem Kläger Auskunft zu erteilen über den Umfang und die Abrechnung der Belegung des Ferienhauses des Klägers in ... für die Zeit vom ... bis zum ..., und zwar durch eine geordnete Darstellung und Zusammenfassung der einzelnen Mietverhältnisse inklusive der Mietzinsen.
  2. Der Beklagte wird erforderlichenfalls verurteilt, die Richtigkeit und Vollständigkeit der Auskünfte nach Ziff. 1 eidesstattlich zu versichern.
  3. Der Beklagte wird ggf. nach Erledigung von Ziff. 1 und 2 verurteilt, an den Kläger den sich aus der Auskunft ergebenden noch zu beziffernden Betrag zu zahlen.

- **Klage auf Leistung Zug um Zug mit Feststellungs- und Leistungsantrag**

  1. Der Beklagte wird verurteilt, an den Kläger ... EUR zu zahlen Zug um Zug gegen Übergabe und Übereignung des Pkw ...
  2. Es wird festgestellt, dass sich der Beklagte mit der Annahme der in Ziff. 1. bezeichneten Zug-um-Zug-Leistung im Annahmeverzug befindet.
  3. Der Beklagte wird verurteilt, den Pkw ... beim Kläger abzuholen.

- **Feststellungsklage nach § 256 ZPO**

  Es wird festgestellt, dass der Beklagte verpflichtet ist, dem Kläger sämtliche materiellen und nicht vorhersehbaren immateriellen Schäden, soweit sie nach dem ... aus dem Unfall am ... in ... künftig entstehen, zu ersetzen, soweit der Anspruch nicht auf Dritte übergeht oder übergegangen ist und soweit der Anspruch nicht bereits durch den Antrag zu ... abgegolten ist.

- **Antrag nach Widerspruch des Antragsgegners gegen einen Mahnbescheid**

  In der Mahnsache Lucke ./. Kullerich zahle ich, nachdem die Antragsgegnerin gegen den Mahnbescheid vom ... Widerspruch eingelegt hat, die weiteren Gerichtskosten in Höhe von 87,00 EUR ein.
  Zur Durchführung des streitigen Verfahrens beantrage ich,
    die Sache an das im Mahnbescheid benannte Streitgericht Amtsgericht Lübeck abzugeben.
  Gegenüber dem Amtsgericht Lübeck werde ich beantragen,
    die Beklagte zu verurteilen, ...

- **Antrag nach Einspruch gegen ein gegen den Kläger ergangenes VU**

  ... das Versäumnisurteil vom ... aufzuheben und den Beklagten zu verurteilen, ...

- **Antrag nach Einspruch gegen ein gegen den Beklagten ergangenes VU (dasselbe: VB)**

  ... das Versäumnisurteil vom ... aufrechtzuerhalten.

- **Antrag im Nachverfahren nach Urteil im Urkundenprozess**

  ... das Vorbehaltsurteil des ... vom ... für vorbehaltlos zu erklären.

⬦ **Hinweise zur Klagebegründung**

Sie sollten zu allen anspruchsbegründenden Voraussetzungen ausreichend **Sachverhalt** vortragen, sodass der Richter subsumieren kann. Vergessen Sie im Schriftsatz nicht die (einzurückenden) **Beweisangebote** für nach der bisherigen Korrespondenz in der Klausurakte zu erwartenden streitigen Vortrag, für den der Mandant die Beweislast trägt. Wenn die Beweislast problematisch ist, kann man »*unter Verwahrung gegen die Beweislast*« ein Beweisangebot machen. Im Examen (Prüfungssituation!) ist es ratsam, auch bei unstreitigem Sachverhalt schon die wichtigsten Eckpunkte der Ansprüche mit Beweisantritten »*für den Fall des Bestreitens*« zu unterfüttern, da viele Korrektoren das besonders gut finden. Nach den gängigen Bearbeitervermerken **im Ringtausch sind in Klägerklausuren die Rechtsausführungen im Schriftsatz oft erlassen** (»*iura novit curia*«).[88] Sind Rechtsausführungen erlaubt bzw. nicht ausdrücklich durch den Bearbeitervermerk verboten, so stellen Sie zunächst nur den Sachverhalt – samt Beweisangeboten – kurz dar. Dann folgt nach einem Absatz zB folgende Einleitung:

> In rechtlicher Hinsicht ist Folgendes aufzuführen ...[89]

Danach tragen Sie in einem separaten Block die maßgeblichen Rechtsfragen bezüglich der Zulässigkeit der Klage und bezüglich der für den Mandanten eingreifenden Anspruchsgrundlage(n) knapp **im Urteilsstil** vor. **Verweise im Schriftsatz bezüglich der Rechtsausführungen auf das vorangestellte Gutachten** sind verboten, es sei denn, der Bearbeitervermerk erlaubt dies (so in der Regel im GJPA Berlin-Brandenburg, in den anderen LJPA unregelmäßig auch erlaubt). Wenn erlaubt, dann sollte der Bezug mit einer **Spitzklammer** erfolgen, und er muss konkret sein.

> **Formulierungsbeispiel Schriftsatz mit Spitzklammer-Verweisung:**
> Die Klage ist auch begründet. Dem Kläger steht der mit dem Antrag zu 1) geltend gemachte Anspruch auf Herausgabe des Pferdes Cosmo gegen den Beklagten aus § 985 BGB zu.
> Der Kläger ist unstreitig Eigentümer und der Beklagte Besitzer des Pferdes. Der vom Beklagten vorprozessual vorgetragene Mietvertrag über das Pferd ist unwirksam, sodass dem Beklagten kein Recht zum Besitz iSv § 986 BGB zusteht.
> <Einfügen: Gutachten S. 4 Abs. 3 bis S. 12 Abs. 2 Satz 2>[90].
> Der Beklagte kann sich auch nicht auf die Vereinbarung zwischen den Parteien vom 1.5.2018 berufen.
> <Einfügen: Gutachten S. 12 Abs. 4 bis S. 14 Abs. 3, ausgenommen S. 13 Abs. 1 und Abs. 2>.
> Der mit dem Antrag zu 2) geltend gemachte Anspruch auf Zahlung des vorgerichtlichen Gebührenschadens des Klägers ergibt sich aus §§ 280 II, 286 BGB.
> <Einfügen: Gutachten S. 14 Abs. 5>.

Im GJPA Berlin-Brandenburg müssen sich grundsätzlich die in Bezug genommenen Textstellen sprachlich in den Schriftsatztext einfügen. Bezugnahmen auf Teile des Gutachtens, die wörtlich nicht passen, sind daher ungeeignet und sollten vom Verweis ausgenommen werden. Anders in den restlichen Bundesländern: Hier sollte die Bezugnahme ebenfalls konkret sein, nach der derzeitigen Prüfungspraxis ist es aber nicht verwerflich, wenn in dem Gutachtenteil, auf den Bezug genommen wird, auch Aspekte stehen, die eigentlich so nicht in den Schriftsatz gehören.

Für die Bayern: Der Schriftsatz ist bei Ihnen im Falle einer Schriftsatzklausur in der Regel der Schwerpunkt der Klausur, sodass – anders als im Ringtausch – alle wesentlichen rechtlichen Erwägungen in den Schriftsatz aufzunehmen sind (vgl. → Rn. 2).

---

88 In der Praxis dagegen sollte der Anwalt schon aus Haftungsgesichtspunkten Rechtsausführungen machen.

89 *Mürbe/Geiger/Haidl* Anwaltsklausur 23.

90 Bei der ersten Spitzklammer in Ihrer Klausur sollten Sie eine Fußnote einfügen und dort erklären, dass wenn in Einschüben aus dem Gutachten die Bezeichnungen »Mandant« und »Gegner« verwendet werden, diese im Folgenden als »Kläger« und »Beklagter« zu lesen sind.

47 Zur Verdeutlichung nun **einige Muster** über die klausurrelevantesten Schriftsätze und sonstige Schreiben.

Musteraufbau **Aufforderungsschreiben** an Gegner vor dem Prozess: Vgl. → Rn. 158.

Musteraufbau einer **Klageschrift**:

Name des Rechtsanwalts   Datum
Adresse des Rechtsanwalts

An
Name und Adresse des Gerichts

Klage[91]   – ENTWURF –

des … (jetzt volles Rubrum wie im Urteil)

wegen …
vorläufiger Streitwert: …[92]

Der Klageerhebung ist kein Versuch einer Mediation oder eines anderen Verfahrens der außergerichtlichen Konfliktbeilegung vorausgegangen. Ein solches Verfahren dürfte aufgrund der Weigerungshaltung des Beklagten aussichtslos sein.
Namens und in Vollmacht des Klägers erhebe ich[93] hiermit Klage zum Amtsgericht Lübeck. In der mündlichen Verhandlung werde ich folgende Anträge stellen:

    1. …
    2. …

Zudem wird hiermit beantragt,

    unter den gesetzlichen Voraussetzungen Versäumnisurteil zu erlassen.

Begründung:

Einleitungssatz
Sachverhalt zu den eingeklagten Ansprüchen plus Beweise
Evtl. Rechtsausführungen
- zur Zulässigkeit
- zur Begründetheit
beim LG Erklärung nach § 253 III Nr. 3 ZPO: »Einer Entscheidung durch den Einzelrichter stehen aus Sicht des Klägers keine Bedenken entgegen.«[94]

Unterschrift[95]

---

91 In Bayern – nur dort! – ist es üblich, nach »Klage« noch »In der Sache …« oder »In Sachen …« zu schreiben. Das gilt für alle Schriftsätze an das Gericht in Bayern, sodass wir im Weiteren auf einen Hinweis verzichten.

92 Die Angaben zum Betreff und zum Streitwert sind nach bisheriger Klausurpraxis nur im GJPA Berlin-Brandenburg gewollt, außerhalb davon jedoch nicht zwingend. Der Hinweis auf die Mediation ist bislang in keinem Bundesland zwingend. Das gilt für alle »Angriffsschriftsätze«.

93 Bei Sozietäten: »*wir*…«. Das gilt für alle Schriftsätze und Schreiben!

94 Die Erklärung iSv § 253 III Nr. 3 ZPO ist aber nicht zwingend. Gleiches gilt für den Hinweis auf den gezahlten Gerichtskostenvorschuss nach § 12 GKG. Ob Sie nach Maßgabe von §§ 253 V, 133 I 1 ZPO noch erwähnen, dass der Klage »eine einfache und eine beglaubigte Abschrift« beigefügt sind (das Original behält das Gericht, die beiden Abschriften schickt es an die Gegenpartei weiter), ist Geschmackssache (nach der derzeitigen Examenspraxis aber zB im GJPA Berlin-Brandenburg Pflicht).

95 Die Klageschrift muss unterschrieben werden, sonst ist die Zustellung fehlerhaft und die Klage unzulässig, vgl. §§ 253 IV, 130 Nr. 6 ZPO; Thomas/Putzo/*Seiler* ZPO § 253 Rn. 19.

Musteraufbau einer **Klageschrift im Urkundenprozess:**

Name des Rechtsanwalts   Datum
Adresse des Rechtsanwalts

An
Name und Adresse des Gerichts

Klage im Urkundenprozess   – ENTWURF –

des … (jetzt volles Rubrum wie im Urteil)

wegen …

Der Klageerhebung ist kein Versuch einer Mediation oder eines anderen Verfahrens der außergerichtlichen Konfliktbeilegung vorausgegangen. Ein solches Verfahren dürfte aufgrund der Weigerungshaltung des Beklagten aussichtslos sein.
Namens und in Vollmacht des Klägers erhebe ich hiermit Klage im Urkundenprozess zum Amtsgericht Lübeck. In der mündlichen Verhandlung werde ich folgende Anträge stellen:

      1. …
      2. …

Zudem wird hiermit beantragt,

      unter den gesetzlichen Voraussetzungen Versäumnisurteil zu erlassen.

Begründung:

Einleitungssatz
Sachverhalt plus Urkunden als Beweis
Evtl. Rechtsausführungen
- zur Zulässigkeit
- zur Begründetheit
Ggf. Erklärung nach § 253 III Nr. 3 ZPO

Unterschrift

Musteraufbau eines **PKH-Antrages mit »bedingter« Klageschrift:**

Name des Rechtsanwalts   Datum
Adresse des Rechtsanwalts

An
Name und Adresse des Gerichts   – ENTWURF –

Antrag auf Prozesskostenhilfe

des … (jetzt volles Rubrum wie im Urteil, **aber:** Antragsteller/Antragsgegner!)

Namens und in Vollmacht des Antragstellers beantrage ich,

   dem Antragsteller unter meiner Beiordnung Prozesskostenhilfe zu gewähren.

Die als Entwurf beigefügte Klage soll nur für den Fall der Bewilligung der Prozesskostenhilfe einge-reicht sein bzw. zugestellt werden.

Begründung:

Der Antragsteller ist nach seinen persönlichen und wirtschaftlichen Verhältnissen nicht in der Lage, die Kosten des beabsichtigten Rechtsstreits aufzubringen. Die Erklärungen nach §§ 114 ff. ZPO lie-gen dem Antrag bei.
Die beabsichtigte Klage hat Aussicht auf Erfolg und ist nicht mutwillig. Dies ergibt sich aus folgen-dem Sachverhalt:

Einleitungssatz
Sachverhalt plus Beweise
Evtl. Rechtsausführungen
* zur Zulässigkeit
* zur Begründetheit

Unterschrift

Musteraufbau eines **PKH-Antrages mit unbedingter Klageschrift:**

Name des Rechtsanwalts   Datum
Adresse des Rechtsanwalts

An
Name und Adresse des Gerichts

                    Klage und Antrag auf Prozesskostenhilfe   – ENTWURF –

des ... (jetzt volles Rubrum wie im Urteil, normale Parteibezeichnung)

wegen ...

vorläufiger Streitwert: ...

Der Klageerhebung ist kein Versuch einer Mediation oder eines anderen Verfahrens der außergerichtlichen Konfliktbeilegung vorausgegangen. Ein solches Verfahren dürfte aufgrund der Weigerungshaltung des Beklagten aussichtslos sein.

Namens und in Vollmacht des Klägers beantrage ich:

    Dem Kläger wird unter meiner Beiordnung Prozesskostenhilfe für die Klage gewährt.

Namens und in Vollmacht des Klägers erhebe ich zudem Klage. In der mündlichen Verhandlung
werde ich beantragen,
    1. ...
    2. ...

Zudem wird hiermit beantragt,

    unter den gesetzlichen Voraussetzungen Versäumnisurteil zu erlassen.

Begründung:

Einleitungssatz
Sachverhalt plus Beweise
Evtl. Rechtsausführungen
• zur Zulässigkeit
• zur Begründetheit
Ggf. Erklärung nach § 253 III Nr. 3 ZPO
Hinweis auf beiliegende Erklärungen nach §§ 114 ff. ZPO

Unterschrift

Musteraufbau eines **isolierten PKH-Antrages:**

Name des Rechtsanwalts   Datum
Adresse des Rechtsanwalts

An
Name und Adresse des Gerichts

                    Antrag auf Prozesskostenhilfe   – ENTWURF –

des ... (jetzt volles Rubrum wie im Urteil, **aber:** Antragsteller/Antragsgegner!)

Namens und in Vollmacht des Antragstellers beantrage ich,

    dem Antragsteller unter meiner Beiordnung Prozesskostenhilfe zu gewähren.

Begründung:

Der Antragsteller ist nach seinen persönlichen und wirtschaftlichen Verhältnissen nicht in der Lage, die Kosten des beabsichtigten Rechtsstreites aufzubringen. Die Erklärungen nach §§ 114 ff. ZPO liegen dem Antrag bei.
Die beabsichtigte Klage hat Aussicht auf Erfolg und ist nicht mutwillig. Dies ergibt sich aus folgendem Sachverhalt:

Einleitungssatz
Sachverhalt plus Beweise
Evtl. Rechtsausführungen
* zur Zulässigkeit
* zur Begründetheit

Unterschrift

Musterentwurf für die **Anspruchsbegründung** nach Widerspruch gegen einen Mahnbescheid:

Name des Rechtsanwalts   Datum
Adresse des Rechtsanwalts

An
Name und Adresse des Gerichts

In der Mahnsache   – ENTWURF –

Eddy Penuschek ./. Ingeborg Hamann-Drösenkötter

Aktenzeichen …

zahle ich, nachdem die Antragsgegnerin gegen den Mahnbescheid vom … Widerspruch eingelegt hat, die weiteren Gerichtskosten in Höhe von 87,00 EUR ein.

Zur Durchführung des streitigen Verfahrens beantrage ich,

> die Sache an das im Mahnbescheid benannte Streitgericht Amtsgericht Lübeck abzugeben.

Gegenüber dem Amtsgericht Lübeck werde ich beantragen,

> die Beklagte zu verurteilen, …

Ferner beantrage ich,

> bei Vorliegen der gesetzlichen Voraussetzungen VU ohne mündliche Verhandlung zu erlassen.

Begründung:

Einleitungssatz
Sachverhalt plus Beweise
Evtl. Rechtsausführungen
- zur Zulässigkeit
- zur Begründetheit

Unterschrift

Musterentwurf für die Anfrage um **Deckungsschutz** bei der Rechtsschutzversicherung:

Name des Rechtsanwalts   Datum
Adresse des Rechtsanwalts

An
Name und Adresse der Versicherung   – ENTWURF –

Versicherungsnehmer: Ottmar Lucke, Adresse, Versicherungsnummer: …

Betreff: Lucke ./. Kullerich

Sehr geehrte Damen und Herren,

in vorbezeichneter Angelegenheit übersende ich eine Abschrift des Klageentwurfes mit der Bitte um Deckungsschutz für den Prozess. Den Sachverhalt entnehmen Sie bitte dem Klageentwurf.
Eine Kopie der Prozessvollmacht liegt anbei.

Mit freundlichen Grüßen,

Unterschrift

Musterentwurf eines **Streitverkündungsschriftsatzes** des Klägers:

Name des Rechtsanwalts   Datum
Adresse des Rechtsanwalts

An
Name und Adresse des Gerichts

In dem Rechtsstreit   – ENTWURF –

Lucke ./. Kullerich

Aktenzeichen

verkünde ich namens und in Vollmacht des Klägers

Herrn Eddy Penuschek, Attendornstr. 45, 23564 Lübeck den Streit mit der Aufforderung, aufseiten des Klägers[96] dem Rechtsstreit beizutreten.

Ich überreiche anliegend Kopien der Klageschrift vom ..., der Klageerwiderung vom ... und der Verfügung des Gerichts vom ..., aus dem sich der Termin zur mündlichen Verhandlung am... ergibt. Das Gericht wird gebeten, diese Anlagen dem Streitverkündeten alsbald zuzustellen.
Nach Auffassung des Klägers besteht für den Fall des Unterliegens im laufenden Prozess ein Anspruch auf Schadloshaltung beim Streitverkündeten aus § 179 BGB. Dies ergibt sich daraus, dass ...

Unterschrift

---

96 Die Aufforderung, auf einer bestimmten Seite beizutreten, ist gesetzlich nicht vorgeschrieben, aber in der Praxis üblich. Wenn Sie nicht wissen, auf welcher Seite der Beitritt zu erfolgen hat, dann lassen Sie die Aufforderung, auf einer Seite beizutreten, einfach weg und verkünden ohne diesen Zusatz den Streit.

48 Eine mögliche **Kurzformulierung für die Klausur** – in der Praxis muss das natürlich viel länger und anders! – für das Anschreiben an den Mandanten für die Fälle, in denen keine weiteren Aspekte anzusprechen sind[97], lautet zB etwa so:

Name des Rechtsanwalts   Datum
Adresse des Rechtsanwalts

An
Name des Mandanten
Adresse des Mandanten

Betreff: Lucke ./. Kullerich

Sehr geehrter Herr ...,

in der obigen Angelegenheit übersende ich die Abschrift des Klageentwurfes. Wenn die Klage so eingereicht werden kann, so bitte ich kurzfristig um Benachrichtigung.

Ich stehe für Rückfragen jederzeit gern bereit.

Mit freundlichen Grüßen

Unterschrift

Tipp für die Praxis:[98] Worauf ist im Mandantenschreiben im echten Leben zu achten, wenn man zu einer Klage rät? Darauf dass der Mandant von heute der Feind von morgen ist! Formulieren Sie daher niemals »*Das ist klar, wir gewinnen*«, niemals »*Das ist einfach, wir haben Recht*«. Wenn der Fall einfach ist, braucht der Mandant Sie nicht. Und verlieren kann man immer. Sie müssen später sagen können, dass Sie ihm vorher gesagt haben, dass Sie Zweifel hätten, dass der Fall schwierig ist. Sie wollen keinen Regress am Hals haben! Besser daher: »*Ihr Fall ist richtig schwierig, weil ... weil ... weil. Aber ich sehe gute Chancen, da ... da ... da ... Risikolos ist das nicht, weil ... weil ... weil ...*«. Der Mandant muss denken: »Gut, dass ich bei dieser Kanzlei bin, die hilft mir in einer schwierigen Lebenslage. Ich bin so froh.«

---

97 Die 18-Punkte-Variante des Mandantenschreibens in der Klausur wäre natürlich, dass Sie in dem Schreiben dem Mandanten die Ergebnisse des Gutachtens kurz und verständlich erläutern. Dazu bleibt aber im Examen nie Zeit!

98 Ich danke meiner geschätzten Kollegin Frau Rechtsanwältin *Klamser* aus Bonn zum Input an dieser Stelle!

C. Die Anwaltsklausur aus Beklagtensicht

I. Einleitung

Ein praktischer Tipp zuerst: Vieles, was der Mandant am Anfang der Klausurakte vorträgt, **49** wird eine Reaktion auf die Klage sein. Deshalb ist manches beim ersten Durchlesen vielleicht unverständlich, wenn Sie die Klageschrift noch nicht kennen. Daher sollten Sie bei Klausuren dieses Typs **zuerst die Klageschrift durchlesen** und dann von vorne weitermachen.

Auch bei Klausuren des Typs 2 besteht Ihre Klausurleistung in der Regel aus einem Gutachten und einem Schriftsatz an das Gericht (Entwurf der Klageerwiderung). In **Bayern** gibt der Bearbeitervermerk in der Regel vor, dass nur der Schriftsatz an das Gericht (Klageerwiderung) und ergänzend ein Hilfsgutachten über die Punkte zu fertigen ist, auf die im Schriftsatz nicht eingegangen wird (gegebenenfalls mit Mandantenschreiben, vgl. → Rn. 2).

Die Anwaltsklausur aus Beklagtensicht besteht im Hauptgutachten im Falle des **zweischichtigen Aufbaus** in der Regel aus folgenden Gliederungspunkten:

I. Mandantenbegehren[99]
II. Rechtsbehelfsstation/Prozessstation
III. Zulässigkeitsstation
IV. Klägerstation
V. Beklagtenstation
VI. Beweisprognosestation
VII. Zweckmäßigkeitsstation

Beachte: Machen Sie nach jeder Überschrift in der Klausur einen Obersatz!

Wenn Sie den **einschichtigen Aufbau** wählen, können Sie wie folgt aufbauen/gliedern:

I. Mandantenbegehren[100]
II. **Prüfung der Erfolgsaussichten der Rechtsverteidigung**
   1. Rechtsbehelfsprüfung/Prozesssituation
   2. Zulässigkeit der Klage
   3. Materiell-rechtliche Erfolgsaussichten der Klage
      – Prüfung der vom Kläger geltend gemachten Ansprüche
      – Integriert: Schlüssigkeit? Erheblichkeit? Beweislage?
III. **Zweckmäßigkeitserwägungen**

Beachte: Machen Sie nach jeder Überschrift in der Klausur einen Obersatz!

In den **bayerischen Schriftsatzklausuren** sind diese Punkte in der gedanklichen Lösung der Klausur auf Ihrem Konzeptpapier durchzuprüfen.

Der Mandant kann im Gutachten als »*Mandant*«, der Gegner als der/die »*Kläger*«/»*Klägerin*« bezeichnet werden.

Exkurs: Erledigungsproblematik in der Beklagtenklausur

Eine Besonderheit ergibt sich für den Klausuraufbau, wenn der Kläger im Prozess bereits eine vollständige (oder teilweise) **Erledigungserklärung** abgegeben hat (zuletzt Junitermin 2017!). Der Beklagtenanwalt muss sich dann entscheiden, ob er sich der Erledigung anschließen soll oder nicht. In der Klausur prüfen Sie in einem derartigen Fall, wie sich eine Zustimmung zu der Erledigungserklärung oder deren Verweigerung auswirken wird. **Aufbautechnisch** sollten Sie zuerst darstellen, dass

---

99 Im GJPA Berlin/Brandenburg ist das Mandantenbegehren vor das Gutachten zu setzen.
100 Im GJPA Berlin/Brandenburg ist das Mandantenbegehren vor das Gutachten zu setzen.

die einseitige Erledigungserklärung des Klägers eine nach § 264 Nr. 2 ZPO zulässige Änderung der Klage in eine Feststellungsklage darstellen würde.[101] Dann sollten Sie kurz darstellen, welche Möglichkeiten der Reaktion es gibt (Anschluss an Erledigungserklärung: dann § 91a-Beschluss bei vollständiger Erledigung bzw. Kostenbegründung nach § 91a ZPO bei teilweiser Erledigung; oder Widerspruch und Antrag auf Klageabweisung: dann einseitige Erledigungserklärung). Im Anschluss daran folgt die Begutachtung, ob die ursprüngliche Klage des Klägers gegen den Mandanten zulässig und materiell erfolgversprechend war. Denn danach richtet sich die Entscheidung, ob Sie sich der Erledigungserklärung des Gegners anschließen oder nicht. Das von Ihnen gefundene Ergebnis sollten Sie dann im Rahmen der Zweckmäßigkeitsüberlegungen bewerten.

- Die **Zustimmung zu verweigern** und Abweisung der Klage zu beantragen macht Sinn, wenn die Klage bereits ursprünglich unzulässig oder materiell nicht erfolgversprechend war oder die Erledigung bereits vor Rechtshängigkeit oder gar nicht eingetreten ist.
- Sich der **Erledigungserklärung anzuschließen** ist immer dann zweckmäßig, wenn die Position des Beklagten schwach ist. Dies betrifft vor allem Fälle, bei denen die Klage ursprünglich zulässig und wohl auch materiell erfolgversprechend gewesen sein dürfte und ein erledigendes Ereignis nach Rechtshängigkeit eingetreten ist. Wenn zugunsten des beklagten Mandanten zumindest ansatzweise erheblich vorgetragen werden kann oder er zur Klage keine Veranlassung gegeben hat, besteht in diesen Fällen sogar die Aussicht, dass das Gericht wegen des ungewissen Ausgangs des Rechtsstreits, wegen des Rechtsgedankens von § 93 ZPO oder wegen »Billigkeit« eine Kostenquote auswirft.[102] Wenn es keinerlei Verteidigungsmöglichkeiten und keine Argumente für eine Billigkeitsentscheidung gibt, dann kann neben der Zustimmung zusätzlich eine Kostenübernahme erklärt und ein Beschluss ohne mündliche Verhandlung angeregt werden (§ 128 IV ZPO), vgl. → Rn. 58.

Zum Teil wird **je nach Bearbeitervermerk** ein **Sachbericht** von Ihnen anzufertigen sein.

Die **Sachverhaltsschilderung** könnte zB wie folgt aufgebaut werden:

I. Benennung des Streitgegenstandes/Mandantenbegehrens

▮ Der Mandant ... (vgl. → Rn. 4 zu den Formulierungsbeispielen für das Mandantenbegehren)

II. (Wahrscheinlich) Unstreitiges

▮ Die Parteien sind Nachbarn. Am 12.7.2019 wurde ...

III. Streitiger Klägervortrag

▮ Der Kläger behauptet ...

IV. (Angekündigter) Antrag des Klägers

▮ Der Kläger hat den Antrag angekündigt, ...

V. (Wahrscheinlich) streitiges Vorbringen des Mandanten

▮ Der Mandant trägt demgegenüber vor, dass ...

VI. Prozessgeschichte

▮ Es liegt ein Versäumnisurteil des Amtsgerichts Darmstadt vor, welches dem Mandanten am ... und dem Kläger am ... zugestellt wurde.

II. Die Prüfung des Rechtsbehelfs/Prozesssituation

50 In der Regel muss in den Examensklausuren am Anfang die prozessuale Situation durchgecheckt werden. Hier liegt fast immer »der Hund begraben«, dh, es ist **nach einem Obersatz** (**Formulierungsbeispiel:** »*Zunächst ist die prozessuale Situation zu prüfen und zu überlegen, ob und welcher Rechtsbehelf einzulegen sein könnte*«) eine prozessuale Schieflage zu erkennen und zu bearbeiten. Die folgenden Ausführungen in Rn. 50a ff. sind daher **in- und auswendig**

---

101 *Kaiser/Kaiser/Kaiser* Zivilgerichtsklausur I Rn. 430 ff.
102 *Kaiser/Kaiser/Kaiser* Zivilgerichtsklausur I Rn. 434 ff.; Thomas/Putzo/*Hüßtege* ZPO § 91a Rn. 47 f.; vgl. zu Billigkeitserwägungen bei § 91a ZPO auch OLG Dresden MDR 2018, 1215.

zu lernen, denn Sie sind ausnahmslos gelaufenen Examensklausuren entnommen, deren Versatzstücke immer wieder recycelt werden! Beachten Sie aufbaumäßig, dass im Falle eines im Ringtausch üblichen Hauptgutachtens die im Folgenden dargelegten Fragen bereits am Anfang des Gutachtens und nicht erst in der Zweckmäßigkeit darzustellen sind. In **Bayern** sind etwaige Probleme zur Prozesssituation in der Regel in den Schriftsatz aufzunehmen, sofern das Gericht vom Anwalt hierzu eine Stellungnahme erwartet, sonst in das Hilfsgutachten/Mandantenschreiben.

Merke: Nur wenn Sie tatsächlich die Einlegung eines Rechtsbehelfs vorschlagen (vor allem Einspruch), dann verwenden Sie als Überschrift im Hauptgutachten »Rechtsbehelfsstation« oder »Rechtsbehelfsprüfung« (einschichtiges Gutachten), sonst »Prozessstation« oder »Prozesssituation« (einschichtiges Gutachten) oder auch »Rechtsschutzstation/-prüfung«.

Was sind die gängigen Konstellationen bei der Überprüfung der Prozesssituation? Der Mandant legt die Klage innerhalb der Fristen von §§ 276 I 1, 275 I 1 ZPO vor oder der Mandant legt die Klage nach Ablauf der Frist von § 276 I ZPO vor oder es existiert schon ein Titel gegen den Mandanten (Versäumnisurteil oder Vollstreckungsbescheid). Dazu im Folgenden ausführlich, weil hochexamensrelevant!

1. Der Mandant legt eine ihm zugestellte Klage innerhalb der Fristen der §§ 276 I 1, 275 I 1 ZPO vor

In diesen Fällen ist die gesonderte Prüfung einer Prozesssituation obsolet, Sie fangen also gleich mit der Zulässigkeit an. Läuft die Frist morgen ab, dann wäre dies nur im Rahmen der Zweckmäßigkeit (Schriftsatz schnell zustellen: wie geht das? vgl. → Rn. 44) zu problematisieren.

50a

2. Der Mandant legt eine ihm zugestellte Klage nach Ablauf der Fristen des § 276 I ZPO vor

Fall: Der Mandant überreicht eine vor sieben Wochen zugestellte Klage, bei der das Gericht das schriftliche Vorverfahren nach § 276 ZPO angeordnet hat. Beide Fristen nach § 276 I ZPO sind abgelaufen. Er trägt vor, er sei in Urlaub gewesen und habe eine Nachbarin gebeten, sich um die Post zu kümmern. Die Nachbarin habe vergessen, ihm die Klage rechtzeitig auszuhändigen. Sie sei aber eine zuverlässige Person, die häufiger nach seiner Post sehe und der so etwas noch nie passiert sei. Ein Versäumnisurteil ist dem Mandanten bislang nicht zugestellt worden. Eine Nachfrage bei der Geschäftsstelle des Gerichts (durch Mandant oder Anwalt) hat ergeben, dass dieser vom Richter **noch kein Versäumnisurteil** übergeben wurde.

50b

Alles schreit nach § 233 ZPO, aber wer hier eine Wiedereinsetzung prüft oder gar einen Antrag stellt, ist auf dem Holzweg. Die Versäumung der Frist nach § 276 I 1 ZPO (Verteidigungsanzeige) ist nämlich unschädlich, solange noch kein Versäumnisurteil nach §§ 331 III, 310 III ZPO in der Welt (dh beiden Parteien zugestellt!) ist. Wenn noch kein Versäumnisurteil existiert, kann auch kein Einspruch eingelegt und erst recht keine Wiedereinsetzung in die Einspruchsfrist beantragt werden. Eine Wiedereinsetzung in die Verteidigungsanzeigenfrist (diese ist ebenfalls eine Notfrist) ist auch unnötig, da nach **§ 331 III 1 Hs. 2 ZPO** die verspätete Verteidigungsanzeige auch ohne Wiedereinsetzungsantrag den Erlass des Versäumnisurteils verhindern kann, wenn der Schriftsatz noch bei Gericht eingeht, bevor das von den Richtern unterschriebene Versäumnisurteil der Geschäftsstelle übermittelt ist. Das Vorverfahren geht dann ganz normal weiter. Daher sollte schnell die Verteidigungsanzeige (in der Klausur in der Regel mit Klageerwiderung[103]) wegen anwaltlicher Vorsicht **per Fax an die Geschäftsstelle** (Original mit der Post hinterher) geschickt werden.

---

103 Beachten Sie für den praktischen Teil: Wird im Schriftsatz gleichzeitig bereits auf die Klage erwidert, so ist es in der Praxis unüblich, im Schriftsatz die ausdrückliche Formulierung einer Verteidigungsanzeige aufzunehmen. Die Absicht der Verteidigung ergibt sich ja bereits aus dem Klageabweisungsantrag! Das gilt dann für alle Situationen, in denen das Gericht nach § 276 I ZPO vorgeht und Sie gleichzeitig auf die Klage erwidern.

50c Ab dem Augusttermin 2012 haben die LJPA hierzu folgende Variante in viele Klausuren eingewebt: Aus dem Klausursachverhalt ergab sich, dass eine Nachfrage bezüglich des Versäumnisurteils **bei der Geschäftsstelle** fruchtlos geblieben ist, weil dort **keiner erreicht werde konnte**. Es könnte also sein, dass das Versäumnisurteil bereits unterschrieben auf der Geschäftsstelle liegt. Was nun? Hier sollte für den Fall, dass das unterschriebene Versäumnisurteil schon dort ist, überlegt werden, neben der Verteidigungsanzeige hilfsweise einen Wiedereinsetzungsantrag nach § 233 ZPO zu stellen, wenn die Fristversäumnis – wie im obigen Fall – unverschuldet war.[104] Die Frist nach § 276 I 1 ZPO ist nämlich eine Notfrist iSv § 233 ZPO. Zwar ist nicht sicher, ob das Gericht dann tatsächlich die Zustellung des Versäumnisurteils unterlässt und »normal« das Vorverfahren weiterbetreibt (was es eigentlich müsste), ein solcher Antrag ist aber zulässig und aus anwaltlicher Vorsicht geboten.[105] Lässt das Gericht in diesen Fällen das Versäumnisurteil dennoch zustellen,[106] dann geht der Wiedereinsetzungsantrag ins Leere und es muss eben nach Zustellung Einspruch eingelegt werden.[107] Ist das Versäumnisurteil nicht bei der Geschäftsstelle, sondern bereits auf dem Weg zu den Parteien, geht der Schriftsatz ins Leere.[108] Der Mandant sollte daher stets noch darauf hingewiesen werden, sich sofort beim Anwalt zu melden, falls ihm nach Absetzen des Schriftsatzes ans Gericht dennoch ein Versäumnisurteil erreicht, denn dann müsste ein Einspruch eingelegt werden. Fazit: In diesem Klausurfall ist (per Fax an Geschäftsstelle, Original mit der Post hinterher) neben der Verteidigungsanzeige und Klageerwiderung aus anwaltlicher Vorsicht zusätzlich hilfsweise ein Wiedereinsetzungsantrag nach § 233 ZPO zu stellen. Diesen Schriftsatz mit einem »hilfsweisen/vorsorglichen Einspruch« zu verbinden, ist grundsätzlich nicht sinnvoll. Denn auch wenn das Versäumnisurteil bereits bei der Geschäftsstelle wäre, ist dieses ohne Zustellung nicht existent, der Einspruch ginge also ins Leere.[109]

50d Nächste Variante: Aus dem Klausursachverhalt ergibt sich ausdrücklich[110], dass **noch niemand bei der Geschäftsstelle angerufen hat** (zuletzt November 2012, August 2015, Oktober 2017, Februartermin 2018 und 2019!). Dann sollten Sie darstellen, dass schnell bei der Geschäftsstelle anzurufen und je nach Ergebnis des Telefonats zu reagieren ist: Wenn dort jemand erreicht wird und dieser bestätigt, dass noch kein Versäumnisurteil auf der Geschäftsstelle ist, dann gelten die Ausführungen von → Rn. 50b. Wenn dort bereits ein Versäumnisurteil liegen sollte, dann sollte der Schriftsatz schnell per Fax an die Geschäftsstelle (Original mit der Post hinterher!) geschickt werden, und zwar mit folgendem Inhalt: Verteidigungsanzeige plus Klageerwiderung und unbedingtem Wiedereinsetzungsantrag nach § 233 ZPO, wenn die Fristversäumnis bezüglich der Verteidigungsanzeigenfrist unverschuldet war (vgl. → Rn. 50c zu den Folgen des Wiedereinsetzungsantrags).[111] Ist das Versäumnisurteil schon

---

104 Liegt kein Wiedereinsetzungsgrund vor, dann würde man ebenfalls die Verteidigungsanzeige und Klageerwiderung an das Gericht faxen. Liegt das VU bereits auf der Geschäftsstelle, geht der Schriftsatz eben ins Leere und es muss nach Zustellung des VU Einspruch eingelegt werden. Dies müsste dem Mandanten dann mitgeteilt werden (Zweckmäßigkeit!).

105 Für einen Wiedereinsetzungsantrag in dieser Situation mit der Folge, dass das VU nicht zugestellt werden darf, die ganz hM: vgl. nur Musielak/Voit/*Foerste* ZPO § 276 Rn. 9 mwN; BeckOK ZPO/*Bacher* § 276 Rn. 7; MüKoZPO/*Stackmann* § 233 Rn. 19 mwN; Zöller/*Greger* ZPO § 276 Rn. 10a mwN; vgl. auch KG NJW-RR 1997, 56. **Hierzu scheint es einige nicht ganz korrekte AG-Klausuren zu geben, die das an dieser Stelle leider anders lösen!**

106 Von dieser Möglichkeit geht wohl Thomas/Putzo/*Seiler* ZPO § 276 Rn. 5 aus.

107 Hier könnte der Wiedereinsetzungsantrag sogar noch positive Auswirkungen auf die Kosten gem. §§ 344, 335 ZPO haben, da in diesem Fall eine schuldhafte Säumnis als Erlassvoraussetzung nicht vorgelegen hätte.

108 Das VU wird über kurz oder lang dem Mandanten zugehen (es ist ja schon auf dem Weg!), auch wenn jetzt noch ein Wiedereinsetzungsantrag gestellt würde (BeckOK ZPO/*Bacher* § 276 Rn. 7 mwN auch zu abweichenden Lösungswegen).

109 BeckOK ZPO/*Toussaint* § 339 Rn. 3 mwN; dagegen spricht auch ein rein praktisches Argument: Wie soll der Anwalt gegen etwas Einspruch einlegen, was er inhaltlich noch gar nicht kennt?

110 Wenn im Sachverhalt nichts dazu steht, ob bereits bei der Geschäftsstelle angerufen wurde oder doch, sollten Sie aus anwaltlicher Vorsicht davon ausgehen, dass noch nicht angerufen wurde und ebenfalls wie bei → Rn. 50d vorgehen. Diese Prämisse sollten Sie in der Klausur aber im Gutachten darlegen, damit der Korrektor Bescheid weiß.

111 Liegt kein Wiedereinsetzungsgrund vor, dann würde man sich den Schriftsatz sparen können, da dann das VU nicht mehr verhindert werden kann. Erst nach Zustellung des VU an den Mandanten muss Einspruch eingelegt werden. Diesen jetzt schon als Entwurf zu fertigen ist nicht praxisnah, da der Tenor des VU noch nicht bekannt ist.

losgeschickt worden, dann ist dessen Zustellung abzuwarten. Ein Einspruch ist nicht möglich, da das Versäumnisurteil mangels Zustellung noch nicht wirksam ist (s. oben). Wenn auf der Geschäftsstelle keiner erreicht werden kann, dann müssen Sie die Ausführungen von → Rn. 50c darlegen. Im Prinzip ist diese dritte Klausurvariante ein Mix aus den bisherigen Fallkonstellationen, wo Sie gleich am Anfang des Hauptgutachtens (bzw. in Bayern im Hilfsgutachten) einen ziemlich großen Prüfungsaufwand haben.

Da in der Klausur in der Regel in allen obigen Konstellationen auch die zweite Frist nach § 276 I 2 ZPO (Klageerwiderung) versäumt wurde, ist schließlich zusätzlich die mögliche **Präklusion** des eigenen Vortrages nach § 296 I ZPO anzusprechen (vgl. dazu → Rn. 65).

> **Für die Mündliche:** Der Prüfer fragt: Was machen Sie, wenn Sie vor Ablauf der zweiwöchigen Klageerwiderungsfrist merken, dass Sie die Frist nicht einhalten können? Antwort: Vor Ablauf der Frist (!) einen Antrag auf Fristverlängerung stellen, das steht in § 224 ZPO (lesen!).

3. Es existiert schon ein Titel gegen den Mandanten (in der Regel Versäumnisurteil)

Wenn gegen den Mandanten schon ein Versäumnisurteil (in der Regel im schriftlichen Vorverfahren oder im schriftlichen Vorverfahren nach Widerspruch gegen ein Mahnbescheid, §§ 697 II, 276 ZPO) oder ein Vollstreckungsbescheid ergangen ist, prüfen Sie, ob mit Erfolg ein Rechtsbehelf dagegen eingelegt werden kann. Es ist also die Zulässigkeit eines **Einspruches nach §§ 338 ff. ZPO** (bei Vollstreckungsbescheid iVm § 700 I ZPO) zu prüfen. Hier müssen Sie **ganz ausführlich** in der Klausur das Prüfungsschema abklappern und unter genauer Nennung der einschlägigen Normen Ausführungen zu jedem Punkt machen (auch in Urteilsklausuren mit Versäumnisurteil)! Und das gilt immer, egal ob Sie in Bayern, Berlin, Sachsen oder NRW Ihre Klausuren schreiben. Es handelt sich um einen Schwerpunkt der Klausur!

50e

Prüfungspunkte in der Klausur bei Einspruch gegen ein Versäumnisurteil, §§ 338 ff. ZPO:

Zulässigkeit des Einspruchs:
1. Statthafter Rechtsbehelf
   - auf § 338 ZPO eingehen
2. Frist
   - auf § 339 ZPO und auf Berechnung nach § 222 I ZPO iVm §§ 187 ff. BGB eingehen
   - Tag des Beginns und letzten Fristtag genau angeben in der Klausur
   - Fast immer **Zustellungsprobleme** eingebaut!
     → idR sind dann **§§ 87, 170, 172, 178, 180, 185, 189 ZPO** abzuarbeiten!
   - Ggf. §§ 239 ZPO (lesen!) eingebaut
3. Form
   - auf § 340 ZPO eingehen
4. Folge
   - auf § 342 ZPO eingehen bzw. bei Vollstreckungsbescheid § 700 III ZPO (wichtig!)

Klausurtipp: Die Zulässigkeitsvoraussetzungen stehen bei Thomas/Putzo/*Seiler* in § 341 ZPO gleich am Anfang der Kommentierung (dort wird nur § 342 ZPO nicht erwähnt!).

Nach der Prüfung der Zulässigkeit des Einspruchs prüfen Sie im Folgenden die Erfolgsaussichten eines Einspruchs,[112] also ob mit Erfolg Einwendungen gegen die Zulässigkeit und/oder Schlüssigkeit der Klage erhoben werden können. **Es geht dabei nicht um die Begründetheit des Einspruchs!** Ein Einspruch versetzt den Rechtsstreit nur in die Zeit vor Säumnis zurück, er kann aber nicht begründet oder unbegründet sein. Wir sehen im Rahmen der Klausureinsicht leider oft, dass viele Referendare das falsch formulieren. Das wird von den Korrektoren **immer** angestrichen und mit Punktabzug bestraft!

---

112 Es gibt vereinzelt Korrektoren, die selbst die Formulierung »*Einspruch hat/hat nicht Erfolg*« anstreichen, da sie nur den Prüfungspunkt »Zulässigkeit« des Einspruchs lesen wollen. Obwohl die Praxis oft mit »*Einspruch hat Erfolg*«/»*ist erfolgreich*« formuliert, ist es für Sie im Examen am sichersten, auch auf diese Formulierung zu verzichten und nach der Zulässigkeit des Einspruches »normal« die Zulässigkeit der Klage – dann: Schlüssigkeit – Erheblichkeit etc. zu prüfen.

Klausurtipp: Beachten Sie **§ 310 III ZPO**: Wenn ein Versäumnisurteil im schriftlichen Vorverfahren erlassen wurde, so beginnt die Einspruchsfrist nicht vor Ausführung der Zustellung des Urteils an beide Parteien (selbst wenn die Zustellung an den obsiegenden Gegner der Zustellung an den Mandanten nachfolgt), da **erst die letzte Zustellung die Verkündung ersetzt**, ohne die eine Einspruchsfrist nicht zu laufen beginnt. Auch **§ 222 II ZPO** sollten Sie kennen, da die Zwei-Wochen-Frist im Examen gern an einem Samstag oder Sonntag endet (dann hat man noch den Montag!). **Sowas kommt permanent in den Urteils- und Anwaltsklausuren vor!**

Beachte: Ist der (falschen) Form nach zweifelhaft, welche Entscheidung das Gericht getroffen hat (streitiges Urteil oder Versäumnisurteil? erstes oder zweites Versäumnisurteil?), so ist nach dem sog. **Meistbegünstigungsgrundsatz** jeder Rechtsbehelf statthaft, der gegen eine der infrage kommenden Entscheidungsformen statthaft ist. Standardbeispiel ist das vom Gericht nur mit »Urteil« überschriebene Versäumnisurteil. Vor allem in der Mündlichen wird hiernach gerne gefragt.

Ist die Zwei-Wochen-Einspruchs-Frist bei einer nach §§ 166 ff. ZPO wirksamen oder geheilten Zustellung abgelaufen, so denken Sie an einen Antrag auf **Wiedereinsetzung in den vorigen Stand nach § 233 ZPO**. Die Analyse der Examensklausuren und die Erfahrung aus der Prüfungsanfechtung hat ergeben, dass Sie **auch hier ganz dezidiert und lehrbuchmäßig** die Voraussetzungen von §§ 233 ff. ZPO unter genauer Nennung der einschlägigen Normen in der Klausur darzustellen haben, und zwar inzident bei der Frist nach § 339 ZPO. Also:

Prüfungspunkte in der Klausur bei Wiedereinsetzung, §§ 233 ff. ZPO:

I. Zulässigkeit des Antrages
    1. Statthaftigkeit
       – auf § 233 S. 1 ZPO eingehen
    2. Frist
       – auf § 234 ZPO eingehen (auch in diese Frist kann man sich wiedereinsetzen lassen!)
    3. Formgerechter Antrag
       – auf § 236 ZPO eingehen (inklusive Nachholung der versäumten Prozesshandlung!)
    4. Zuständigkeit des Gerichts
       – auf § 237 ZPO eingehen
II. Begründetheit des Antrages
    – Verhinderte Fristwahrung ohne Verschulden und Ursächlichkeit und Glaubhaftmachung

Klausurtipp: Diese Voraussetzungen stehen super bei Thomas/Putzo/*Hüßtege* in der Übersicht zu § 233 ZPO gleich am Anfang der Kommentierung!

Schwerpunkt bei §§ 233 ff. ZPO ist in der Regel die Frage, ob die Fristversäumung **unverschuldet** war. Das prüfen Sie dann in folgender Reihenfolge:

1. Eigenes Verschulden des Mandanten?
2. Verschulden des (Unter-)Prozessbevollmächtigten des Mandanten, § 85 II ZPO, zB wegen schlechter Überwachung der unzuverlässigen Büroangestellten oder weil er das Fax erst kurz vor Mitternacht losgeschickt hat und dieses dann bei Gericht nicht rechtzeitig angekommen ist (nach Rspr. ist Zeitpuffer von 20 Minuten einzuplanen, vgl. BGH NJW-RR 2018, 1529).
3. Fehler des Gerichts? Hier ist vor allem § 233 S. 2 ZPO (lesen!) wichtig, wobei in Fällen der anwaltlichen Vertretung die Rspr. eher streng bezüglich der Wiedereinsetzung ist, wenn diese auf die fehlende (anders in der Regel bei unvollständiger) Belehrung gestützt wird (iura novit advocato!).[113]

Ist die Wirksamkeit der Zustellung unklar, kann eine **Wiedereinsetzung auch hilfsweise** beantragt werden (anwaltliche Vorsicht!). Beachten Sie, dass die zur Wiedereinsetzung vorgetragenen Tatsachen nach **§ 236 II ZPO glaubhaft** gemacht werden müssen. Dazu bieten sich

---

113 Beachten Sie, dass eine fehlerhafte Belehrung zwar einen Wiedereinsetzungsgrund geben, jedoch keinen unstatthaften Rechtsbehelf eröffnen kann, wenn das Gericht zB fehlerhaft statt des Einspruches die Berufung als statthaft angibt (nach der Rspr. also kein Anwendungsfall des Meistbegünstigungsgrundsatzes!).

insbesondere die eidesstattliche Versicherung des Mandanten, der Büroangestellten oder des Anwalts selbst an. Auch die Vorlage von Urkunden ist möglich (zB Sendebericht des Faxes zur Glaubhaftmachung der rechtzeitigen Absendung eines Faxes).

III. Wichtigstes Examenswissen zur Prüfung der Zulässigkeit

Dann prüfen Sie, ob Einwendungen gegen die **Zulässigkeit der Klage** möglich sind (beim **51** zweistufigen Aufbau als sog. Zulässigkeitsstation[114]). Hier können alle Zulässigkeitsprobleme der ZPO vorkommen, vgl. *Kaiser/Kaiser/Kaiser* Zivilgerichtsklausur I Rn. 313 ff. Ob eine Zulässigkeitsrüge dann tatsächlich erhoben werden sollte, ist ein Aspekt, den Sie in der Zweckmäßigkeit untersuchen (→ Rn. 58).

Die Zulässigkeitsprüfung im Gutachten kann etwa mit folgendem **Obersatz** eingeleitet werden:

Nunmehr ist zu untersuchen, ob mit Erfolgsaussichten Rügen hinsichtlich der Zulässigkeit der Klage erhoben werden können.

IV. Wichtigstes Examenswissen zur Prüfung der Schlüssigkeit

Sodann ist zu prüfen, ob mit Erfolg eingewendet werden könnte, dass die **Klage bereits nicht** **52** **schlüssig ist**, dh das tatsächliche Vorbringen des Klägers seinen Klageantrag schon nicht rechtfertigt. Mit »nicht schlüssig« ist hier weniger gemeint, dass nicht klar ist, was und woraus der Kläger den Klageanspruch zugesprochen haben will. Vielmehr geht es darum zu prüfen, ob der Kläger zu allen anspruchsbegründenden Tatbestandsmerkmalen der geltend gemachten Ansprüche ausreichend vorgetragen hat. Vergessen Sie bitte auch hier nicht einen entsprechend formulierten **Obersatz!**

> **Formulierungsbeispiel** im Falle des zweischichtigen Aufbaus (→ Rn. 53 zum einschichtigen Aufbau):
> Zu prüfen ist, ob der Kläger schlüssig Ansprüche auf … vorgetragen hat.

Gegebenenfalls sind in der Klageschrift schon die möglichen Anspruchsgrundlagen angeführt, die dann zu überprüfen sind. Sie müssen aus anwaltlicher Vorsicht aber natürlich auch **an andere Anspruchsgrundlagen** denken, die in der Klageschrift vielleicht nicht erwähnt werden. Denn diese wird der Richter auch prüfen.

Beachten Sie, dass materiell-rechtliche Einwendungen zugunsten des beklagten Mandanten, wenn diese auf unstreitigem Sachverhalt beruhen (dh **reine Rechtsangriffe/Rechtsfragen**), im Falle des zweischichtigen Aufbaus nicht in der Beklagtenstation, sondern bereits in der Klägerstation bei der Schlüssigkeit geprüft werden müssen (vgl. → Rn. 53). Auch hier denken Sie bitte wieder an das **Prinzip der Argumentation pro Mandant**, müssen jedoch bei problematischen Rechtsfragen aus anwaltlicher Vorsicht damit rechnen, dass das Gericht Ihrer rechtlichen Argumentation pro Mandant, die den Anspruch zu Fall bringen würde, nicht folgt. Oft ist daher die **Prüfung der klägerischen Ansprüche aus anwaltlicher Vorsorge fortzusetzen**, selbst wenn man rechtlich das Vorliegen eines vorherigen Tatbestandsmerkmals verneint hat (sozusagen »hilfsweise« weiter prüfen, falls das Gericht uns nicht folgt!). Man muss als Anwalt doch aus allen Rohren feuern und kann nicht die Prüfung abbrechen, wenn nach eigener Einschätzung ein Argument greift. Das könnte ja das Gericht anders sehen! Und nur so kann schließlich das Prozessrisiko vernünftig geklärt werden. Denken Sie bitte daran.

V. Wichtigstes Examenswissen zur Prüfung der Erheblichkeit

Wie bei Klausurtyp 1 prüfen Sie alle in Betracht kommenden **erheblichen Einwände** gegen **53** die Klägeransprüche, also Einwendungen/Einreden aufgrund eines Rechts- oder Tatsachenangriffs (je nachdem, ob der Mandant bestreitet oder nicht). Das ist einer der Schwerpunkte der Klausur. Bitte vergessen Sie auch hierzu nicht den **obligatorischen Obersatz** in der Klausur, wenn Sie die Erheblichkeit prüfen.

---

114 Es bietet sich mangels gegenläufigen Sachvortrags zur Zulässigkeit im Examen idR nicht an, die Zulässigkeitsprüfung selbst nochmal in Klägerstation, Beklagtenstation und Beweisprognosestation aufzuteilen.

> **Formulierungsbeispiel** für den zweischichtigen Aufbau:
>
> Zu prüfen ist, ob dem Mandanten erhebliche Einwände auf tatsächlicher Ebene zustehen könnten, die zu einer (gegebenenfalls teilweisen) Klageabweisung führen würden.

Beim einschichtigen Aufbau prüfen Sie im Hauptgutachten die Schlüssigkeit und die Erheblichkeit bei den Erfolgsaussichten der Rechtsverteidigung zusammen, müssen also am Anfang dieser Prüfung einen etwas modifizierten Obersatz bringen.

> **Formulierungsbeispiel:**
>
> Zu prüfen ist, ob der Kläger schlüssig Ansprüche auf … vorgetragen hat und ob dem Mandanten erhebliche Einwände auf tatsächlicher und/oder rechtlicher Ebene zustehen könnten, die zu einer (gegebenenfalls teilweisen) Klageabweisung führen würden.

Achten Sie auf Ihre Aufgabe als Anwalt: **Ab in den Kampfmodus** in der Klausur, Sie müssen auf Krawall gebürstet sein, der beklagte Mandant will und soll verteidigt werden! Also:

- Können die Ansprüche des Klägers mit rechtlichen Argumenten angegriffen werden? Argumentation bei Rechtsproblemen pro Mandant möglich?
- Kann klägerischer Sachvortrag bestritten werden? Das ist dann genau darzulegen!

Beim Bestreiten kann es gegebenenfalls erforderlich sein, **substantiiert** zu bestreiten, wenn der Kläger entsprechend substantiiert vorträgt, sonst reicht **einfaches Bestreiten**. Pauschales Bestreiten oder ein Bestreiten »ins Blaue hinein« ohne konkrete Anhaltspunkte aus dem Klausursachverhalt sollte unterlassen werden. **Wenn der Mandant den Sachvortrag des Klägers als richtig darstellt, darf in der Klausur nicht bestritten werden (nicht lügen!).**[115]

Nochmal der Aufbauhinweis: Vorbringen, welches sich auf eine andere (für den Mandanten günstige) rechtliche Würdigung des unstreitigen Sachverhaltes stützt (reiner Rechtsangriff), ist im Fall des **zweischichtigen Aufbaus** bereits in der Klägerstation zu bringen und nicht erst in der Beklagtenstation. In der Beklagtenstation prüfen Sie im zweischichtigen Aufbau nur, ob auf tatsächlicher Ebene (= Bestreiten) erhebliche Einwendungen auf Grundlage des Mandantenvortrages erhoben werden können. Für den einschichtigen Aufbau spielt diese Unterscheidung in Stationen keine Rolle. Sie prüfen dann (integriert bei dem jeweiligen Tatbestandsmerkmal des klägerischen Anspruches), ob zugunsten des Mandanten auf tatsächlicher und/oder rechtlicher Ebene gegen den Klägervortrag argumentiert werden kann.

Merke zum Gegenvorbringen beim zweischichtigen Aufbau des Hauptgutachtens:
- Reine Rechtsangriffe ohne Bestreiten: in Klägerstation prüfen
- Tatsachenangriffe aufgrund von Bestreiten: in Beklagtenstation prüfen

54 Daneben ist ebenfalls oft zu untersuchen, ob nach dem Vortrag des Mandanten **eigene Ansprüche** gegen den Kläger bestehen. Die Frage, was mit den bestehenden eigenen Ansprüchen konkret gemacht wird, ist ein Problem der Zweckmäßigkeit.

VI. Die Beweisprognose bei Klausurtyp 2

55 Beweisfragen muss auch der Beklagtenanwalt prüfen. Im Falle des zweischichtigen Aufbaus des Hauptgutachtens werden Beweise in der Beweisprognosestation, beim einschichtigen Aufbau integriert bei der jeweils relevanten Anspruchsvoraussetzung angesprochen. Auch hier ist im Gutachten jeweils auf einen **Obersatz** zu achten (vgl. → Rn. 10), bevor in die Prüfung eingestiegen wird. Die zu Klausurtyp 1 dargestellten Probleme zu den einzelnen Beweismitteln sind hier ebenfalls anzutreffen. Folgendes ist die Vorgehensweise:

1. Hat Kläger für »seine« streitigen Tatsachen Beweis angeboten?
   - Nein: Gibt es (anwaltliche Vorsicht!) Gegenbeweismittel? Wie ist die Beweisprognose?
   - Ja: Gibt es Gegenbeweismittel? Wie ist die Beweisprognose?

---

115 Der von Ihnen im Examen zu simulierende Anwalt muss sich an die **Wahrheitspflicht** halten (keine Lüge vorschlagen, keine Lüge übernehmen!). Dies gebieten § 138 I ZPO und die Stellung das Anwalts als Organ der Rechtspflege nach § 1 BRAO sowie § 43a III BRAO. Bei Zweifeln/Unwissen darf allerdings bestritten werden, so Maitermin 2019.

2. Gibt es für Tatsachen, für die der Mandant die Beweislast trägt, Beweismittel? Wie ist die Beweisprognose?
3. Gibt es für eigene Ansprüche Beweismittel? Wie ist die Beweisprognose?

Wenn der Sachverhalt zu den klägerischen Ansprüchen unstreitig ist, so entfällt die Prüfung von Beweisfragen diesbezüglich. Nur zu den Einwendungen und eigenen Ansprüchen des beklagten Mandanten (anwaltliche Vorsicht!) sind dann im Gutachten Beweisfragen zu erörtern. Für die **Bayern** gilt aufbaumäßig: In den Schriftsatz werden die Gegenbeweismittel aufgenommen, Probleme/Besonderheiten bei der Beweisprognose und spezielle Beweisprobleme werden in der Regel erst im Hilfsgutachten und/oder im Mandantenschreiben zu prüfen sein.

VII. Die Zweckmäßigkeitserwägungen bei Klausurtyp 2

Welche Zweckmäßigkeitserwägungen sind möglich?   **56**

- »OB« der Verteidigung/Rat an Mandant/Antrag
- Rüge der Unzulässigkeit der Klage
- Reaktion bei begründeter Klage
- Reaktion bei teilweise begründeter Klage
- Reaktion bei Klage im Urkundenprozess
- Reaktion bei Bestehen von eigenen Ansprüchen
- Erhebung einer Widerklage mit Feststellungsbegehren
- Reaktion bei Verspätung des eigenen Vortrages
- Anträge nach §§ 719, 707 ZPO
- Antrag nach § 712 ZPO
- Streitverkündung nach §§ 72 ff. ZPO
- PKH-Antrag
- Schreiben an Mandanten, Gegner, Dritte, Vorgehen bei § 495a ZPO

Sie beginnen im Gutachten mit einem sauberen **Obersatz**, zB wie folgt:

Zu prüfen ist, welche prozesstaktischen Schritte im vorliegenden Fall zweckmäßig sind.

1. »OB« der Verteidigung

Wie bereits bei Klausurtyp 1 stellen Sie am Anfang der prozesstaktischen Erwägungen kurz   **57**
dar, welchen **Rat Sie dem Mandanten erteilen** (Ausnahme: Bayern, wenn kein Hauptgutachten zu fertigen ist – hier ergibt sich der Rat an den Mandanten aus Ihrem Schriftsatz). In der Regel wird es darauf hinauslaufen, »*den Rechtsstreit aufzunehmen*«, zur Verteidigung gegen die Klage zu raten und einen Klageabweisungsantrag vorzuschlagen.

Wenn der Schriftsatz aufgrund **Zeitablaufs schnell zugestellt** werden muss, so kommen die bei Klausurtyp 1 dargestellten Möglichkeiten (→ Rn. 44) auch hier in Betracht.

2. Rüge der Unzulässigkeit der Klage?

Hier ist zu prüfen, ob bei Unzulässigkeit der Klage vor allem wegen Verstoßes gegen §§ 12 ff.   **58**
ZPO ein **rügeloses Einlassen nach § 39 ZPO zweckmäßig** ist. So zB, wenn der Kläger am Wohnsitz des Mandanten klagt, die Parteien aber durch eine Gerichtsstandsvereinbarung die Zuständigkeit eines anderen Gerichts begründet haben. Hier ist der nähere – falsche – Gerichtsort gegebenenfalls aus prozessökonomischer Sicht sinnvoller für den Mandanten als der weiter entfernte, wobei ein rügeloses Einlassen in diesen Fällen stets noch mit dem Mandanten abgesprochen werden müsste (Mandantenschreiben!). Es kann auch dem ausdrücklichen Wunsch des Mandanten entsprechen (aus welchen Gründen auch immer), vor einem örtlich unzuständigen Gericht zu prozessieren, sodass dann ein Vorgehen nach § 39 ZPO zu wählen ist. Ist ein rügeloses Einlassen nicht zweckmäßig, so sollten Sie aus anwaltlicher Vorsicht stets die Zuständigkeitsrüge erheben (warum? s. nächster Absatz!).

Ist die Klage aus **sonstigen Gründen unzulässig** (zB Mai, Oktober, November, Dezember 2018, Februar 2019: fehlende Prozessführungsbefugnis, fehlende Zuständigkeit des Gerichts, unzulässige Anträge), so legen Sie dar, dass dies stets **ausdrücklich im Schriftsatz vorgetragen werden sollte**. Denn zum einen entspricht dies der Prozessförderungspflicht aus § 282 III ZPO, zum anderen könnte das Gericht den Zulässigkeitsmangel sonst gegebenenfalls übersehen (anwaltliche Vorsicht). Dann sollten Sie diese Aspekte unbedingt im Gutachten darstellen!

3. Auswahl der richtigen Reaktion im Übrigen

a) Reaktion bei vollumfänglich begründeter Klage

59 Es kann auch sein, dass Sie zu dem Ergebnis kommen, dass die Klage Erfolg haben wird, ein »Gegenangriff« mit einem Zurückbehaltungsrecht, einer Aufrechnung oder einer Widerklage ausscheidet und keine Anhaltspunkte für eine Vergleichsbereitschaft bestehen (zB September 2015, Oktober 2016, September 2017, Januar 2018, Juni, August, Oktober 2018, April und Mai 2019). Der Mandant könnte auch danach fragen, was man prozessual generell bei begründeter Klage machen könnte. Die Zweckmäßigkeit des Vorgehens ist dann eine **Kostenfrage**, bei der Sie in der Klausur die möglichen Alternativen umfassend »herausarbeiten« müssen:[116]

- Eine **Kostenverlagerung auf den Kläger nach § 93 ZPO (»Anerkenntnis unter Verwahrung gegen die Kostenlast«) wäre am besten**, scheitert in der Klausur aber in der Regel daran, dass der Mandant vorprozessual gegenüber dem Kläger dessen Ansprüche zurückgewiesen haben wird und daher Veranlassung zur Klage gegeben hat. Beachten Sie, dass auch dann, wenn der Mandant innerhalb der Frist gem. § 276 I 1 ZPO zunächst nur seine Verteidigungsbereitschaft anzeigt, jedoch keinen Klageabweisungsantrag angekündigt hat, nach hM[117] noch innerhalb der anschließenden Frist zur Klageerwiderung ein sofortiges Anerkenntnis möglich wäre, wenn er ansonsten keine Veranlassung zur Klage gegeben hat. Was für Alternativen gibt es, wenn § 93 ZPO nicht greift?
- Alternative 1: **Klage anerkennen (§ 307 ZPO) ohne Verwahrung gegen die Kostenlast.** Dann ermäßigt sich die dreifache Gerichtsgebühr gem. Nr. 1211 KV GKG auf eine, beide Anwälte erhalten allerdings eine Verfahrensgebühr iHd 1,3-fachen Satzes und eine Terminsgebühr iHd 1,2-fachen Satzes (Nr. 3100 und 3104 [1] Nr. 1 VV RVG) zum vollen Gebührenstreitwert. Bei einem Anerkenntnisurteil findet also – anders als bei einem Versäumnisurteil – keine Reduzierung der Terminsgebühr statt. Dies gilt unabhängig davon, ob das Anerkenntnis in der mündlichen Verhandlung, im schriftlichen Vorverfahren oder im schriftlichen Verfahren abgegeben wurde.[118] Alle Kosten trägt der Mandant.
- Alternative 2 (billiger): **Versäumnisurteil gegen den Mandanten ergehen lassen** (heißt: keine Verteidigungsanzeige abgeben bzw. säumig sein!). Selbst wenn der Mandant im schriftlichen Vorverfahren bereits seine Verteidigungsbereitschaft angezeigt haben sollte, kommt noch der Erlass eines Versäumnisurteils in Betracht, da die Anzeige nach § 276 I 1 ZPO widerruflich ist. Bei einem Versäumnisurteil ermäßigt sich die Gerichtsgebühr nicht, es bleibt also bei der 3-fachen Gebühr. Der Klägeranwalt erhält eine normale Verfahrensgebühr iHd 1,3-fachen Satzes und eine 0,5-fache Terminsgebühr (Nr. 3100, 3105 VV RVG). Der Beklagtenanwalt erhält – wenn er bereits im Hinblick auf die Prozessvertretung tätig geworden ist (was in der Regel der Fall sein wird) – eine Verfahrensgebühr iHd 0,8-fachen Satzes (vgl. Nr. 3101 Nr. 1 VV RVG), sonst sogar nur eine Beratungsgebühr in Höhe einer 0,5–1,0 Gebühr (vgl. Nr. 2100 VV RVG). Eine Terminsgebühr erhält er nicht, da er keinen Termin wahrnimmt. Die vom Mandanten zu tragenden Kosten sind insgesamt geringer.[119]
- Alternative 3 (noch billiger und Kläger bekommt keinen Titel!): Ein ebenfalls möglicher Weg wäre, den Kläger sofort komplett »klaglos zu stellen« (dh Erfüllung von Hauptsache, Zinsen sowie alle Anwalts- und Gerichtskosten des Klägers) und beim Kläger dann außer-

---

116 *Golz/Schneidenbach* JA 2019, 291 ff.; *Schneider* NJW-Spezial 2012, 731; *Bockholdt* JA 2006, 133.
117 Thomas/Putzo/*Hüßtege* ZPO § 93 Rn. 9; s. *Fischer* JuS 2018, 867 ff. zur Frage, wann ein Klageabweisungsantrag schadet.
118 Vgl. Nr. 3104 (1) Nr. 1 VV RVG und Zöller/*Feskorn* ZPO § 307 Rn. 14; *Hagendorn/Bansemer/Sander* Anwaltsklausur Rn. 192; *Bockholdt* JA 2006, 133; *Kapitza/Kammer* JuS 2008, 882; *König* NJW 2005, 1243; *Schneider* NJW-Spezial 2012, 731.
119 Das Anerkenntnis ist nur dann günstiger, wenn die Aussichtslosigkeit der Verteidigung erst im Termin erkennbar wird, weil dann die Terminsgebühr bereits angefallen ist, vgl. dazu *Schroeder/Riechert* NJW 2005, 2187.

gerichtlich **anzuregen, die Klage zurückzunehmen**. Macht der Kläger dies, ermäßigen sich die Gerichtsgebühren von drei Gebühren auf eine (Nr. 1211 Nr. 1 KV GKG). Nimmt der Beklagtenanwalt in diesen Fällen Kontakt zum Klägeranwalt zwecks Besprechung der Erledigung des Verfahrens auf, entstehen auf beiden Seiten allerdings die vollen Anwaltsgebühren.[120] Hier dürfte zudem sogar noch eine Einigungsgebühr nach Nr. 1000 VV RVG im Raume stehen.[121] Die Anwaltskosten können dann nur gering gehalten werden, wenn eine Klaglosstellung und Kontaktaufnahme zum Gegner (nicht zu dessen Anwalt) ohne weiteres anwaltliches Tätigwerden erfolgen. Dann fallen in der Regel keine Terminsgebühr und keine Einigungsgebühr an. Der Klägeranwalt erhält eine 1,3 Verfahrensgebühr, der Beklagtenanwalt sogar »nur« eine 0,8 Verfahrensgebühr.[122]

- Alternative 4 (noch besser): **Erfüllung der Klage** (dh Hauptsache und Zinsen, aber ohne die Kosten) sowie Anregung der Abgabe einer klägerischen **Erledigungserklärung** plus jetzt schon antizipierter **Anschluss** an diese durch den Mandanten (wegen §§ 91a I 1, 78 III ZPO für Erledigungserklärung kein Anwaltszwang!). Zudem sollte dem Mandanten geraten werden, gegenüber dem Gericht die Kostenübernahme zu erklären und einen Beschluss ohne mündliche Verhandlung anzuregen (§ 128 IV ZPO). Nach Nr. 4 zur Nr. 1211 KV GKG ermäßigt sich die Gerichtsgebühr dann auf eine 1,0 Gebühr. Für beide Anwälte entsteht dann nur eine 1,3 Verfahrensgebühr.[123] Eine Terminsgebühr entsteht grundsätzlich nicht, weil es weder die Wahrnehmung eines Termins noch eine Besprechung unter den Anwälten ohne Beteiligung des Gerichts gibt.[124] Im internen Vergleich zwischen Variante 3 und 4 dürfte dabei die Variante 4 »der Gewinner« sein, weil man hier erst später die Anwalts- und Gerichtskosten an den Kläger zahlt und nicht bereits mit Erfüllung der Hauptsacheforderung.[125]
- Beachten Sie: Varianten 3 und 4 setzen voraus, dass der Mandant zu diesen Maßnahmen (sofortige Befriedigung des Klägers!) imstande und bereit wäre.

Klausurtipp: Wie sieht es aus, wenn **bereits ein Versäumnisurteil gegen den Mandanten nach § 331 III 1 ZPO ergangen und die Klage zulässig und materiell erfolgversprechend ist?** Einspruch einlegen und sofort anerkennen? Dies würde nur Sinn machen, wenn die Kostenfolge des § 93 ZPO greifen würde, was grundsätzlich nicht der Fall ist.[126] Das Versäumnisurteil sollte daher einfach nicht angegriffen und dem Mandanten geraten werden, sofort zu zahlen, um weitere Kosten im Rahmen der Zwangsvollstreckung zu vermeiden! Wenn bereits Einspruch gegen das Versäumnisurteil eingelegt wurde, kann der Einspruch nach § 346 ZPO (auch teilweise!) zurückgenommen werden.

Wie sieht es aus, wenn es der Mandant **gegen einen Mahnbescheid Widerspruch eingelegt** hat und sich nach der Anspruchsbegründung durch den Kläger herausstellt, dass eine Verteidigung aussichtslos ist? Hier sollte der Widerspruch gegen den Mahnbescheid durch den Mandanten nach § 697 IV ZPO zurückgenommen werden.

b) Reaktion bei teilweiser begründeter Klage

Nun eine Abwandlung der Problematik von → Rn. 59: Besteht der klägerische Anspruch zum Teil und steht dem Mandanten kein Gegenanspruch zur »Gegenattacke« gegenüber diesem Teil der Klage zu (→ Rn. 62), so sind die unter → Rn. 59 aufgezählten Möglichkeiten auch hier abzuklappern, jedoch angepasst an die nun vorliegende Situation: 60

---

120 *Fölsch* MDR 2008, 1.

121 Vgl. OLG Frankfurt a.M. NJW-Spezial 2018, 635; OLG Saarbrücken NJW-RR 2018, 1516 ff.

122 Nr. 3101 Nr. 1 VV RVG und LG Stuttgart BeckRS 2014, 22157; vgl. auch BVerwG BeckRS 2018, 23092.

123 Ob auch hier wie bei Alternative 2 und 3 beim Beklagtenanwalt sogar nur eine 0,8 Verfahrensgebühr anfällt, hängt davon ab, ob man diese Fallgruppe unter Nr. 3101 Nr. 1 VV RVG subsumiert oder nicht. Bereitet der Anwalt die Erklärungen des Mandanten vor und/oder wird selber tätig, dann dürfte jedenfalls die volle 1,3 Gebühr anfallen.

124 BGH NJW-RR 2017, 1148; OLG Köln NJOZ 2016, 1150 u. Teil 3 Vorbem. 3 VV RVG zur Terminsgebühr.

125 Ein weiterer Vorteil ist die Reduzierung des Gebührenstreitwertes bei übereistimmender vollständiger Erledigung, vgl. Thomas/Putzo/*Hütßege* ZPO § 91a Rn. 57. Dies wirkt sich aber nur dann aus, wenn danach noch Gebühren entstehen.

126 Nach Erlass eines VU kann der Beklagte nach hM schon zeitlich nicht mehr »sofort« anerkennen (hM), **aA auch noch unter falschem Verweis auf die angeblich hM leider mal wieder Thomas/Putzo/*Hüßtege* ZPO § 93 Rn. 11!**

* Greift **§ 93 ZPO** zugunsten des Mandanten? Dann wäre sofortiges **Teilanerkenntnis** am zweckmäßigsten. Da § 93 ZPO in der Regel aber (–), ist weiter prüfen:
* **Wenn § 93 ZPO (–)**, hat das Teilanerkenntnis keinen kostenmäßigen Vorteil, da auch bei dem Teilanerkenntnis eine Terminsgebühr iHv 1,2 zum vollen Gebührenstreitwert entsteht und auch die Gerichtsgebühren gleich bleiben. Hier wäre ein **Teilanerkenntnis sogar gefährlich**, da der anerkannte Teil der Klage nach §§ 708 Nr. 1, 711 ZPO ohne Sicherheitsleistung und ohne Abwendungsbefugnis vorläufig vollstreckbar wäre.
* Das Kassieren eines **Teil-Versäumnisurteils** wäre nicht sinnvoll, weil dadurch der Kläger auf jeden Fall einen vorläufig vollstreckbaren Titel gegen den Mandanten bekäme, der Erlass eines Teil-Versäumnisurteils nur zulässig wäre, wenn die Teile abgrenzbar sind und nicht voneinander abhängen und im Übrigen sich keine der Gebühren ermäßigen würde.
* Ein **teilweises Erfüllen oder Klaglosstellen** wäre zwar auch möglich, würde aber dazu führen, dass für die mündliche Verhandlung weniger Vergleichs- und Verhandlungsmasse zur Verfügung stünde, da ein Teil der Klageforderung schon erfüllt worden wäre.
* Sinnvoller ist es daher, bei **vollem Klageabweisungsantrag** den begründeten Teil **unstreitig zu stellen**, ohne den Anspruch teilweise anzuerkennen und ohne ein Geständnis iSv § 288 ZPO abzugeben. Hier bliebe auch genügend Raum für Verhandlungs- und Vergleichsmöglichkeiten für die mündliche Verhandlung.

Klausurtipp: Wenn gegen den Mandanten ein Versäumnisurteil ergangen und die Klage teilweise materiell erfolgversprechend ist, so ist in der Regel ein **Teileinspruch** nach § 340 II 2 ZPO zweckmäßig. Denn hier entstehen für den nächsten Termin die Anwaltsgebühren nur nach dem verringerten Streitwert.

> **Formulierungsbeispiel:**
> … Einspruch eingelegt, soweit der Beklagte verurteilt wurde, an den Kläger … zu zahlen.

Bestehen Gegenansprüche, die zB als Zurückbehaltungsrecht oder über eine Aufrechnung oder Widerklage in den Rechtsstreit eingeführt werden und ist die Klage trotzdem teilweise materiell erfolgversprechend, ist es in der Regel einfacher, das Versäumnisurteil mit dem Einspruch ganz anzugreifen. Der Rechtsstreit wird dann in die Lage vor der Säumnis zurückversetzt, und Sie können dann »ganz normal« ihre entsprechenden Anträge stellen, anstatt sich mit einem Teilangriff gegen das Versäumnisurteil mit den Anträgen zu verheddern.

c) Reaktion bei Klage im Urkundenprozess

61 Hat der beklagte Mandant im Urkundenprozess keine Aussicht auf Erfolg **mangels statthafter Beweismittel**, hat aber das Nachverfahren gute Erfolgschancen (weil dort mit den allgemeinen Beweismitteln bewiesen werden kann, dass dem Kläger keine Ansprüche zustehen), so sollte der **vorbehaltslosen Verurteilung nach § 599 ZPO widersprochen werden**. Die Rechte des Mandanten sind dann im sog. Nachverfahren nach § 600 ZPO weiter zu verfolgen, bei dem die Beschränkungen der Beweismittel nicht gelten.[127] Als statthaftes Beweismittel für den Beklagten kommt im Urkundenprozess nämlich nach § 595 II ZPO neben dem Urkundenbeweis nur die Parteivernehmung in Betracht. Die eigene Parteivernehmung wird aber regelmäßig mangels Zustimmung des Gegners nach § 447 ZPO ausscheiden, die Vernehmung des Gegners nach § 445 ZPO nicht erfolgreich sein. Eine Vernehmung von Amts wegen nach § 448 ZPO ist im Urkundenprozess nach der Rspr. unzulässig. Im Prinzip bleiben daher »nur« Urkunden. Als Urkunden iSv §§ 592 f. ZPO kommen auch Kopien in Betracht.[128] Keine zulässigen Urkunden sind solche Urkunden, die ein unstatthaftes Beweismittel ersetzen sollen, zB schriftliche Sachverständigengutachten, schriftliche Zeugenaussagen oder eine eidesstattliche Versicherung des Prozessbevollmächtigten (sog. Ersatzurkunden).[129]

Klausurtipp: Wenn es bereits ein Vorbehaltsurteil gibt, so ist zwischen Nachverfahren und Berufung abzugrenzen (vgl. → Rn. 86).

---

127 Unterlässt das Gericht trotz Vorbehalts dessen Aufnahme im Urteil, so kann der Beklagte dagegen nach §§ 599 II, 321 ZPO oder (auch nach Ablauf der Frist des § 321 ZPO) mit Berufung vorgehen, vgl. OLG Frankfurt a.M. MDR 2018, 1339 f.
128 Musielak/Voit/*Voit* ZPO § 592 Rn. 12 mwN.
129 Thomas/Putzo/*Reichold* ZPO § 592 Rn. 7.

Um in den Genuss von § 93 ZPO zu kommen, kann der Klageanspruch für den Urkundenprozess nach hM unter dem Vorbehalt der Rechte im Nachverfahren sogar anerkannt werden, §§ 599, 307 ZPO.[130] Es ergeht dann ein sog. **Anerkenntnis-Vorbehaltsurteil.**

Beachte: Wenn es tatsächlich auf den Widerspruch gegen eine vorbehaltlose Verurteilung hinausläuft (gegebenenfalls kombiniert mit dem Anerkenntnis), so ist es für die Examenssituation ratsam, neben dem Widerspruchsschriftsatz bereits den **Entwurf des Schriftsatzes nach § 600 ZPO** zu fertigen. Nur so schöpfen Sie die Klausur voll aus! Der Schriftsatz im Urkundenprozess ist in den Fällen des Widerspruchs ja denkbar kurz (der Widerspruch muss nicht begründet werden!). Außerdem dürfte es zweckmäßig sein, das Verteidigungsvorbringen ganz für das Nachverfahren aufzusparen, anstatt voreilig oder schwach substantiiert im Urkundenprozess vorzutragen. Die eingesparte Zeit können Sie dafür einsetzen, bereits den Schriftsatz im Nachverfahren zu entwerfen. In diesem ist der Beklagte des Urkundenprozesses nicht gehindert, Tatsachen, die im Vorverfahren nicht bestritten wurden, nunmehr wirksam zu bestreiten. Es besteht auch keine Präklusion für Einwendungen, die mangels ausreichender Beweismittel im Urkundenverfahren nicht vorgebracht wurden oder dort wegen der Beweismittelbeschränkung nach § 598 ZPO als unstatthaft zurückgewiesen wurden.[131] Bindungswirkung entfaltet das Vorbehaltsurteil nach der Rspr. allerdings bezüglich der Zulässigkeit und Schlüssigkeit der Klage.[132] **Denken Sie unbedingt an den Antrag nach § 707 I ZPO**, wenn Sie den Schriftsatz im Nachverfahren entwerfen.

Wenn die im Urkundenprozess gegen den Mandanten erhobene Klage bereits unzulässig – die Beweisbeschränkung des Urkundenprozesses gilt nicht für die Zulässigkeit der Klage! – oder unstatthaft ist (zB weil der Kläger keine oder keine echten Urkunden oder nicht genügend Urkunden hat) oder wenn sich aufgrund von unstreitigem oder beweisbarem Sachverhalt oder bereits aus den vom Kläger vorgelegten Urkunden die materielle Erfolglosigkeit der Klage ergibt, so ist (wie im Dezembertermin 2018) im Urkundenprozess ein **Klageabweisungsantrag** zu stellen und sind (anwaltliche Vorsicht!) hilfsweise die Rechte im Nachverfahren vorzubehalten.[133]

d) Bestehen eigener Gegenansprüche

Stehen dem Beklagten eigene Ansprüche zu, müssen Sie prüfen, wie diese in den Prozess einzuführen sind. Achtung: Wir befinden uns gerade im **prozessualen Herzstück Ihrer Beklagtenklausur, bei der Sie richtig viel zu Papier bringen müssen!** Es gab in den letzten Jahren kaum noch Examensklausuren aus Beklagtensicht, bei denen das Thema »*Was tun mit eigenen Gegenansprüchen gegen den Kläger?*« nicht enthalten war. Es geht dann stets um die saubere Darstellung der in Betracht kommenden Möglichkeiten, nämlich: **Zurückbehaltungsrecht – Aufrechnung – Widerklage.** Hier ist wie folgt zu differenzieren:

aa) Gegenüberstehen unterschiedlicher/nicht gleichartiger Ansprüche

Ansprüche sind unterschiedlich/nicht gleichartig:

- Zurückbehaltungsrecht zweckmäßig?
- Widerklage zweckmäßig?
- Zurückbehaltungsrecht und Widerklage in Kombination zweckmäßig?

Wenn die Ansprüche von Kläger und Beklagtem unterschiedliche Inhalte haben (zB Kaufpreisanspruch des Klägers, Nachbesserungsanspruch des Mandanten), kommen nur das **Zurückbehaltungsrecht** und die **Widerklage** in Betracht. Gleiches gilt, wenn die Ansprüche zwar denselben Inhalt haben, die Aufrechnung jedoch mangels Gleichartigkeit iSv § 387 BGB ausscheidet (zB Herausgabe gegen Herausgabe).

62

---

130 Thomas/Putzo/*Reichold* ZPO § 599 Rn. 5. Nur zweckmäßig, wenn die Voraussetzungen von § 93 ZPO gegeben sind!
131 BGH WM 1993, 99; BGHZ 82, 115 = NJW 1982, 183.
132 Mit Schlüssigkeit ist nicht Begründetheit gemeint! Wenn das Vorbehaltsurteil bindend wäre bzgl. der Begründetheit, dann wäre das Nachverfahren ja sinnlos.
133 In dem Klageabweisungsantrag liegt eigentlich der Vorbehalt nach § 599 ZPO (für den Fall, dass das Gericht doch den Beklagten verurteilen will!), vgl. OLG Frankfurt a.M. MDR 2018, 1339 f. Aber aus anwaltlicher Sorge Antrag geboten!

Sind die Voraussetzungen von §§ 273, 320 BGB erfüllt, so führt die **Geltendmachung des Zurückbehaltungsrechts** zu einer Zug-um-Zug-Verurteilung, vgl. § 274 BGB (was gut für den Mandanten ist!). Wenn der klägerische Anspruch ansonsten besteht, sollte der Anspruch des Klägers »*unter der Maßgabe anerkannt werden, dass eine Zug-um-Zug-Verurteilung erfolgt*«. Es handelt sich dann um ein zulässiges **beschränktes Anerkenntnis** (zuletzt Juni-termin 2013, Märztermin 2015, Mai- und Septembertermin 2017 gelaufen!).[134] Dies macht aber nur Sinn, **wenn** die Kostenfolge von **§ 93 ZPO** zugunsten des Mandanten **greift** (→ Rn. 60), was allerdings hier oft zu bejahen ist, da der Mandant häufig vorprozessual vom Kläger nur zur unbedingten Leistung aufgefordert wurde, ohne dass dieser zeitgleich die ihm obliegende Leistung angeboten hat. Dann hat der Mandant aber keine Veranlassung zur Klage gegeben. Was, **wenn § 93 ZPO nicht greift** und das Anerkenntnis daher keine wesentlichen Kostenvorteile hätte? Die Lösung ist Ihnen schon bekannt: Hier kann ähnlich wie bei teilwei-se begründeter Klage verfahren werden (→ Rn. 60), dh **Klageabweisung beantragen**, Sach-verhalt kurz unstreitig stellen (ohne anzuerkennen!) – gegebenenfalls durch Schweigen – und dann (vorsorglich) **Zurückbehaltungsrecht geltend machen** und – sowieso – Widerklage erheben (s. unten). Vorteil: so jedenfalls kein Anerkenntnisurteil für Kläger, welches ohne Si-cherheitsleistung vorläufig vollstreckbar wäre. Den Kläger durch Erfüllung klaglos zu stellen (→ Rn. 59) wäre hier nicht ratsam, da man dann über den das Zurückbehaltungsrecht be-gründenden Anspruch nur per Widerklage einen Titel bekommen würde, nicht jedoch den Anspruch des Klägers (bzw. dessen Vollstreckung) in einem Titel durch das Zurückbehal-tungsrecht einschränken kann. Außerdem fiele ein Zeitgewinn weg. Man erfüllt ja vorher! Wenn gegen den Anspruch des Klägers unabhängig vom Zurückbehaltungsrecht andere Ein-wendungen geltend gemacht werden können, so sollte ein Klageabweisungsantrag gestellt und das **Zurückbehaltungsrecht nur hilfsweise** für den Fall erhoben werden, dass die Klage doch begründet sein sollte. Dann »opfert« man seinen Gegenanspruch nur für den Fall, dass die Klage begründet ist.

Sind die Voraussetzungen von §§ 273, 320 BGB nicht erfüllt, weil zB die Ansprüche nicht »Zug-um-Zug-fähig« sind (zB Feststellungsklage des Klägers – Zahlungsansprüche des Man-danten oder umgekehrt), so kommt **nur die Widerklage** in Betracht, wenn die Voraussetzun-gen von § 33 ZPO erfüllt sind (**Zulässigkeit der Widerklage sauber darstellen** in der Klau-sur! s. unten). Gegebenenfalls ist zu prüfen, ob die Widerklage als Hilfswiderklage zu stellen ist, was dann sinnvoll ist, wenn bei Erfolg der Klage auch die Gegenforderung nicht begrün-det wäre. Dann ist die Widerklage unter die zulässige innerprozessuale Bedingung zu stellen, dass die Klage unbegründet ist.

Doch auch in den Fällen, in denen ein Zurückbehaltungsrecht geltend gemacht werden kann, ist **zusätzlich zum Zurückbehaltungsrecht stets die Widerklage zu untersuchen**, weil nur so ein Titel über den eigenen Anspruch beschafft werden kann. **Die Widerklage kann also mit dem Zurückbehaltungsrecht kombiniert werden.** Sie verbindet zudem prozessökono-mische Vorteile (schnelle Erledigung in einem Verfahren) mit Kostenvorteilen (wegen Gebüh-rendegression Reduzierung der Widerklage- und der Anwaltskosten). Besteht der klägerische Anspruch sicher, so sollte die eigene Widerklage gleich nur Zug um Zug erhoben werden. Aus Kostengründen ist es hier in der Regel zweckmäßig, die Widerklage **als Hilfswiderklage zu stellen**. Warum? Wenn die Klage aus Sicht des Gerichts begründet ist und das Zurückbehal-tungsrecht aus Sicht des Gerichts nicht besteht, dann wäre eine unbedingt erhobene Wider-klage erfolglos. Daher soll die Widerklage dann nicht erhoben sein, wenn dieser Fall eintritt (was eine zulässige innerprozessuale Bedingung darstellt).

bb) Gegenüberstehen gleichartiger Geldansprüche
Ansprüche sind gleichartig:

- Zurückbehaltungsrecht unzulässig
- Widerklage zweckmäßig?
- Aufrechnung zweckmäßig?
- Aufrechnung und Widerklage in Kombination zweckmäßig?

---

134 BGH NJW 2016, 572.

Merke: Die Abwägung zwischen Zurückbehaltungsrecht, Widerklage und Aufrechnung kommt natürlich nur dann in Betracht, wenn der Mandant vorprozessual noch nicht aufgerechnet hat. Hat der Mandant bereits wirksam aufgerechnet, so begründet dies den Erfüllungseinwand (Aufrechnung als Erfüllungssurrogat), Zurückbehaltungsrecht und Widerklage mit demselben Anspruch scheiden dann aus.

Die Geltendmachung eines **Zurückbehaltungsrechts** ist nach hM nicht zulässig, da bei Gegenüberstehen von Geldansprüchen die Aufrechnung vorrangig ist. Daher wird es in der Regel auf die saubere **Abwägung zwischen Widerklage und Aufrechnung** hinauslaufen. Hier ist zu unterscheiden:

1. Die Ansprüche sind gleichartig, die Aufrechnung ist aber nach § 296 I ZPO präkludiert, nach §§ 390 ff. BGB oder durch Vereinbarung ausgeschlossen oder kommt deshalb nicht in Betracht, weil die Aufrechnungsforderung nur besteht, wenn die Klageforderung nicht begründet ist.
   - Nur Widerklage (gegebenenfalls als Hilfswiderklage) nach § 33 ZPO möglich, wenn diese zulässig ist.
2. Die Ansprüche sind gleichartig, der eigene Anspruch ist aber verjährt.
   - Widerklage unbegründet, aber wegen § 215 BGB gegebenenfalls Aufrechnung möglich (als Primäraufrechnung wenn der Klageanspruch besteht oder als Hilfsaufrechnung, wenn Einwendungen gegen den Klageanspruch geltend gemacht werden können; je nach Klausur!). Die Klage wird nie anerkannt, da dann eine Aufrechnung ausscheidet (Maitermin 2017).[135]
3. Die Ansprüche sind gleichartig, eigener Anspruch nicht verjährt, kein Aufrechnungsausschluss.
   a) Die Klageforderung ist sicher unbegründet.
      - Widerklage zweckmäßig, wenn diese zulässig ist. Die Aufrechnung macht keinen Sinn, weil es keine Forderung des Klägers gibt, gegen die aufgerechnet werden könnte.
   b) Die Klageforderung ist sicher begründet.
      - Hier ist – ohne die Klageforderung anzuerkennen – eine Primäraufrechnung zu empfehlen. Zusätzlich sollte hilfsweise Widerklage über den überschießenden Betrag erhoben werden, falls die Gegenforderung die Aufrechnungsforderung übersteigt (Bedingung der Widerklage: Abweisung der Klage wegen Bestehens der Gegenforderung – kein Verlustrisiko bezüglich der Widerklage!). Die anstelle der Aufrechnung auch mögliche Widerklage ist unzweckmäßig, da dann der Mandant das Vollstreckungsrisiko trüge und der Gebührenstreitwert erhöht würde.
      - Wenn die eigene Gegenforderung die Klageforderung nicht erschöpft (mit anderen Worten für den Kläger »noch was übrig bleibt«), dann muss bezüglich des Restes der Klageforderung diskutiert werden, ob insoweit ein Anerkenntnis in Betracht kommt (→ Rn. 60).
   c) Das **Bestehen der Klageforderung ist zweifelhaft**/angreifbar (in der Regel der Standardfall!).
      - Hier ist Klageabweisung zu beantragen. Mit der eigenen Forderung sollte hilfsweise aufgerechnet werden (unter der Bedingung, dass die Klageforderung doch besteht), zusätzlich ist hilfsweise Widerklage mit der Gegenforderung zu erheben (unter der Bedingung, dass die Klageforderung auch ohne Hilfsaufrechnung schon unbegründet ist). Es handelt sich also um eine **Kombination von Hilfsaufrechnung und Hilfswiderklage**. Diese Vorgehensweise vereint die Vorteile der Widerklage mit denen der Aufrechnung und gewährleistet, dass in jedem Fall der eigene Anspruch in den Prozess eingeführt wird. Zusätzlich ist unbedingte Widerklage über den überschießenden Betrag der eigenen Forderung zu erheben, wenn diese höher ist als die Klageforderung (sog. **Widerklage über den überschießenden Rest**).[136]

---

135 Vgl. LAG Nds BeckRS 2008, 55470.
136 Bzgl. des überschießenden Restes könnte man darüber nachdenken, die Widerklage hilfsweise zu erheben. Denn wenn die Klage begründet ist und die für diesen Fall erklärte Aufrechnung in Höhe der Klageforderung aus Sicht des Gerichts nicht durchgreift, wäre die überschießende Widerklage ja auch unbegründet. Gleiches gilt, wenn die Klage von vornherein unbegründet und die für diesen Fall erklärte Hilfswiderklage in Höhe der Klageforderung aus Sicht des Richters ebenfalls unbegründet ist. Man könnte die Wider-

Wenn Sie in einem der obigen Fälle eine Hilfsaufrechnung vorschlagen, dann sollten Sie im Gutachten darlegen (die Bayern im Hilfsgutachten), dass die **hilfsweise erklärte Aufrechnung zulässig ist**, da sie zulässigerweise unter eine innerprozessuale Bedingung gestellt wird.

Klausurtipp: Wenn der Kläger in **gewillkürter Prozessstandschaft** auftritt, kommt eine Widerklage mit Ansprüchen gegen den materiellen Rechtsinhaber/Ermächtigenden nicht in Betracht, da sich der Anspruch nicht gegen den Kläger richtet. Der Beklagte kann allerdings mit diesem Anspruch sowohl ein **Zurückbehaltungsrecht** geltend machen als auch **aufrechnen** – streitgegenständlich ist ja gerade die Forderung des Ermächtigenden – und auch gegen den Ermächtigenden eine sog. **isolierte Drittwiderklage** als Leistungsklage erheben.[137] Unzulässig wäre in diesem Fall dagegen wohl eine isolierte (negative) Drittfeststellungswiderklage nach § 256 I ZPO (Feststellung gegenüber dem Dritten, dass der Anspruch nicht besteht), weil bei Nichtbestehen des Anspruchs bereits die Klageabweisung auch gegenüber dem Ermächtigenden wirken würde.[138] Bei **Ansprüchen gegen den in gewillkürter Prozessstandschaft auftretenden Kläger** scheiden Zurückbehaltungsrecht und Aufrechnung dagegen in der Regel aus. Warum? Die von § 387 BGB für eine Aufrechnung geforderte Gegenseitigkeit der Ansprüche ist nicht gegeben. Nur wenn der Kläger der ehemalige Forderungsinhaber ist, der nun vom Zessionar mit der Einziehung beauftragt ist, kann unter den Voraussetzungen von § 406 BGB eine Aufrechnung erfolgen, da die Prozessstandschaft den Schuldner nicht schlechter stellen darf als wenn der Zessionar klagen würde.[139] Gleiches dürfte wegen § 404 BGB auch für ein Zurückbehaltungsrecht gelten. Eine **Widerklage** gegen den als Prozessstandschafter auftretenden Kläger mit Ansprüchen gegen diesen ist nach § 33 ZPO möglich. Diese Grundsätze dürften auch gelten, wenn der Kläger in gesetzlicher Prozessstandschaft gem. § 265 II ZPO klagt. Das alles kam zuletzt im Augusttermin 2016 und dann wieder im April- u. Maitermin 2017!

Wenn der Kläger einen an ihn **abgetretenen Anspruch** geltend macht (zB Zessionar macht Schadensersatzanspruch des Zedenten aus einem Verkehrsunfall mit dem beklagten Mandanten geltend), kommen bei direkten **Ansprüchen des Mandanten gegen den Kläger**/Zessionar ebenfalls die Geltendmachung eines Zurückbehaltungsrechts, die Aufrechnung und die Widerklage in Betracht. Hier gibt es also keine Besonderheiten, denn der eingeklagte Anspruch »gehört« ja jetzt dem Kläger. Anders bei **Ansprüchen des Mandanten gegen den Zedenten** (zB eigene Ansprüche des Mandanten aus dem Verkehrsunfall). Hier können nach § 404 BGB ein Zurückbehaltungsrecht und unter den Voraussetzungen von §§ 406 f. BGB die Aufrechnung geltend gemacht werden. Eine Widerklage gegen den Kläger kommt dagegen nicht in Betracht, weil er nicht Anspruchsgegner ist (dh, die schöne Kombination Hilfsaufrechnung – Hilfswiderklage ist hier nicht möglich). Jedoch wird eine **(isolierte) Drittwiderklage gegen den Zedenten** von der hM wegen des engen Zusammenhangs zwischen Klage und Drittwiderklage hier ausnahmsweise zugelassen.[140] **Die Zulässigkeitsvoraussetzungen der isolierten Drittwiderklage müssen Sie dann exakt darstellen!** Lesen Sie dazu *Kaiser/Kaiser/Kaiser* Zivilgerichtsklausur I Rn. 458! **Selbst wenn gegen den Zedenten keine Ansprüche bestehen**, wäre **trotzdem** ein Vorgehen gegen den Zedenten per **isolierter Drittwiderklage** in der Regel ratsam. Denn bei einer Klageabweisung gegenüber dem Zessionar würde diese Rechtsfolge gegenüber dem Zedenten nicht in Rechtskraft erwachsen, weil die Rechtskraft nur

---

klage über den überschießenden Rest also nur für den Fall erheben wollen, in dem die Klage wegen erfolgreicher Hilfsaufrechnung unbegründet ist oder wenn die Klage von vornherein unbegründet und gleichzeitig die Hilfswiderklage in Höhe der Klageforderung begründet ist. Diese Bedingung ist aber unzulässig. Denn hier würde die Gegenforderung unnatürlich in zwei Hilfswiderklagen »zerstückelt«. Man kann bei einem Gegenanspruch iHv 12.000 EUR ja auch nicht 10.000 EUR verlangen und hilfsweise, wenn man das bekommt, aus demselben Anspruch weitere 2.000 EUR (vgl. → Rn. 34). Daher dürfte es geboten sein, den überschießenden Rest nicht unter eine Bedingung zu stellen. So sollte es bislang auch in den Examensklausuren gemacht werden. Diese Ausführungen sollen Ihnen nur als Erklärung dienen! In der Klausur reichte es aus, wenn Sie im Gutachten erwähnen, dass der überschießende Rest unbedingt eingeklagt wird.

137 Thomas/Putzo/*Hüßtege* ZPO § 51 Rn. 44; Zöller/*Schultzky* ZPO § 33 Rn. 26.
138 Automatische Rechtskrafterstreckung: Thomas/Putzo/*Hüßtege* ZPO § 51 Rn. 40; OLG Hamm BeckRS 2018, 36558.
139 *Kaiser/Kaiser/Kaiser* MatZivilR Rn. 14.
140 Vgl. *Kaiser/Kaiser/Kaiser* Zivilgerichtsklausur I Rn. 458; BGH NJW 2011, 460: Danach ist in den Zessionsfällen sogar § 33 ZPO bzgl. des Gerichtsstands analog auf die isolierte Drittwiderklage anwendbar. Dies gilt nach hM übergreifend auch bei der »normalen« streitgenössischen Drittwiderklage (Thomas/Putzo/*Hüßtege* ZPO § 33 Rn. 13; OLG Brandenburg NJOZ 2016, 553). Eine Streitverkündung ggü. dem Zedenten kommt dagegen mangels Streitverkündungsgrund iSv § 72 ZPO idR nicht in Betracht.

inter partes gilt. Hat der Zedent nur einen Teil der Gesamtforderung abgetreten, so könnte er diese gegen den Mandanten einklagen, ohne an das abweisende Urteil des Zessionars gebunden zu sein. Doch auch selbst wenn der Zedent die Gesamtforderung abgetreten hat, besteht Gefahr aus Richtung des Zedenten. Im Fall einer Rückabtretung vom Zessionar an den Zedenten würde das Urteil zwar nach § 325 I ZPO auch dem Zedenten gegenüber wirken. Die Rechtskrafterstreckung nach § 325 I ZPO setzt aber die Wirksamkeit der ersten Abtretung voraus. Sie tritt nicht ein, wenn die Erstabtretung von vornherein nichtig war oder aufgrund einer späteren Anfechtung durch den Zedenten rückwirkend unwirksam wird. Das kann jedoch vom Standpunkt des beklagten Mandanten nie ausgeschlossen werden. Die dann im Wege der isolierten Drittwiderklage zu erhebende negative Feststellungsklage ist für den Mandanten daher der sichere Weg, in diesem Rechtsstreit zu einer auch gegenüber dem Zedenten der Rechtskraft fähigen Entscheidung zu kommen.[141] Aus diesen Erwägungen heraus ergibt sich auch das nach § 256 I ZPO erforderliche Feststellungsinteresse (der Zedent muss sich nicht einer Restforderung »berühmen«). **Die Thematik kommt in den Klausuren öfter vor als Sie meinen (zuletzt März 2017, Augusttermin 2018, Januartermin 2019)!**

Häufig wird es zweckmäßig sein, wie in Konstellation 3. c) beschrieben vorzugehen, also die Kombination zwischen Hilfsaufrechnung und Hilfswiderklage zu wählen. Denn bei streitigem Sachverhalt mit dem Erfordernis einer Beweisaufnahme kann der Anwalt nie vorher genau sagen, ob die Klage sicher unbegründet oder begründet ist.

Beachte: Problematisch ist, ob ein Vorgehen wie bei 3. c) mit einer **Hilfsaufrechnung ausscheidet, wenn der Sachverhalt unstreitig** ist und das Verteidigungsvorbringen gegen die klägerische Forderung nur aus Rechtsansichten besteht. Zum Teil wird vertreten, dass dies für eine Hilfsaufrechnung ausreiche.[142] In diesen Fällen dürfte jedoch nach richtiger Ansicht[143] eine echte klassische Hilfsaufrechnung (iSv § 45 III GKG) streng genommen nicht möglich sein, denn rechtliche Fragen zur Klageforderung (dh rein rechtliche Begründetheitsaspekte) muss das Gericht auch ohne Vortrag der Partei kraft Amtes bei einer Primäraufrechnung prüfen, sonst kann keine Aufrechnungslage bestehen! Dafür dürfte auch der Sinn und Zweck von § 45 III GKG sprechen, nämlich die bei einer Hilfsaufrechnung (und zwar durch je eine Beweisaufnahme) anfallende Mehrarbeit für zwei streitige Forderungen auszugleichen.[144] Gibt es keine (tatsachenbezogene) streitige Klageforderung, dann gibt es auch keinen Mehraufwand gegenüber einer Primäraufrechnung. Die hM, die es im Falle der Hilfsaufrechnung dem Gericht verwehrt, das Bestehen der Klageforderung mit der Begründung dahingestellt zu lassen, es sei jedenfalls die Hilfsaufrechnung durchgreifend, heißt zudem nicht ohne Grund »**Beweis**erhebungstheorie«.[145] Bei der echten Hilfsaufrechnung muss zuerst über die »bestrittene Klageforderung« Beweis erhoben werden. Das alles impliziert, dass eine echte Hilfsaufrechnung bestrittenen Tatsachenvortrag bezüglich der Klagebegründung voraussetzen dürfte. Im Schriftsatz sollten Sie, wenn der Tatsachenvortrag des Klägers nicht bestritten wird, Ihre die Klage hoffentlich zu Fall bringenden Rechtsansichten natürlich vortragen. »*Vorsorglich*«/»*hilfsweise*« ist dann die Aufrechnung zu erklären. Dies dürfte dann nach dieser Ansicht rechtlich keine echte Hilfsaufrechnung iSv § 45 III GKG sein, sie ist nur wie eine solche formuliert! Es handelt dann um eine

---

141 BGH BeckRS 2018, 40425; NJW 2008, 2852; Thomas/Putzo/*Seiler* ZPO § 256 Rn. 15. In einer vergleichbaren Situation befindet sich derjenige, der **nach § 2039 BGB nur von einem Miterben verklagt** wird. Da keine Rechtskrafterstreckung auf die nicht klagenden Erben erfolgt, sollte der Beklagte an eine isolierte Drittwiderklage denken.

142 MüKoZPO/*Fritsche* § 145 Rn. 20 ff.; OLG Schleswig NJOZ 2017, 1725; LG Lübeck NJOZ 2015, 1867. Argument: Eine etwaige Differenzierung habe weder im Gesetz noch in der Systematik der Normen eine Grundlage.

143 AG Münster BeckRS 2018, 34159; *Kaiser/Kaiser/Kaiser* Zivilgerichtsklausur I Rn. 32; *Dresenkamp/Sachtleber* Zivilakte Rn. 88; *Schneider* Zivilrechtsfall Rn. 931 ff.; auch nach *Knöringer* Zivilprozess 167, Binz/*Dörndorfer* GKG § 45 Rn. 23, BeckOK ZPO/*Wendtland* § 145 Rn. 27 und Zöller/*Greger* ZPO § 145 Rn. 13 setzt eine Hilfsaufrechnung eine »streitige« oder »bestrittene« Klageforderung voraus – streitig können aber doch nur Tatsachen sein; vgl. auch OLG Frankfurt a.M. BeckRS 2014, 10091; OLG Düsseldorf BauR 2010, 937; OLG Karlsruhe MDR 1998, 1249; BeckRS 2008, 7446; LG Heidelberg BeckRS 2007, 143497: alle Entscheidungen sprechen jeweils von »bestreiten« bzw. »bestritten« bzgl. der Klageforderung bei Hilfsaufrechnung.

144 Dazu OLG Brandenburg BeckRS 2014, 3328; OLG Hamburg BeckRS 2008, 26313.

145 Zöller/*Greger* ZPO § 145 Rn. 13 u. Palandt/*Grüneberg* BGB § 388 Rn. 3 ausdrücklich dazu iRd Hilfsaufrechnung.

(versteckte, untypische) Primäraufrechnung, bei der neben der eigenen Gegenforderung auch rein rechtliche Angriffe gegen die Klageforderung vorgebracht werden. Für den Fall, dass das Gericht der eigenen Rechtsauffassung folgt und den klägerischen Vortrag schon für unbegründet oder unschlüssig hält, würde dann aber nicht über die eigene Forderung entschieden. Für diesen Fall ist es zweckmäßig, neben der untypischen Primäraufrechnung eine bedingte Widerklage über denselben Anspruch zu erheben. Die zulässige innerprozessuale Bedingung für die Hilfswiderklage wäre dann, dass das Gericht die Klage als unbegründet/unschlüssig ansieht und daher nicht schon im Rahmen der Primäraufrechnung über den eigenen Anspruch entschieden hat. Es handelt sich dann – folgt man diesem Ansatz – um die **Kombination zwischen (untypischer) Primäraufrechnung und Hilfswiderklage**. Ist die eigene Forderung gegen den Kläger in diesen Fällen höher als der eingeklagte Anspruch, so ist der überschießende Betrag im Wege der unbedingten Widerklage geltend zu machen. Lässt man dagegen auch reine Rechtsangriffe gegen die Klageforderung für eine echte Hilfsaufrechnung ausreichen (was genauso vertretbar ist), bliebe es auch hier bei der Kombination wie bei 3. c), dh **Hilfsaufrechnung und Hilfswiderklage**. Wichtig ist nicht, wie sie entscheiden, sondern dass Sie überhaupt auf die Thematik (in der Beklagtenklausur in der Zweckmäßigkeit) eingehen!

Wenn Sie eine **Widerklage** erheben, so müssen Sie die von der Rspr. aufgestellten **Zulässigkeitsvoraussetzungen sauber darstellen** (das vergessen viele Kandidaten!):

- Zuständigkeit des angerufenen Gerichts für die Widerklage (§§ 12 ff. und hilfsweise § 33 ZPO für die örtliche, die allgemeinen Regeln der §§ 23, 71 GVG für die sachliche Zuständigkeit)
- die Parteiidentität und
- die Konnexität (so die Rspr.).[146]

Im Falle der Hilfswiderklage ist die Zulässigkeit der Bedingung darzustellen (innerprozessuale Bedingung). Zudem sollten Sie kurz anführen, dass vor Erhebung der Widerklage eine **außergerichtliche Aufforderung** zweckmäßig wäre, um die Kostenfolge von § 93 ZPO bezüglich der Widerklage zu vermeiden, wenn der Kläger noch keinen Anlass zur Widerklage gegeben hat.

Beachte für den Schriftsatz: Wenn Sie eine Widerklage erheben, so ist es in der Praxis **unüblich, zusätzlich einen Versäumnisurteil-Antrag** bezüglich der Widerklage **zu stellen**. Da § 331 III 1 ZPO für die Widerklage nicht gilt, käme höchstens ein Versäumnisurteil in der mündlichen Verhandlung in Betracht. Dort können Sie aber als Anwalt immer noch den Versäumnisurteil-Antrag stellen.
Liegt der Rechtsstreit beim AG und erheben Sie eine Widerklage, die in die sachliche Zuständigkeit des LG fällt, sollten Sie in der Klausur vorsorglich gleich einen **Verweisungsantrag an das LG** in der Klageerwiderung stellen (§ 506 ZPO; lief zuletzt im Junitermin 2018).

Wenn der Kläger seine Ansprüche auf verbotene Eigenmacht der Mandanten stützt und der Mandant Eigentümer der von ihm herauszugebenden Sache ist, kann mit einer Widerklage auf Feststellung der Eigentümerstellung des Mandanten und der Feststellung des fehlenden Besitzrechtes des Klägers sogar die Klage analog § 864 II BGB unbegründet gemacht werden (sog. **petitorische Widerklage**). Lesen Sie dazu *Kaiser/Kaiser/Kaiser* MatZivilR Rn. 47. Die Thematik sollte zuletzt zB im Maitermin 2018 gesehen werden.

Denken Sie ferner an die Möglichkeit der sog. **streitgenössischen Drittwiderklage**. Hier richtet sich die Widerklage nicht nur gegen den Kläger, sondern gleichzeitig gegen einen Dritten. **Isolierte Drittwiderklagen** sind nur in Ausnahmefällen zulässig.[147] Drittwiderklagen sind vor allem zweckmäßig, um Zeugen auszuschalten und um den Vollstreckungserfolg bezüglich des Gegenanspruches zu erhöhen. Hauptanwendungsfall in Assessorklausuren ist der Verkehrsunfall (Junitermin 2018!). Hier könnte Drittwiderklage gegen den Kläger (in der Regel der Halter) und gegen dessen Fahrer und Kfz-Haftpflichtversicherung (beide sind »Dritte«) erhoben werden. Die Zulässigkeitsvoraussetzungen der streitgenössischen Drittwiderklage müssen Sie dann exakt darstellen! Lesen Sie dazu *Kaiser/Kaiser/Kaiser* Zivilgerichtsklausur I **Rn. 456 f.!** Wenn eine Drittwiderklage erhoben werden soll, so scheidet das oben dargestellte

---

146 *Kaiser/Kaiser/Kaiser* Zivilgerichtsklausur I Rn. 453 ff.
147 *Kaiser/Kaiser/Kaiser* Zivilgerichtsklausur I Rn. 457 ff. Lesen Sie dazu den sehr guten Aufsatz von *Lühl* JA 2015, 374 ff.

Vorgehen über die Kombination von Hilfsaufrechnung und Hilfswiderklage aus. Die Dritt-widerklage ist davon abhängig, dass zugleich eine unbedingte Widerklage gegen den Kläger erhoben wird. Ob der Drittwiderbeklagte Beteiligter des Prozesses ist oder nicht, darf näm-lich nicht in der Schwebe sein (**Unzulässigkeit der bedingten Drittwiderklage**[148]).

Beachte: Die soeben aufgeführten Zweckmäßigkeitserwägungen zur Frage, was mit eigenen An-sprüchen im Prozess zu tun ist, gelten natürlich auch, wenn gegen den Mandanten bereits ein Ver-säumnisurteil ergangen ist. Dann ist Einspruch einzulegen und je nach herausgearbeiteter Reaktion der eigene Anspruch in den Prozess einzuführen.

e) Erhebung einer Widerklage mit einem Feststellungsbegehren

Kann ein Gegenanspruch auf Zahlung noch nicht ausreichend beziffert werden, so ist Wider-klage auch in Form der **Feststellungswiderklage nach § 256 I ZPO** möglich (Junitermin 2018 mit Verkehrsunfall). Die Widerklage kann auch ein negatives Begehren erfassen: Wenn zB bei einer **Teilklage** des Klägers vom Nichtbestehen der restlichen Forderung ausgegangen werden kann, so ist die Erhebung einer **negativen Feststellungswiderklage nach § 256 I ZPO** zweckmäßig (zuletzt Junitermin 2017 und 2018!). So kann über die gesamte Restforderung eine rechtskräftige Entscheidung herbeigeführt werden. Die negative Feststellungswiderklage sollte aus anwaltlicher Vorsicht nur hilfsweise erklärt werden. Die Bedingung ist, dass die Klage abgewiesen wird, dh die im Prozess gegen die Begründetheit der Teilklage vorgebrach-ten Einwendungen Erfolg haben. Wenn der Kläger den überschießenden Restanspruch an einen Dritten abgetreten hat, ist dies unschädlich für das Feststellungsinteresse (Gefahr der Rückabtretung).[149] Die negative Feststellungswiderklage ist zB auch sinnvoll, wenn sich der Kläger neben der Klageforderung **weiterer Ansprüche berühmt**, die jedoch nicht bestehen.

Davon abzugrenzen ist die sog. **Zwischenfeststellungswiderklage nach § 256 II ZPO** (zu-letzt im Januartermin 2018 und Maitermin 2019 anzusprechen!): Diese greift dann, wenn der beklagte Mandant das der Klage zugrunde liegende Rechtsverhältnis der Rechtskraft zuführen will. Durch die Zwischenfeststellungswiderklage wird zB erreicht, dass bei zweifelhaften Ein-zelansprüchen, die der Kläger aus einem aus Sicht des Mandanten nicht bestehenden Rechts-verhältnis geltend macht, Rechtskraft bezüglich des gesamten Rechtsverhältnisses und/oder bestimmter präjudizieller Vorfragen erzeugt wird. Genauso umgekehrt, wenn der Kläger Ein-zelansprüche aus einem beendeten Rechtsverhältnis geltend macht, welches aus Sicht des Mandanten nicht beendet wurde. Voraussetzung für die Zulässigkeit ist die Vorgreiflichkeit nach § 256 II ZPO (→ Rn. 39). Die Zwischenfeststellungswiderklage sollte aus den oben ge-schilderten Gründen in der Regel nur hilfsweise erklärt werden (die Bedingung ist, dass die Klage abgewiesen wird). Häufigstes Klausurbeispiel sind **Streitigkeiten im Rahmen von Dauerschuldverhältnissen** wie Miete, Pacht, Leihe.

Beachte: Wenn bei einer Teilklage die Entscheidung über den Restanspruch präjudiziell für die Ent-scheidung über den eingeklagten Teilanspruch ist, dann wäre die zu erhebende Feststellungswider-klage streng genommen eine **negative Zwischenfeststellungswiderklage nach § 256 II ZPO**.[150]

f) Verspätung des eigenen Vortrages

Es ist auch möglich, dass der **eigene Vortrag zugunsten des Mandanten verspätet** wäre und nach § 296 I, II ZPO wegen Verzögerung zurückgewiesen würde (Präklusion). Diese Klau-sursituation (zuletzt Juni- und Dezembertermin 2018) erkennen Sie daran, dass dem Mandan-ten vom Gericht schon eine Erklärungsfrist gesetzt wurde (in der Regel §§ 275 I, 276 I 2 ZPO; lesen!) und diese mittlerweile verstrichen ist. Die Präklusion kann aber klausurtaktisch kaum das gewollte Ergebnis sein, denn sonst könnten Sie sich den Schriftsatz sparen und würden lieber ein Versäumnisurteil ergehen lassen, gegen das dann nach Zustellung Einspruch einzu-legen wäre (»*Flucht in die Säumnis*« – alles, was im Einspruchstermin vom Gericht noch be-rücksichtigt werden kann, wäre dann nicht präkludiert). Präklusion scheidet daher in der

63–64

65–66

---

148 Zöller/*Schultzky* ZPO § 33 Rn. 34 mwN.
149 BGH NJW 1977, 1637.
150 BGH NJW 1977, 1637; Zöller/*Greger* ZPO § 256 Rn. 14a.

Klausur in der Regel aus. Wie das? Aus einem der folgenden, von Ihnen in der Klausur dann aufzuzeigenden Gründen:

* Es liegt bereits ein Versäumnisurteil vor, gegen das Einspruch eingelegt wird (dann greift ja § 342 ZPO!).
* Sie können ohnehin eine (Hilfs-)Widerklage erheben (*»Flucht in die Widerklage«*). Durch diese verliert der Rechtsstreit nämlich im Ganzen seine Entscheidungsreife, sodass eine Präklusion des Vorbringens gegen die Klage nicht mehr möglich ist.[151] Zudem ist die Widerklage der Angriff selbst und nicht das Angriffsmittel iSv § 296 ZPO.
* Eine weitere Möglichkeit ist, dass nur scheinbar Präklusion vorliegt, in Wirklichkeit jedoch zugunsten des Mandanten ein **Entschuldigungsgrund** nach § 296 I, II ZPO greift oder bei der Fristsetzung durch das **Gericht Fehler unterlaufen** sind (beliebt: Gericht hat Hinweis nach § **277 II ZPO** vergessen – dann ist Verspätung auch unverschuldet).
* Das Gericht hat noch keinen Termin zur mündlichen Verhandlung bestimmt (dann kann es ja durch prozessleitende Maßnahmen die Verzögerung verhindern) oder bis zum Termin ist **noch ausreichend Zeit**, auf den Vortrag des Beklagten zu reagieren.
* Es werden ohnehin **nur Rechtsansichten** vorgetragen. Rechtsansichten können nie präkludiert sein, weil das Gericht von Amts wegen das Recht beachten muss.

g) Antrag nach §§ 719, 707 ZPO

67 Wenn gegen den Mandanten bereits ein Titel existiert (zB Versäumnisurteil), sollten Sie im Gutachten ausführen, dass ein Antrag auf vorläufige **Einstellung der Zwangsvollstreckung** nach §§ 719, 707 ZPO zu stellen ist, um etwaige **Vollstreckungsschäden** zu verhindern. Dies kommt sehr häufig in Examensklausuren vor, weil eben ständig Versäumnisurteile dort eingebaut sind!

> **Klausurtipp:** Denken Sie unbedingt daran, neben dem Schriftsatz auch im Gutachten (Bayern: Hilfsgutachten) auf §§ 719, 707 ZPO einzugehen! Das ist **enorm praxis- und klausurrelevant!**

Es sollte eine Einstellung ohne Sicherheitsleistung erreicht werden. **§ 719 I 2 ZPO** ist dann **Einfallstor für die Prüfung der Rechtmäßigkeit des ergangenen Versäumnisurteils** (Prüfungshits sind hier vor allem § 335 ZPO und die fehlerhafte Belehrung nach § 276 II ZPO) oder der unverschuldeten Säumnis. Ist das Versäumnisurteil rechtswidrig, denken Sie zudem an die **Kostenfolge des § 344 ZPO** (Hinweis an Gericht in der Klageerwiderung), zuletzt Oktober- und Dezembertermin 2018!

h) Antrag nach § 712 ZPO

68 In einigen Klausuren sollte bei entsprechenden Signalen aus der Klausurvorlage an **§ 712 ZPO** gedacht werden (Vollstreckungsschutzantrag). In der Klageerwiderung ist der Schutzantrag nach § 712 ZPO dann in der Regel *»vorsorglich«* zu stellen.

i) Streitverkündung, §§ 72 ff. ZPO

69 Die Möglichkeit einer Streitverkündung sollte vor allem dann erörtert werden, wenn für den Mandanten im Fall einer für ihn ungünstigen Entscheidung eine Rückgriffsmöglichkeit bei einem Dritten besteht (zB neben dem Mandanten gibt es einen weiteren haftenden Gesamtschuldner; der Mandant ist Verkäufer/Werkunternehmer und kann Regress bei seinem Lieferanten nehmen; der Mandant ist Bürge und kann beim Darlehensschuldner Regress nehmen; der Mandant ist Geschäftsherr und kann seinen Erfüllungs- oder Verrichtungsgehilfen in Regress nehmen; der Mandant ist Schädiger und kann bei seiner Versicherung Regress nehmen). Dann ist es sinnvoll, für den Mandanten die Rechtsfolgen der §§ 74 III, 68 ZPO (Interventionswirkung, Verjährungshemmung) für den gegebenenfalls erforderlichen Folgeprozess herbeizuführen. **Regressansprüche sind der klassische Streitverkündungsgrund für den Beklagten.**[152] Gute Kandidaten sollten in den Klausuren laut den Examensvoten noch kurz

---

151 Thomas/Putzo/*Seiler* ZPO § 296 Rn. 10; BGH NJW 1980, 2355; OLG Köln OLGR Köln 2001, 71.
152 Ein Regressanspruch kann ausnahmsweise auch für den Kläger ein Streitverkündungsgrund sein. Wenn zB der auf Werklohn klagende Generalunternehmer mit einer Aufrechnung wg. Werkmängeln konfrontiert wird, die (ggf.) sein Subunternehmer zu verantworten hat, so kann er (der Kläger!) seinem Subunternehmer den Streit verkünden. Dies war die Z II-Klausur Dezember 2011 im Ringtausch der Prüfungsämter (= OLG Stuttgart NJW-RR 2011, 669).

darauf eingehen, dass eine isolierte Drittwiderklage des Beklagten gegen den Schuldner seines Regressanspruches nach der Rspr. unzulässig ist.[153]

Merke: Die Streitverkündung des Klägers gegenüber einem Gesamtschuldner ist unzulässig. Die Streitverkündung des verklagten Gesamtschuldners gegenüber einem weiteren Gesamtschuldner ist zulässig (und geboten!).

Klausurtipp: Die Streitverkündung gegenüber einem Gesamtschuldner kommt auch in Betracht, wenn der weitere Gesamtschuldner bereits im Prozess mitverklagt wurde und daher bereits Streitgenosse des Mandanten ist. Auch hier ist die Interventionswirkung für den Regressprozess wichtig, da sich die Rechtskraft des jetzigen Prozesses nicht auf einfache Streitgenossen erstreckt.[154] Eine Streitverkündung ist auch zulässig, wenn dem Streitverkündungsempfänger bereits vom Kläger (oder von einem weiteren Beklagten) der Streit verkündet wurde.

Denken Sie daran, im Gutachten kurz den **§ 73 S. 1 ZPO** zu erwähnen (dem Streitverkündungsempfänger ist die Lage des Rechtsstreits im Schriftsatz mitzuteilen).

In Klausuren besteht nicht selten die Problematik (so zuletzt Z IV im September 2017, Juni, Dezember 2018, April 2019), wie sich bei einer möglichen Streitverkündung in der Hauptsache zu verteidigen ist, wenn die **Ansprüche des Klägers teilweise oder vollständig materiell erfolgversprechend** sind. Aus Gründen der Kostenersparnis könnte hier an ein Anerkenntnis, ein Versäumnisurteil, an § 91a ZPO, Vergleich etc. (vgl. → Rn. 59 f.!) gedacht werden. Hier gilt es aber zu erkennen, dass die Interventionswirkung dann nicht greifen würde. Grund dafür ist, dass es in diesen Fällen keine tatsächlichen oder rechtlichen Feststellungen zum Fall durch das Gericht geben wird, die allerdings für eine Interventionswirkung nötig sind. Zudem kann auch mit § 68 Hs. 2 ZPO argumentiert werden. In diesen Fällen ist in der Hauptsache also **in jedem Fall Klageabweisung** zu beantragen und der Streit zu verkünden.

Klausurtipp: Klausuren aus Sicht des Streitverkündungsempfängers haben wir im Examen in den letzten 18 Jahren erst ein Mal gesehen (Junitermin 2018). In diesen Fällen ist gutachterlich zuerst die Wirksamkeit der Streitverkündung (§§ 72, 73 ZPO), danach das Bestehen eines Streitverkündungsgrundes zu untersuchen. Im Rahmen der Zweckmäßigkeitserwägungen ist die prozesstaktische Reaktion auf die Streitverkündung herauszuarbeiten. Wenn die Streitverkündung bereits unzulässig/unwirksam ist, greift auch die Interventionswirkung nicht ein, sodass ein Beitritt nicht erforderlich ist. Ist die Streitverkündung wirksam und besteht mit großer Wahrscheinlichkeit ein Streitverkündungsgrund, so greift zulasten des Mandanten die Interventionswirkung. Hier wäre dann ein Beitritt zweckmäßig (wegen Informations- und Einflussmöglichkeiten im laufenden Prozess), allerdings ist auf das Kostenrisiko nach § 101 ZPO hinzuweisen. **Beizutreten ist dann aufseiten desjenigen, bei dessen Erfolg kein Regress beim Mandanten zu befürchten ist**. Zudem kommt auch eine weitere Streitverkündung gegen einen Dritten in Betracht, vgl. § 72 III ZPO (zB Streitverkünder, Mandant und Dritter sind Gesamtschuldner). Nach der Rspr. ist ein Seitenwechsel nach Beitritt des Streithelfers zulässig. Widerspricht der Streitverkünder, ist für den Wechsel aber ein rechtliches Interesse erforderlich.

Sonderfälle der Streitverkündung sind **in §§ 75, 76 ZPO** geregelt (»Prätendentenstreit« und »Urheberbenennung«), die Sie einmal vor dem Examen lesen sollten.

Wenn der Mandant (oder der Bearbeitervermerk) vorgibt, dass bezüglich eines Dritten, gegen den eigentlich Regressansprüche bestünden und dem klassischerweise der Streit verkündet werden müsste, »**ein Vorgehen nicht gewollt ist**«, dann stellen Sie nur kurz dar, dass gegebenenfalls aus §§ ... Regressansprüche bestehen könnten und daher eine Streitverkündung in Betracht kommt (Vorteile aufzählen! Interventionswirkung, Verjährungshemmung), diese

---

153 BGH NJW 2014, 1670 ff. (Konnexität fehlt); *Schlicht* JuS 2019, 156 ff. Eine (isolierte) Drittwiderklage wäre ohnehin nicht zweckmäßiger als eine Streitverkündung, da man die Drittwiderklage nur unbedingt stellen kann. Wenn im Erstprozess die Klage abgewiesen wird, geht auch der Regressanspruch idR ins Leere, die Drittwiderklage würde abgewiesen und der Mandant muss die Kosten tragen! Das wäre bei einer Streitverkündung nicht der Fall.

154 BGH MDR 2019, 291; OLG Stuttgart NJW-RR 2007, 739.

jedoch wegen des Mandantenwunsches oder Ziffer XY des Bearbeitervermerks nicht zu veranlassen ist. Darauf sollte der Mandant hingewiesen werden.

j) Sonstiges

70 Wie bei Klausurtyp 1 sind auch bei Typ 2 am Ende der Zweckmäßigkeit gegebenenfalls erforderliche **Schreiben** an den Mandanten, den Kläger oder Dritte (zB Versicherungen, Polizei) zu erwähnen.

Auch Klausuren aus Beklagtensicht werden vereinzelt mit Problemen der **Prozesskostenhilfe** nach §§ 114 ff. ZPO angereichert. Die Klageerwiderung ist dann gegebenenfalls mit einem Prozesskostenhilfe-Antrag zu verbinden (so zB Januartermin 2018!). Bei einem Vorgehen gegen ein Versäumnisurteil kann zunächst für die Einlegung des Einspruchs isoliert Prozesskostenhilfe beantragt werden. Wenn nach Bewilligung die Einspruchsfrist abgelaufen sein sollte, so ist die Fristversäumung unverschuldet, wenn innerhalb der Frist wenigstens Prozesskostenhilfe beantragt wurde und nach Bewilligung die versäumte Prozesshandlung (hier Einspruch) zusammen mit dem Antrag nach § 233 ZPO nachgeholt wird.

In Mietrechtsklausuren kann es bei Vertretung des beklagten Mieters erforderlich sein, hilfsweise neben dem Klageabweisungsantrag einen **Antrag nach § 721 ZPO** zu stellen (Räumungsfrist). Die Dauer ist zu begründen.

Hat das Gericht das (nicht günstige! vgl. → Rn. 28) Verfahren nach **§ 495a ZPO** bestimmt, dann sollte geprüft werden, ob überhaupt der Anwendungsbereich von § 495a ZPO eröffnet ist (vgl. Thomas/Putzo/*Reichold* ZPO § 495a Rn. 1 – ggf. rügen!), hilfsweise die Möglichkeit eines Antrages nach § 495a S. 2 ZPO erkannt werden (Thema im Januartermin 2019!).

> **Klausurtipp:** Wenn Ihnen nichts weiter einfällt und Ihrer Meinung nach in der Klausur wenig Zweckmäßigkeitserwägungen versteckt sind (bzw. Sie in der Hitze des Gefechts 5 Minuten vor Abgabe erst eine Zweckmäßigkeitserwägung gefunden haben!), dann sollten Sie berücksichtigen, dass einige der bereits dargestellten Zweckmäßigkeitsaspekte in jeder Klausur angesprochen werden können. Zudem gibt es einige »**Notfall-Zweckmäßigkeitserwägungen**«, die Sie in jeder Klausur unterbringen können. Die in (fast) jeder Klausur relevanten Punkte lassen sich wie folgt zusammenfassen:
>
> Sie beginnen, wie immer, mit einem leckeren Obersatz. Dann:
>
> - OB der Verteidigung/Rat an den Mandanten (s. oben)
> - Eigene Ansprüche gegen den Kläger: Wie geltend zu machen? (s. oben; wenn diese nicht bestehen, so legen Sie dar, dass genau aus diesem Grunde eine Widerklage, Aufrechnung oder das Geltendmachen eines ZBR ausscheiden)
> - In der Klageerwiderung sollten aus anwaltlicher Vorsicht alle zur Verfügung stehenden Angriffe gegen die Klage vorgetragen werden.
> - Nach § 130 Nr. 5 ZPO sollten die Beweismittel in der Klageerwiderung bezeichnet werden. Dies ist aufgrund der Prozessökonomie und der Beschleunigung des Verfahrens zweckmäßig. Als Beweismittel kommen daher die Folgenden in Betracht ... (dann Aufzählen der Beweismittel)
> - Nach § 130 Nr. 2 ZPO sollten die Anträge möglichst bestimmt gestellt werden. Zweckmäßig sind daher folgende Anträge ... (dann Formulierung der Anträge)
>
> Notfalls können Sie auch noch einmal kurz darlegen, welche Teile vom Sachverhalt bestritten werden und/oder welche Tatsachen unstreitig gestellt werden sollten. Die Hauptsache ist, dass Sie in der Zweckmäßigkeit überhaupt etwas schreiben! Das gilt natürlich auch für Bayern für das dortige Hilfsgutachten (genau dafür gibt es dieses!).

VIII. Praktischer Teil

71 Im praktischen Teil sind in der Regel der **Entwurf der Klageerwiderung** und – je nach Bearbeitervermerk – das Mandantenschreiben zu fertigen. Es kann auch sein, dass der Bearbeitervermerk nur die Formulierung der Anträge oder ein einfaches Schreiben an die Gegenseite

vorschreibt. Für den Schriftsatz aus Beklagtensicht ist ein **kleines Rubrum** (Kurzrubrum) ausreichend (ein großes Rubrum wäre sogar falsch!), auch bei der Widerklage (Ausnahme: Drittwiderklage, da hier ja eine ganz neue Partei einbezogen wird – dann großes Rubrum). Achten Sie auf die genaue Formulierung des **Antrages**.

Formulierungsbeispiele:

* **Klageabweisungsantrag**

  ... die Klage abzuweisen.

* **Widerklage**

  ... die Klage abzuweisen.

  Darüber hinaus erhebe ich gegen den Kläger

  Widerklage

  und werde widerklagend beantragen,

  den Kläger zu verurteilen, ...

* **Hilfswiderklage**

  ... die Klage abzuweisen.

  Darüber hinaus erhebe ich gegen den Kläger

  Hilfswiderklage

  und werde hilfsweise widerklagend beantragen,

  den Kläger zu verurteilen,...

* **Hilfsaufrechnung und Hilfswiderklage plus unbedingte Widerklage über den überschießenden Betrag**

  Darüber hinaus erhebe ich gegen den Kläger

  Widerklage

  und werde widerklagend beantragen,

  den Kläger zu verurteilen, an den Beklagten ... EUR nebst Zinsen in Höhe von 5 Prozentpunkten über dem jeweiligen Basiszinssatz seit Rechtshängigkeit der Widerklage zu zahlen,

  hilfsweise den Kläger zu verurteilen,

  an den Beklagten weitere ... EUR nebst Zinsen in Höhe von 5 Prozentpunkten über dem jeweiligen Basiszinssatz seit Rechtshängigkeit der Widerklage zu zahlen.

* **Negative Feststellungswiderklage**

  ... die Klage abzuweisen.

  Darüber hinaus erhebe ich gegen den Kläger

  Widerklage

  und werde widerklagend beantragen,

  festzustellen, dass dem Kläger über den Klageanspruch hinaus keine weitere Forderung gegen den Beklagten aus dem Mietvertrag zwischen den Parteien vom ... zusteht.

* **Einspruch gegen ein Versäumnisurteil**

  ... lege ich namens und in Vollmacht des Beklagten gegen das Versäumnisurteil vom ..., dem Beklagten zugestellt am ...,

  Einspruch

  ein. Im Termin werde ich beantragen,

  das Versäumnisurteil vom ... aufzuheben und die Klage abzuweisen.

- **Einspruch gegen einen Vollstreckungsbescheid**

  ... lege ich namens und in Vollmacht des Antragsgegners gegen den Vollstreckungsbescheid des ... vom ..., Aktenzeichen ..., dem Antragsgegner zugestellt am ...,

  Einspruch

  ein. Im Termin werde ich beantragen,

  > den Vollstreckungsbescheid des ... vom ..., Aktenzeichen ..., aufzuheben und die Klage abzuweisen.

- **Einspruch gegen Versäumnisurteil und Wiedereinsetzung (ähnlich bei Vollstreckungsbescheid)**

  ... lege ich namens und in Vollmacht des Beklagten gegen ..., dem Beklagten zugestellt am ...,

  Einspruch

  ein.

  Ich beantrage,

  > dem Beklagten wegen Versäumung der Einspruchsfrist Wiedereinsetzung in den vorigen Stand zu gewähren.

  Im Termin werde ich beantragen,

  > das/den ... aufzuheben und die Klage abzuweisen.

- **Teilweises Anerkenntnis**

  Namens und in Vollmacht des Beklagten wird unter Verwahrung gegen die Kostenlast der Klageanspruch iHv 2.000 EUR anerkannt.

  Im Übrigen werde ich beantragen,

  > die Klage abzuweisen.

- **Teilweises Anerkenntnis bei Einrede des Beklagten**

  ... wird der Klageanspruch unter Verwahrung gegen die Kostenlast iHv 2.000 EUR mit der Maßgabe anerkannt, dass der Beklagte nur Zug um Zug gegen Beseitigung folgender Mängel am Pkw ... verurteilt wird: 1. ..., 2. ... (Aufzählen der Mängel)

  Im Übrigen werde ich beantragen,

  > die Klage abzuweisen.

  Zugleich erhebe ich gegen den Kläger

  Hilfswiderklage

  und werde hilfsweise widerklagend beantragen,

  > den Kläger zu verurteilen, folgende Mängel am Pkw ... Zug um Zug gegen Zahlung von 2.000 EUR zu beseitigen: 1. ..., 2. ... (Aufzählen der Mängel)

- **Widerspruch gegen vorbehaltlose Verurteilung im Urkundenprozess**

  ... widerspricht der Beklagte dem Anspruch des Klägers. Der Beklagte will seine Rechte erst im Nachverfahren geltend machen und beantragt daher,

  > den Beklagten nur unter Vorbehalt der Wahrung seiner Rechte im Nachverfahren zu verurteilen.

- **Widerspruch gegen vorbehaltlose Verurteilung im Urkundenprozess und Anerkenntnis**

  ... widerspricht der Beklagte dem Anspruch des Klägers. Der Beklagte will seine Rechte erst im Nachverfahren geltend machen und erkennt daher den Klageanspruch unter Vorbehalt seiner Rechte im Nachverfahren an.

Schriftsatz des Beklagten im Nachverfahren nach dem Urkundenprozess

… ist dem Beklagten im Urteil vom … die Ausführung seiner Rechte im Nachverfahren vorbehalten worden. Der Beklagte führt hiermit das

Nachverfahren

durch und beantragt, insoweit Termin zur mündlichen Verhandlung anzuberaumen.

Ich werde namens und in Vollmacht des Beklagten in der mündlichen Verhandlung den Antrag stellen,

das Vorbehaltsurteil des … vom … aufzuheben und die Klage abzuweisen.

Antrag nach §§ 707, 719 ZPO

Es wird beantragt, die Zwangsvollstreckung aus dem … des … vom … ohne Sicherheitsleistung, hilfsweise gegen Sicherheitsleistung, vorläufig einzustellen.

Nach dem Antrag kommt wie bei der Klageschrift die **Begründung der Klageerwiderung**. Die Begründung ist auch bei Klausurtyp 2 mit einem Einleitungssatz zu beginnen (»*Der Kläger verlangt zu Unrecht …*«). Dann gehen Sie auf etwaige prozessuale Vorfragen zum Verfahren ein (vgl. → Rn. 50 ff.). Danach gehen Sie auf die Unzulässigkeit (achten Sie hier auf die richtige Terminologie: die Zuständigkeit des Gerichts wird gerügt; die Unzuständigkeit wird geltend gemacht!) und/oder Unbegründetheit der Klage der Klage ein. Denken Sie daran, dass Sie Anwalt des Beklagten sind, also: **Kampfmodus!** Bestreiten, Einwendungen, Gegenangriffe etc. Das kommt dann alles in den Schriftsatz. Werden **eigene Ansprüche** (zB per Zurückbehaltungsrecht, Aufrechnung, Widerklage) geltend gemacht, ist dazu im Anschluss an den Vortrag zur Klage im Schriftsatz vorzutragen. Im Anschluss daran muss dem Gericht mitgeteilt werden, was mit dem Gegenanspruch gemacht wird (Aufrechnung? Zurückbehaltungsrecht? Widerlage?) bzw. was die Bedingung zB bei einer Hilfsaufrechnung oder Hilfswiderklage ist.

> **Beachte:** Bei der **Kombination von (Hilfs-)Aufrechnung und Hilfswiderklage** kommt die Aufrechnungserklärung nicht mit in die Anträge! Die Aufrechnung ist lediglich ein Teil der Begründung, nur die Hilfswiderklage erscheint oben im Schriftsatz in den Anträgen.

> Nun ein **Formulierungsbeispiel** für die Begründung im Schriftsatz:
>
> Der Kläger verlangt zu Unrecht Werklohn aus einem angeblichen Werkvertrag.
> Der Kläger macht einen Anspruch aus Werkvertrag geltend. In der Sache selbst ist zunächst klarzustellen, dass … Die Parteien haben tatsächlich am … Unzutreffend ist aber, dass … Bestritten wird zudem, dass … Falsch ist auch, dass … Bestritten wird auch …
> Dem Beklagten steht jedenfalls auch ein eigener Anspruch gegen den Kläger in Höhe der Klageforderung zu. Dieser Anspruch ergibt sich aus …
> Für den Fall, dass der Anspruch des Klägers entgegen den obigen Ausführungen begründet sein sollte, rechnet der Beklagte hilfsweise mit diesem Anspruch auf. Sollte der Anspruch des Klägers nicht bestehen, erhebt der Beklagte mit seinem Anspruch hilfsweise die Widerklage.

Zur gegebenenfalls zulässigen Verweisung bei den rechtlichen Ausführungen auf das Gutachten vgl. die Hinweise zur **Spitzklammer-Technik** im Rahmen der Klägerklausur (→ Rn. 46).

Nun **Muster** über die relevantesten Schriftsätze und sonstige Schreiben bei Typ 2-Klausuren.

72 Musterentwurf einer **Klageerwiderung:**

Name des Rechtsanwalts   Datum
Adresse des Rechtsanwalts

An
Name und Adresse des Gerichts

Klageerwiderung[155]   – ENTWURF –

In dem Rechtsstreit[156]

Lucke ./. Kullerich

Aktenzeichen …

zeige ich an, dass ich den Beklagten vertrete.[157] In der mündlichen Verhandlung werde ich beantragen,

die Klage abzuweisen.[158]

(Hier ggf. Antrag zur Widerklage/Hilfswiderklage)

Begründung:

Einleitungssatz
Ggf. Ausführungen zu prozessualen Vorfragen
Ggf. Ausführungen zur Unzulässigkeit der Klage
Ausführungen zur Unbegründetheit der Klage
- dh (abweichender) Sachverhalt = Bestreiten
- Rechtsausführungen

(Dann ggf. Vortrag zur Gegenansprüchen und zur Hilfsaufrechnung/(Hilfs)Widerklage)
Ggf. Erklärung nach § 277 I 2 ZPO

Unterschrift

---

155 Es ist Geschmacksfrage, ob Sie »Klageerwiderung« oben drüberschreiben oder nicht (so in **Bayern**). Der Vollständigkeit halber ist dies aber außerhalb von Bayern ratsam. Schreiben Sie **jedoch nie »Klageerwiderungsschriftsatz«!** Wenn Sie eine Widerklage erheben, ist es ratsam (aber nicht zwingend), »Klageerwiderung und Widerklage« als Überschrift zu wählen.

156 Schreiben Sie hier **nicht** »*In der Sache …«* oder »*In dem Verfahren …«*, viele Prüfer stoßen sich daran, da es ja schon einen Rechtsstreit gibt (**anders nur in Bayern** – dort »*In Sachen …«* oder »*In der Sache …«* zulässig). Sie können das »In dem Rechtsstreit« auch linksbündig schreiben, das ist Geschmackssache. In Bayern ist es üblich, das komplette kleine Rubrum linksbündig zu schreiben (vgl. Kroiß/Neurauter FormB Rechtspflege Muster Nr. 8!).

157 Die zusätzliche ausdrückliche Anzeige der Verteidigungsbereitschaft iSv § 276 I 1 ZPO ist nur üblich, wenn Sie nicht zugleich auf die Klage erwidern, sondern erstmal – um Zeit zu gewinnen – nur die Anzeige ohne Erwiderung tätigen. Da in Examensklausuren natürlich idR die Klageerwiderung zu fertigen ist, entfällt der Passus zu § 276 I 1 ZPO im Schriftsatz, da die Absicht zur Verteidigung ja schon aus dem Klageabweisungsantrag hervorgeht. In den Fällen von § 275 ZPO ist die Verteidigungsanzeige ohnehin obsolet bzw. sogar falsch.

158 In praxi wird der Klageabweisungsantrag zT im Präsens formuliert, üblicher und sicherer ist aber im Futur.

Muster einer Klageerwiderung mit **Drittwiderklage:**

Name des Rechtsanwalts   Datum
Adresse des Rechtsanwalts

An
Name und Adresse des Gerichts
Aktenzeichen

Klageerwiderung und Drittwiderklage   – ENTWURF –

In dem Rechtsstreit

1. des Herrn Alfons Konopko, Attendornstr. 45 …
   Prozessbevollmächtigter: Rechtsanwalt …

– Kläger und Widerbeklagter zu 1) –

2. des Herrn Peter Kusielka, Glockengießerstr. 12 …

– Widerbeklagter zu 2) –

gegen

Herrn Bernd Hölfgenkötter …
Prozessbevollmächtigter: der Unterfertigende

– Beklagter und Widerkläger –

zeige ich an, dass ich den Beklagten vertrete. In der mündlichen Verhandlung werde ich beantragen,

die Klage abzuweisen.

Darüber hinaus erhebe ich gegen den Kläger und Widerbeklagten zu 2)

Widerklage

und werde widerklagend beantragen, den Kläger und den Widerbeklagten zu 2) als Gesamtschuldner zu verurteilen,

1. …
2. …

Begründung:

Einleitungssatz
Ggf. Ausführungen zu prozessualen Vorfragen
Ggf. Ausführungen zur Unzulässigkeit der Klage
Ausführungen zur Unbegründetheit der Klage
● dh (abweichender) Sachverhalt = Bestreiten
● Rechtsausführungen
Vortrag zur (Dritt-)Widerklageforderung
Ggf. Erklärung nach § 277 I 2 ZPO

Unterschrift

Musterentwurf eines **Einspruchsschriftsatzes mit Wiedereinsetzungsantrag:**

Name des Rechtsanwalts   Datum
Adresse des Rechtsanwalts

An
Name und Adresse des Gerichts

Klageerwiderung (und Einspruch) [159]   – ENTWURF –

In dem Rechtsstreit

Lucke ./. Kullerich

Aktenzeichen …

zeige ich an, dass ich den Beklagten vertrete. Namens und in Vollmacht des Beklagten lege ich hiermit gegen das Versäumnisurteil vom …, dem Beklagten zugestellt am …

Einspruch

ein. Ich beantrage,

> dem Beklagten wegen Versäumung der Einspruchsfrist Wiedereinsetzung in den vorigen Stand zu gewähren.

Zudem beantrage ich,

> die Vollstreckung aus dem oben bezeichneten Versäumnisurteil ohne Sicherheitsleistung, hilfsweise gegen Sicherheitsleistung, vorläufig einzustellen.

Im Termin zur mündlichen Verhandlung werde ich beantragen,

> das Versäumnisurteil vom … aufzuheben und die Klage abzuweisen.

Begründung:

Einleitungssatz
Ausführungen zur Zulässigkeit des Einspruches und der Wiedereinsetzung
Ggf. Ausführungen zur Unzulässigkeit der Klage
Ausführungen zur Unbegründetheit der Klage
- dh (abweichender) Sachverhalt = Bestreiten
- Rechtsausführungen
Vortrag zu §§ 719, 707 ZPO
Glaubhaftmachung
Ggf. Erklärung nach § 277 I 2 ZPO

Unterschrift

---

159 Wie schon gesagt: Es ist Geschmacksfrage, ob Sie »Klageerwiderung und Einspruch« oder nur »Klageerwiderung« drüberschreiben oder gar nichts. Sie können das auch weglassen und gleich mit »In dem Rechtsstreit …« loslegen.

Musterentwurf eines **Streitverkündungsschriftsatzes** des Beklagten:

Name des Rechtsanwalts   Datum
Adresse des Rechtsanwalts

An
Name und Adresse des Gerichts

In dem Rechtsstreit   – ENTWURF –

Lucke ./. Kullerich

Aktenzeichen

verkünde ich namens und in Vollmacht des Beklagten Herrn Eddy Penuschek, Attendornstr. 11, 23564 Lübeck

den Streit mit der Aufforderung, aufseiten des Beklagten[160] dem Rechtsstreit beizutreten.

Ich überreiche anliegend Kopien der Klageschrift vom ..., der Klageerwiderung vom ... und des Hinweisbeschlusses des Gerichts vom ... und der Verfügung des Gerichts vom ..., aus dem sich der Termin zur mündlichen Verhandlung am ... ergibt. Das Gericht wird gebeten, diese Anlagen dem Streitverkündeten alsbald zuzustellen.
Nach Auffassung des Beklagten besteht für den Fall des Unterliegens im laufenden Prozess ein Anspruch auf Schadloshaltung beim Streitverkündeten aus § 426 BGB. Dies ergibt sich daraus, dass ...

Unterschrift

---

160 Die Aufforderung, auf einer bestimmten Seite beizutreten, ist gesetzlich nicht vorgeschrieben, aber in der Praxis üblich. **Wenn Sie nicht wissen, auf welcher Seite der Beitritt zu erfolgen hat, dann lassen Sie die Aufforderung, auf einer Seite beizutreten, einfach weg** und verkünden ohne diesen Zusatz den Streit.

Musterentwurf für den **Beitritt eines Streitverkündungsempfängers:**

Name des Rechtsanwalts   Datum
Adresse des Rechtsanwalts

An
Name und Adresse des Gerichts

In dem Rechtsstreit   – ENTWURF –

Lucke ./. Kullerich

Aktenzeichen

zeige ich an, dass ich den Streitverkündeten vertrete. Dieser tritt dem Rechtsstreit aufseiten des Beklagten bei und wird beantragen,

  die Klage abzuweisen.

Begründung:

Sachverhalt
Ggf. Rechtsausführungen

Unterschrift

Die übliche **Kurzformulierung** für das Schreiben an den Mandanten lautet in etwa so:

Name des Rechtsanwalts   Datum
Adresse des Rechtsanwalts

An
Name des Mandanten
Adresse des Mandanten

Betreff: Lucke ./. Kullerich, Aktenzeichen

Sehr geehrter Herr ...,

in der obigen Angelegenheit übersende ich die Abschrift des Entwurfes der Klageerwiderung.

Wenn der Schriftsatz so eingereicht werden soll, so bitte ich kurzfristig um Benachrichtigung.

Ich stehe für Rückfragen jederzeit gern bereit.

Mit freundlichen Grüßen

Unterschrift

D. Die Anwaltsklausur im einstweiligen Rechtsschutz

I. Einleitung

73 Die Prüfung des Vorgehens im einstweiligen Rechtsschutz drängt sich dann auf, wenn der Mandant »*eine schnelle Sicherung meiner Rechte*« oder »*kurzfristig eine gerichtliche Lösung*« erreichen will. Wegen der Besonderheiten des einstweiligen Rechtsschutzes empfehlen wir, die Klausur im Hauptgutachten in der Regel nicht wie die »normale« Klägerklausur aufzubauen. Zumindest wenn der Sachverhalt schwerpunktmäßig auf die Prüfung der §§ 916 ff. ZPO zugeschnitten ist, bietet sich im Fall des **zweischichtigen Hauptgutachtens** eher folgender Aufbau an:

I.   Mandantenbegehren[161]
II. Rechtsschutzstation
III. Zulässigkeitsstation
IV. Antragstellerstation
V.   Antragsgegnerstation
VI. Beweisprognosestation
VII. Zweckmäßigkeitsstation

Beachte: Machen Sie nach jeder Überschrift in der Klausur einen Obersatz!

Im Falle des **einschichtigen Hauptgutachtens** gliedern Sie wie folgt:

I.   Mandantenbegehren[162]
II. Prüfung der Rechtsschutzmöglichkeit
III. Zulässigkeit des Antrages
IV. Materiell-rechtliche Erfolgsaussichten des Antrages
V.   Zweckmäßigkeitserwägungen

Beachte: Machen Sie nach jeder Überschrift in der Klausur einen Obersatz!

In den **bayerischen Schriftsatzklausuren** sind diese Punkte in der gedanklichen Lösung der Klausur auf Ihrem Konzeptpapier durchzuprüfen und zum Großteil in den Schriftsatz aufzunehmen. Nur etwaige Beweisprobleme und vor allem die Zweckmäßigkeitserwägungen kommen – wie immer in Bayern – ins Hilfsgutachten und/oder ins Mandantenschreiben.

Beachte: Es ist auch möglich, das Hauptgutachten **wie eine »normale« Klägerklausur aufzubauen**, und erst im Rahmen der Zweckmäßigkeit auf die Besonderheiten und Voraussetzungen der §§ 916 ff. ZPO einzugehen. Dies bietet sich vor allem dann an, wenn die Klausur nicht vollständig auf die §§ 916 ff. ZPO zugeschnitten ist, weil zB noch weitere Ansprüche bestehen, die nicht vorrangig im Wege des einstweiligen Rechtsschutzes zu verfolgen sind.
In der **Mündlichen** ist einstweiliger Rechtsschutz übrigens auch **ein Riesenthema**, vor allem in Kombination mit Besitzschutzansprüchen. Lesen Sie die Ausführungen hier sorgfältig durch!

Bei Anwaltsklausuren aus dem einstweiligen Rechtsschutz sind Sie in der Regel der **Anwalt des Antragstellers**. Die Darstellung der im Folgenden aufgezeigten Examensprobleme im Rahmen des Gutachtens orientiert sich daher an dieser Klausursituation.

Klausurtipps zu atypischen Konstellationen: Falls die Klausur ausnahmsweise aus Sicht des **Anwalts des Antragsgegners** konzipiert sein sollte: Zuerst prüfen Sie im Hauptgutachten (die Bayern auf ihrem Konzeptpapier) nach dem Mandantenbegehren die Zulässigkeit des Antrages, dann ob der Antragsteller schlüssig die materiellen Voraussetzungen der einstweiligen Verfügung/des Arrestes vorgetragen hat und ob dagegen erhebliches Gegenvorbringen möglich ist (einschichtig oder zweischichtig). Am Ende folgen nach den Beweisfragen die Zweckmäßigkeitserwägungen. (Was ist dem Mandanten zu raten? Sollte wegen § 93 ZPO gegebenenfalls teilanerkannt werden? Sollte hilfsweise ein Antrag nach § 939 ZPO gestellt werden? Können eigene Ansprüche gegen den Antragsgegner

---

161 Im GJPA Berlin/Brandenburg ist das Mandantenbegehren vor das Gutachten zu setzen.
162 Im GJPA Berlin/Brandenburg ist das Mandantenbegehren vor das Gutachten zu setzen.

gegebenenfalls gesondert verfolgt werden? Kann bei Arrest – weil eine **Widerklage beim Verfahren nach §§ 916 ff. ZPO unzulässig ist** – zumindest mit eigenen Ansprüchen aufgerechnet werden? Ist ein Gegenfeststellungsantrag zulässig?[163] Sollte einem Dritten der Streit verkündet werden?) Im praktischen Teil wird dann die Erwiderung auf den Antrag und gegebenenfalls ein Mandantenschreiben zu fertigen sein. Sowas lief zum ersten Mal seit Jahren im Januar 2017 im Ringtausch der LJPA (wen es interessiert: Vorlage dieser ziemlich untypischen Klausur war LG Bonn BeckRS 2015, 16584; Willkommen in Absurdistan! lesen Sie die Entscheidung, dann wissen Sie, was ich meine).

Ein weiterer Klausurtyp in diesem Zusammenhang (Januar 2018 aus Richtersicht gelaufen!) wäre dieser: Der Mandant ist Antragsgegner und hat bereits eine einstweilige Verfügung »kassiert« (ein Arrestbeschluss ist natürlich auch möglich). Hier sollen Sie den **Widerspruch gegen die einstweilige Verfügung nach § 924 ZPO** erkennen, der ebenfalls mögliche Antrag nach § 927 ZPO ist dagegen eher examensuntypisch (und für den Mandanten nicht so zweckmäßig, da neue Tatsachen nach Erlass des Beschlusses auch im Widerspruchsverfahren nach § 924 ZPO Berücksichtigung finden). Das Hauptgutachten können Sie in diesen Fällen nach

I. Mandantenbegehren
II. Rechtsbehelf
III. Zulässigkeit
IV. Materiell-rechtliche Erfolgsaussichten
V. Beweisprognose
VI. Zweckmäßigkeit

untergliedern, wobei Sie nach jeder Überschrift in der Klausur einen Obersatz zu machen haben (wie immer!). In der Zulässigkeit prüfen Sie die allgemeinen Prozessvoraussetzungen (wenn problematisch), die Formerfordernisse der Widerspruchseinlegung (§ 924 II ZPO), die Frist (gibt es nicht, nur Verwirkung möglich), die Statthaftigkeit und die Zuständigkeit des Gerichts. Bei der Statthaftigkeit erfolgt eine kurze Abgrenzung zur Berufung (sie ist statthaft, wenn die einstweilige Verfügung durch Urteil erlassen wurde), zum Antrag nach § 927 ZPO (er ist statthaft, wenn es dem Antragsteller im Wesentlichen um nachträgliche Änderungen von Umständen geht) und gegebenenfalls zum Rechtfertigungsverfahren nach § 942 I ZPO.[164] Für das Widerspruchsverfahren ist grundsätzlich das Gericht zuständig, welches den Beschluss angeordnet hat.[165] **Der Widerspruch ist begründet, wenn die Voraussetzungen des Erlasses der einstweiligen Verfügung jetzt nicht mehr vorliegen.** Zudem kann der Widerspruch darauf gestützt werden, dass der Gegner für die Verfügung/den Arrest die Vollziehungsfrist nach § 929 II ZPO verpaßt hat. Dies alles müssen Sie dann prüfen. Auch im Widerspruchsverfahren kommt es dabei lediglich auf die Glaubhaftmachung an. Denken Sie bei der Zweckmäßigkeitsprüfung unbedingt an §§ 924 III, 707 ZPO (einstweilige Einstellung der Zwangsvollstreckung), der Widerspruch selbst hemmt nämlich die Vollziehung der einstweiligen Verfügung nicht. Zudem ist es zweckmäßig, den Mandanten auf den möglichen Schadensersatzanspruch aus § 945 ZPO hinzuweisen. Eine Verbindung des Widerspruchs mit dem Schadensersatzanspruch aus § 945 ZPO ist allerdings nicht zulässig. Hier sollte gegebenenfalls das Widerspruchsverfahren abgewartet werden, da die Aufhebungsentscheidung Rechtskraft für einen etwaigen Prozess nach § 945 ZPO entfaltet.[166] Auch der Antrag nach § 926 ZPO (lesen!) ist dann klausurrelevant, wenn und soweit vom Mandanten neben der Widerspruchseinlegung die zusätzliche Klärung in der Hauptsache gewünscht wird.

Wurde ein **Antrag des Mandanten im einstweiligen Rechtsschutz** durch Urteil **zurückgewiesen**, so kann dies durch Berufung angefochten werden, § 511 ZPO. Wird durch einen Beschluss der Antrag zurückgewiesen, so ist die sofortige Beschwerde nach § 567 ZPO statthaft. Klausuren hierzu haben wir noch nicht gesehen.

---

163 Vgl. dazu *Kaiser/Kaiser/Kaiser* MatZivilR Rn. 47 iRd Ausführungen/Fn. zur petitorischen Widerklage.

164 Das Rechtfertigungsverfahren (RFV) kommt bei Beschlüssen nach § 942 ZPO in Betracht. Umstritten ist, ob in den Fällen eines Beschlusses nach § 942 ZPO das RFV vorrangig ggü. dem Widerspruchsverfahren ist. Da das RFV aber ohnehin genauso wie §§ 924 f. ZPO läuft und in beiden Fällen nach hM das Hauptsachegericht zuständig ist, kommt der Unterscheidung, ob der Angriff des Schuldners nun ein Widerspruch oder das RFV darstellt, keine Bedeutung zu.

165 Ausnahme: Gericht hat nach § 942 ZPO entschieden – dann Gericht der Hauptsache iSv § 937 ZPO zuständig.

166 *Kaiser/Kaiser/Kaiser* ZwangsVollstr-Klausur Rn. 3.

Schließlich sollten Sie folgende »Urwaldklausur« kennen: Die an das Gericht zu sendende sog. **Schutzschrift** für den Mandanten. Hier wurde die Klausur aus Sicht des Mandanten gestellt, der den Erlass einer gegen ihn gerichteten zu Unrecht ergehenden einstweiligen Verfügung/Arrest-beschluss befürchtet (Inzidentprüfung im Gutachten: Zulässigkeit und materiell-rechtl. Erfolgsaussichten des Antrages auf Erlass einer einstweiligen Verfügung/eines Arrestbeschlusses). Die Schutz-schrift ist eine von der Praxis entwickelte Sicherungsmaßnahme für diese Fälle. Sie dient dazu, den Erlass des Beschlusses überhaupt oder zumindest ohne mündliche Verhandlung zu verhindern bzw. dem Gericht schon im Vorwege den Sachverhalt aus Sicht des möglichen Anspruchsgegners zu schildern. Das Gericht ist wegen des Grundsatzes des rechtlichen Gehörs (Art. 103 I GG) verpflich-tet, die Schutzschrift zu berücksichtigen. Vergleiche zur (elektronischen!) Einreichung der Schutz-schrift durch Anwälte den § 945a ZPO (Stichwort: Schutzschriftregister). Das lief zuletzt in Hessen und Niedersachsen im Juli 2017 als Z II-Klausur!

II. Die Prüfung der Rechtsschutzmöglichkeit

74 Im Falle eines Hauptgutachtens stellen Sie gleich am Anfang klar, dass der Mandant **einstwei-ligen Rechtsschutz begehrt** und wo dieser geregelt ist (§§ 916 ff. ZPO). Im Prinzip handelt es sich »nur« um einen Obersatz, der die danach folgenden Prüfungspunkte einleitet.

> **Formulierungsbeispiel:**
>
> Da der Mandant eine schnelle Sicherung seiner Rechte begehrt, sind im Folgenden die Erfolgsaus-sichten eines Vorgehens im einstweiligen Rechtsschutz nach §§ 916 ff. ZPO zu prüfen.

Klausurtipp: Vor allem in Bayern und Baden-Württemberg werden auch einstweilige Rechtsschutz-klausuren aus dem **Familienrecht** gestellt. Da es sich um ein Spezialrechtsgebiet handelt, wird in diesem Skript nicht weiter darauf eingegangen. Wir empfehlen den vom Familienrecht betroffenen Referendaren unseren **Crash-Kurs zur Familienrechtsklausur im Assessorexamen** und das dazu-gehörige spezielle **Kursskript**.

III. Wichtigstes Examenswissen zur Prüfung der Zulässigkeit

75 Was ist bei der Prüfung der Zulässigkeit anzusprechen?

- Welche Antragsart ist statthaft?
- Welches Gericht ist zuständig?
- Was muss für die Zulässigkeit vorgetragen werden?
- Anderweitige Rechtshängigkeit/entgegenstehende Rechtskraft?

Zur Zulässigkeit stellen Sie am Anfang einen **Obersatz** dar!

Zuerst prüfen Sie, **welche Antragsart statthaft** ist: Der Arrest nach §§ 916 ff. ZPO ist nur dann zu beantragen, wenn der zu sichernde Anspruch auf die Zahlung von Geld gerichtet ist oder einen Anspruch betrifft, der sich in eine Geldforderung umwandeln kann. Die einstwei-lige Verfügung nach §§ 935 ff. ZPO kommt bei sonstigen Ansprüchen in Betracht, zB bei Herausgabe- oder Unterlassungsansprüchen. Die materielle Prüfung der Ansprüche erfolgt erst später, hier legen Sie nur dar, welcher Anspruch grundsätzlich gesichert werden soll.

Merke: Im Assessorexamen wie in der Praxis ist die einstweilige Verfügung weitaus häufiger anzu-treffen als der Arrest.

Beachten Sie, dass nach **§ 940a ZPO (lesen!)** eine Räumung von Wohnraum per einstweiliger Verfügung nur in engen Grenzen möglich ist. Für Gewerbemiete gilt § 940a ZPO nach herr-schender Rspr. nicht (auch nicht analog, auch nicht »erst recht«, auch nicht Rechtsgedanke von § 940a II ZPO[167]). Hier ist allein § 940 ZPO anwendbar.

---

167 Vgl. Nachweise bei Thomas/Putzo/*Seiler* ZPO § 940a Rn. 3 u. OLG Dresden MDR 2018, 204 f.

Beachte: Innerhalb der einstweiligen Verfügung wird wiederum zwischen der **Sicherungsverfügung** gem. § 935 ZPO, die der Sicherung sonstiger Ansprüche dient, die nicht auf Geld gerichtet sind (Normalfall), und der **Regelungsverfügung** gem. § 940 ZPO unterschieden. Mit der Regelungsverfügung können Regelungen bezüglich streitiger Rechtsverhältnisse getroffen werden (vor allem im Arbeits-, Gesellschafts- oder Wettbewerbsrecht). Die Rspr. lässt über § 940a ZPO hinaus in engen Ausnahmefällen eine Verfügung zu, die eine vorläufige Erfüllung des Anspruches bewirkt, die sog. **Leistungsverfügung** (vor allem im Unterhaltsrecht sowie bei Herausgabeansprüchen im Falle einer verboteter Eigenmacht). In der Praxis wird die genaue Einordnung der Verfügung (insbesondere zwischen Sicherungs- oder Regelungsverfügung) in den gerichtlichen Entscheidungen oft gar nicht explizit getroffen, in der Klausur wird mittlerweile jedoch in der Regel eine Stellungnahme von Ihnen hierzu verlangt, was vorliegt.

Dann prüfen Sie, **bei welchem Gericht** der Antrag zu stellen ist. Hier genügt die Lektüre des Gesetzes, vgl. §§ 919, 937, 942, 943 ZPO. Bei Wettbewerbssachen gilt § 14 UWG.

Zudem sollten Sie darstellen, dass nach wohl hM Zulässigkeitsvoraussetzung für den Antrag im einstweiligen Rechtsschutz ist, dass im Prozess ein Arrest-/Verfügungsanspruch und ein Arrest-/Verfügungsgrund **schlüssig behauptet werden** (Fall einer sog. **qualifizierten Prozessvoraussetzung**). Die konkrete Prüfung von Anspruch und Dringlichkeit hat danach erst in der Begründetheit zu erfolgen (aA: Dringlichkeit ist Zulässigkeitsvoraussetzung).[168]

Häufig verteidigt sich im Examen die Gegenseite mit dem Argument, dass der Antragsteller bereits die **Hauptsache rechtshängig** gemacht und er deshalb den Hauptprozess zunächst abzuwarten habe. Außerdem erhielte der Antragsteller dann zwei Titel, »*was ebenfalls nicht angehen könne*«. Dabei handelt es sich um Scheinargumente, denn die bereits anhängige Hauptsache gibt nicht den Einwand der Rechtshängigkeit nach § 261 III Nr. 1 ZPO (verschiedene Streitgegenstände!). Auch dass der Antragsteller gegebenenfalls zwei Titel erlangt, benachteiligt den Gegner nicht zu Unrecht. Aus dem Titel des einstweiligen Rechtsschutzes kann stets nur die vorläufige Sicherung betrieben werden, sodass gerade keine zwei identischen Titel vorliegen würden. Zum Teil beruft sich der Antragsgegner darauf, dass es in derselben Sache bereits eine **frühere Eilanordnung** gegeben hat und deren Rechtskraft nun einem neuen Antrag entgegenstehe. Die materielle Rechtskraft steht in diesen Fällen einem neuen Antrag dann nicht entgegen, wenn die Vollzugsfrist des § 929 II, III 2 ZPO verstrichen und die abermalige Sicherung erforderlich ist.[169]

IV. Wichtigstes Examenswissen zur Prüfung der Schlüssigkeit

Was ist bei der Prüfung der Schlüssigkeit der Ansprüche des Antragstellers anzusprechen?   76

- Arrestanspruch/Verfügungsanspruch
- Arrestgrund/Verfügungsgrund = Dringlichkeit

Diese Voraussetzungen sind am Anfang mit einem **Obersatz** der Prüfung voranzustellen!

Hier prüfen Sie, ob beim Arrest der **Arrestanspruch** (dh der zu sichernde Geldanspruch) und der **Arrestgrund** (dh die Dringlichkeit) schlüssig dargelegt werden können. Bei der einstweiligen Verfügung stellen Sie den **Verfügungsanspruch** (dh den nicht auf Geld gerichteten Anspruch des Antragstellers) und den **Verfügungsgrund** (dh die Dringlichkeit) dar. In der Regel geht es um die einstweilige Verfügung und materiell dann oft um Verfügungsansprüche aus §§ 823, 1004, 861 f., 650e, 894 BGB. **Bitte seien und bleiben Sie in der Klausur durchgehend präzise bei den Formulierungen** und sprechen nicht abwechselnd von »Anspruch«, »Verfügungsanspruch« und dann wieder von »Anordnungsanspruch« oder ähnlichem. Das passiert

---

168 Thomas/Putzo/*Seiler* ZPO § 916 Rn. 2; Zöller/*Vollkommer* ZPO § 917 Rn. 3; *Kellermann-Schröder* JA 2018, 535 ff.; BPatG GRUR 2017, 373; OLG Köln GRUR-RR 2005, 363; OLG Frankfurt a.M. NJW 2002, 903. Vom Kläger schlüssig behauptete sog. doppelrelevante Tatsachen bei qualifizierten Prozessvoraussetzungen werden iRd Zulässigkeit als gegeben unterstellt. Ob sie tatsächlich vorliegen, ist eine Frage der Begründetheit (BGH NJW-RR 2010, 1554 ff. mwN).
169 Thomas/Putzo/*Seiler* ZPO § 929 Rn. 5; OLG Hamburg MDR 2012, 1249 mwN.

so vielen und führt zu ganz fiesen Punktabzügen! Es heißt Arrestanspruch oder Verfügungsanspruch. Und zwar durchgehend.

Bezüglich der **Dringlichkeit** müssen Anhaltspunkte für eine mögliche Vereitelung/Gefährdung des gesicherten Anspruches vorliegen, wenn die Hauptsache abgewartet würde.

> **Formulierungsbeispiel:**
>
> Ein Verfügungsgrund liegt gem. § 935 ZPO dann vor, wenn zu besorgen ist, dass durch eine Veränderung des bestehenden Zustands die Verwirklichung des Rechts einer Partei vereitelt oder wesentlich erschwert werden könnte. Diese Voraussetzungen liegen hier vor, da …

Hier ist saubere Arbeit mit dem Klausursachverhalt gefragt. Beispiele für die Dringlichkeit beim Arrest stehen im Thomas/Putzo bei § 917 ZPO (lesen!), bezüglich der einstweiligen Verfügung bei § 935 ZPO (lesen!). Die Dringlichkeit fehlt, wenn der Gläubiger in Kenntnis der Umstände unangemessen lange gewartet hat, bis er den Antrag nach §§ 916 ff., 935 ff. ZPO stellt (»Selbstwiderlegung«). Beachten Sie, dass in den Fällen von **§§ 885 I 2, 899 II 2 BGB** (und in Wettbewerbssachen in § 12 II UWG) der Verfügungsgrund (nach hM widerleglich) vermutet wird, sodass eine Glaubhaftmachung nicht erforderlich ist. Auch bei § 650d BGB ist dies der Fall, allerdings ist die Norm nicht wirklich klausurtauglich. Ein examensrelevantes Beispiel für § 885 I 2 BGB ist der Antrag auf Erlass einer einstweiligen Verfügung zur Eintragung einer Vormerkung, die der Sicherung eines Anspruches nach § 650e BGB dient. § 899 II 2 BGB spielt beim Grundbuchberichtigungsanspruch aus § 894 BGB eine Rolle. Noch »lockerer« ist die Rspr. im Falle der Besitzstörung aufgrund **verbotener Eigenmacht**. Hier muss die Dringlichkeit nach hM aufgrund von Wertungsgesichtspunkten und der sich aus § 863 BGB ergebenden Beschleunigungsfunktion noch nicht einmal dargelegt werden. **§ 940a II ZPO** enthält einen besonderen und typisierten Verfügungsgrund, sodass auch hier eine zusätzliche Interessenabwägung nicht erforderlich ist.

V. Wichtigstes Examenswissen zur Prüfung der Erheblichkeit

77   Hier ist nach einem Obersatz (!) zu prüfen, ob der Antragsgegner **erhebliches Gegenvorbringen** vortragen kann.

VI. Die Beweisprognose bei Klausurtyp 3

78   Zuerst ist ein **Obersatz** zu bilden (vgl. → Rn. 10)

Was ist danach bei der Beweisprognose anzusprechen?
- Was ist Glaubhaftmachung
- Stehen präsente Beweismittel zur Verfügung?
- Gibt es Ausnahmen zur Glaubhaftmachung?

Im einstweiligen Rechtsschutz reicht die **Glaubhaftmachung** von Arrestanspruch bzw. Verfügungsanspruch und Arrestgrund/Verfügungsgrund, vgl. §§ 920 II, 936 iVm § 294 ZPO. Glaubhaft gemacht ist eine Tatsache dann, wenn das Vorliegen der Tatsache **überwiegend wahrscheinlich** ist (»bewiesen« ist eine Tatsache, wenn sie zur Überzeugung des Gerichts feststeht und keine »vernünftigen Zweifel« bestehen). Nach hM muss zumindest bei einer erstrebten Entscheidung durch Beschluss der Antragsteller auch glaubhaft machen, dass konkret in Betracht kommende Einwendungen des Gegners nicht bestehen (Argument: Ausgleich für das fehlende rechtliche Gehör bei Entscheidung im Beschlusswege).[170] **§ 294 ZPO beschränkt und erweitert dabei die Beweisführungsmöglichkeiten:** Eine Erweiterung wird durch § 294 I ZPO erzeugt, weil danach – anders als im Hauptsacheverfahren (Strengbeweis) – zur Glaubhaftmachung auch die eidesstattliche Versicherung (vom Mandanten, von Dritten, vom Anwalt selbst) zulässig ist. § 294 II ZPO beschränkt die Beweismittel wiederum. Danach sind bei den möglichen Beweismitteln nur sog. **präsente Beweismittel** statthaft. Geeignet sind daher nur **präsente Urkunden** oder/und sofort möglicher Augenschein (zB Fotos oder Skizzen).

---

170   Thomas/Putzo/*Seiler* ZPO Vor § 916 Rn. 9.

Im Falle der mündlichen Verhandlung können auch Zeugen und Sachverständige zum Termin mitgebracht werden. Da es für den Mandanten aber prozesstaktisch ratsam ist, sowohl den Arrest als auch die einstweilige Verfügung im Beschlusswege ohne mündliche Verhandlung zu erlangen, sollte auf sistierte Zeugen oder Sachverständige möglichst nicht zurückgegriffen werden, üblich und ausreichend ist daher in der Regel eine eidesstattliche Versicherung.

Beachten Sie die in → Rn. 76 geschilderten **Ausnahmen**, bei denen eine Glaubhaftmachung entfällt. Eine weitere Ausnahme ist in **§ 921 ZPO** geregelt.

VII. Die Zweckmäßigkeitserwägungen bei Klausurtyp 3

Die Zweckmäßigkeitserwägungen bei Typ 3 beginnen Sie in Ihrer Klausur natürlich mit ei- **79** nem **Obersatz**, zB:

> Zu fragen ist, welche Vorgehensweise im vorliegenden Fall zweckmäßig ist.

Welche Zweckmäßigkeitserwägungen sind möglich?

* Rat an den Mandanten und Kostenfalle § 93 ZPO
* Aufforderung an Mandanten zur Abgabe der eidesstattlichen Versicherung
* Schnelle Einreichung bei Zeitdruck
* Wer sollte den Antrag stellen (Streitgenossenschaft, Rechts- und Parteifähigkeit)?
* Gegen wen ist der Antrag zu richten (Streitgenossenschaft, Rechts- und Parteifähigkeit)?
* Anträge nach §§ 921, 941, 944 ZPO
* Hinweis an Mandanten auf fehlende Bindungswirkung, Rechtsbehelfe des Gegners und Schadensersatzpflicht
* Antrag bei der einstweiligen Verfügung/beim Arrest
* § 937 II ZPO bei der einstweiligen Verfügung, § 922 I ZPO beim Arrest
* Vollstreckungsanträge nach §§ 890 II, 758a ZPO
* Vorgehen nach § 930 I 3 ZPO
* Angabe der Lösungssumme nach § 923 ZPO

1. Zweckmäßigkeitserwägungen für Arrest und einstweilige Verfügung

Zuerst sollten Sie den **Rat an den Mandanten** formulieren. Sie erwähnen also kurz und **80** knapp, dass bei Erfolgsaussicht dem Mandanten geraten werden sollte, einen Arrest bzw. eine einstweilige Verfügung zu beantragen (Ausnahme: Bayern, wenn kein Gutachten zu fertigen ist – hier ergibt sich der Rat an den Mandanten aus Ihrem Schriftsatz).

Beachte: Einstweiliger Rechtsschutz und Hauptsacheverfahren schließen sich nicht gegenseitig aus, da es sich um zwei verschiedene Streitgegenstände handelt. Allerdings dürften zwei Schriftsätze in der Examensklausur zu viel sein. Sie können sich daher für eins entscheiden (einstweiliger Rechtsschutz wegen Dringlichkeit) und dem Mandanten dies mitteilen.

Zur Notwendigkeit einer vorprozessualen Aufforderung des Gegners zur **Vermeidung des § 93 ZPO** sollten Sie ebenfalls stets etwas schreiben.

Dann schreiben Sie, dass es ratsam ist, den Mandanten aufzufordern, über die streitgegenständlichen Punkte eine **eidesstattliche Versicherung abzugeben**, weil diese in der Klausur in der Regel noch nicht vorliegt (formulieren müssen Sie diese im praktischen Teil in der Regel nicht).

Wenn der Schriftsatz aufgrund **Zeitdrucks schnell zugestellt** werden muss, so kommen die bei Typ 1 dargestellten Möglichkeiten (sofortige Einreichung, Einreichung per Fax, Einreichung per elektronischem Dokument) auch hier in Betracht.

Für die Frage, wer zweckmäßigerweise der Antragsteller und Antragsgegner ist (**WER** und **WEN**), gelten die oben zu Klausurtyp 1 aufgeführten Grundsätze auch für Klausurtyp 3.

Wenn der Antrag zB aufgrund von wackeligen Beweisen nicht sicher ist, so können Sie im Hilfsantrag eine Stattgabe zumindest gegen Sicherheitsleistung durch den Antragsteller beantragen, vgl. **§ 921 ZPO**.[171]

Schließlich sollten Sie erwähnen, dass es zweckmäßig ist, den Mandanten darauf hinzuweisen, dass eine Entscheidung im einstweiligen Rechtsschutz **keine Bindungswirkung für den Hauptsacheprozess** entfaltet (zwei verschiedene Streitgegenstände!). Außerdem sollte darüber aufgeklärt werden, dass der Antragsgegner gegen den stattgebenden Beschluss entsprechende **Rechtsbehelfe** (§§ 924, 927 ZPO bzw. Berufung) einlegen kann. Auch auf die mögliche **Schadensersatzpflicht** des Mandanten nach § 945 ZPO sollte dieser hingewiesen werden.

2. Zusätzliche Zweckmäßigkeitserwägungen bei der einstweiligen Verfügung

81 Wichtig ist ferner, dass Sie **untersuchen, auf was genau der Antrag zu richten ist**. Wegen des Sicherungscharakters der Eilmaßnahme darf die Hauptsache durch den Antrag nicht vorweggenommen werden (**Verbot der Vorwegnahme der Hauptsache**). **Schreiben Sie das in der Klausur unbedingt in Ihr Gutachten** (bzw. ins Hilfsgutachten in Bayern)! Eine Erfüllung des gefährdeten Anspruches kommt aber vor allem dann in Betracht, wenn es sonst zu einem schweren und nicht wieder gutzumachenden Schaden käme oder der Gegner nicht schutzwürdig ist. Anerkannt ist Letzteres vor allem bei Ansprüchen aus verbotener Eigenmacht des Antragsgegners. Folgende Anträge müssen Sie standardmäßig beherrschen:

- Bei Ansprüchen aus § 985 BGB: Herausgabe an Gerichtsvollzieher oder Sequester
- Bei Ansprüchen auf Duldung/Unterlassen: Verbot
- Bei Ansprüchen auf Auflassung: Vormerkung
- Bei Anspruch aus § 650e BGB: Vormerkung
- Bei Anspruch aus § 894 BGB: Widerspruch im Grundbuch
- Verschaffungsansprüche aus § 433 BGB: Verfügungsverbot oder Herausgabe

> **Beachte:** Ist im Falle eines Anspruches aus § 894 BGB schon die Hauptsache rechtshängig, so wird in einigen Klausuren problematisch (in der Regel fragt der Mandant danach), ob als schnellerer Weg ein **Rechtshängigkeitsvermerk** ins Grundbuch eingetragen werden sollte, um den gutgläubigen Erwerb zu verhindern. Da Rechtshängigkeitsvermerk und Widerspruch iSv § 899 BGB faktisch die gleichen Wirkungen haben, kann die Eintragung eines Rechtshängigkeitsvermerks in das Grundbuch bei fehlender Bewilligung des Buchberechtigten in entsprechender Anwendung von § 899 II BGB wie im Falle eines Widerspruches nur im Wege der einstweiligen Verfügung erzwungen werden (inklusive Glaubhaftmachung der Begründetheit des Anspruches aus § 894 BGB).[172] Dieser Weg ist daher nicht zweckmäßiger, sondern genauso beschwerlich.

In der Regel ist es zweckmäßig, sowohl die einstweilige Verfügung als auch den Arrest im Beschlusswege **ohne mündliche Verhandlung** zu erlangen. Bei der einstweiligen Verfügung ist – anders Arrest (§ 922 I 1 ZPO) – das Verfahren ohne mündliche Verhandlung nach **§ 937 II ZPO** grundsätzlich nur die Ausnahme. Die **besondere Dringlichkeit** iSv § 937 II ZPO ist dann zu bejahen, wenn davon auszugehen ist, dass selbst ein kurzfristig anberaumter Termin zur mündlichen Verhandlung nicht abgewartet werden kann. Die Praxis ist hier recht großzügig (im Presserecht aber grundsätzlich vorherige Anhörung oder vorprozessuale Abmahnung als »Minus« zur Verhandlung nötig).[173]

Bei Anträgen vor dem Landgericht ist es prozesstaktisch ratsam, zudem einen **Antrag nach § 944** ZPO zu stellen.

Zur Vermeidung von Zeitverlusten kann bereits im einstweiligen Verfügungsverfahren die **Vollstreckung vorbereitet werden**. So sollte bei Unterlassungsansprüchen die nach **§ 890 II ZPO** erforderliche Strafandrohung (Ordnungsgeld bzw. Ordnungshaft) bereits jetzt beantragt werden. Geht es um herauszugebende Gegenstände, die sich in der Wohnung des Antragsgegners befinden, so sollten Sie die Frage aufwerfen, ob bereits mit dem Antrag im einstweili-

---

171 *Michel/von der Seipen* Schriftsatz 218 f.
172 BGH MDR 2013, 839.
173 Vgl. dazu *Mantz* NJW 2019, 953 ff. mwN.

gen Rechtsschutz die Durchsuchungsanordnung des Gerichts nach § 758a ZPO beantragt werden kann, um die Herausgabe später schneller vollstrecken zu können. Diese »**vorsorgliche Durchsuchungserlaubnis**« ist nach hM mangels Rechtsschutzbedürfnisses aber unzulässig, da der Antragsgegner vor Erlass des Beschlusses die Möglichkeit haben muss, in die Durchsuchung einzuwilligen. Zudem setzt die Anordnung bereits die Zustellung des vollstreckten Titels voraus, der hier in der Klausursituation ja noch gar nicht vorliegt.[174]

Wenn aufgrund der einstweiligen Verfügung eine Eintragung ins Grundbuch zu erfolgen hat (zB Vormerkung für § 650e BGB), kann im Antrag bereits das **Eintragungsersuchen** durch das Gericht nach **§ 941 ZPO** angeregt werden. Dies ist grundsätzlich zweckmäßig.

3. Zusätzliche Zweckmäßigkeitserwägungen beim Arrest

Hier ist zu untersuchen, **was für eine Art des Arrestes beantragt werden sollte**: Der persönliche Arrest sichert dadurch, dass dem Schuldner bestimmte Maßnahmen (zB Meldepflicht, Beschlagnahme von Ausweispapieren, Verhaftung) auferlegt werden. Er ist aufgrund seiner hohen Eingriffsintensität nur subsidiär zulässig. Daher greift eher der dingliche Arrest. Dieser zielt auf die Vollstreckung in das Vermögen des Schuldners, jedoch ohne die Möglichkeit einer Verwertung. Die Vollziehung richtet sich dann nach § 928 ZPO.   **82**

Es ist in jedem Fall eine Entscheidung im Beschlusswege zu beantragen, vgl. **§ 922 I ZPO**.

Beim dinglichen Arrest kann untersucht werden, ob jetzt schon in **Vollziehung des Arrestes** eine Forderung des Antragsgegners gegen einen Dritten nach §§ 829, 930 I 3 ZPO gepfändet werden kann (Verbindung des Arrestantrages mit dem Antrag auf Erlass eines Pfändungsbeschlusses; Folge: Entstehung eines Arrestpfandrechts, welches sich in ein Pfändungspfandrecht umwandelt, wenn der Antragsteller einen Hauptsachetitel erlangt und zustellt; eine **Überweisung der Forderung ist unzulässig** und der entsprechende Überweisungsbeschluss nichtig, weil dies schon eine Verwertung wäre, die die Hauptsachevollstreckung vorwegnimmt!). Dafür müssten aber entsprechende Angaben im Klausursachverhalt zu finden sein, was bei Arrestklausuren auch des Öfteren der Fall ist. Ist das Bestehen der Drittforderung oder dessen Höhe nicht ganz klar, kann die Forderung als sog. »angebliche Forderung« gepfändet werden.[175]

Zudem hat der Arrestbefehl des Richters nach **§ 923 ZPO** grundsätzlich eine **Lösungssumme** zur Abwendungsbefugnis des Gegners anzugeben, dessen Höhe sich nach der zu sichernden Forderung richtet (zusätzlich der Zinsen und einer Kostenpauschale).

VIII. Praktischer Teil

Der praktische Teil besteht in der Regel aus dem Entwurf des **Schriftsatzes an das Gericht** und gegebenenfalls dem **Mandantenschreiben**. Folgende Beispiele zeigen einige mögliche Anträge auf: **83**

* **Arrest:**

    1. Zur Sicherung der Zwangsvollstreckung wegen einer Forderung aus … in Höhe von … wird der dingliche Arrest in das Vermögen des Antragsgegners angeordnet.
    2. In Vollziehung des Arrestes wird die angebliche Forderung des Antraggegners gegen … bis zum Höchstbetrag von … gepfändet.
    3. Der Antragsgegner hat sich jeder Verfügung über die Forderung zu enthalten. Der Drittschuldner darf an den Antragsgegner nicht mehr leisten.
    4. Durch Hinterlegung von … wird die Vollziehung des Arrestes gehemmt und der Antragsgegner berechtigt, die Aufhebung zu beantragen.

---

174 OLG Köln MDR 2000, 152; LG Düsseldorf MDR 1983, 13; Thomas/Putzo/*Seiler* ZPO § 758a Rn. 5.
175 *Michel/von der Seipen* Schriftsatz 220; *Kaiser/Kaiser/Kaiser* ZwangsVollstr-Klausur Rn. 5a.

● **Einstweilige Verfügung:**

> Zur Sicherung der Zwangsvollstreckung wegen eines Anspruches auf … hat der Antragsgegner den … an den zuständigen Gerichtsvollzieher herauszugeben.

Oder:

> 1. Dem Antragsgegner wird verboten, auf seinem Grundstück …/Dem Antragsgegner wird untersagt, folgende Äußerungen zu tätigen …
> 2. Für jeden Fall der Zuwiderhandlung gegen das Verbot wird ein Ordnungsgeld bis zu …, ersatzweise Ordnungshaft oder nur Ordnungshaft bis zu … Monat(en) angedroht.

Oder:

> 1. Zur Sicherung der Zwangsvollstreckung wegen eines Anspruches auf Auflassung des im Grundbuch Koblenz, Band …, Blatt …, Abteilung …, Flurstück …, Adresse …, eingetragenen Grundstückes ist eine Vormerkung auf dem vorbezeichneten Grundstück einzutragen.
> 2. Das Grundbuchamt in … wird um Eintragung gem. Ziffer 1. ersucht.

Oder:

> 1. Zur Sicherung der Zwangsvollstreckung wegen eines Anspruches auf Eintragung einer Bauhandwerkersicherungshypothek ist in Höhe von … im Grundbuch Düsseldorf, Band …, Blatt …, Abteilung …, Flurstück … eine Vormerkung einzutragen.
> 2. Das Grundbuchamt in … wird um Eintragung gem. Ziffer 1. ersucht.

Oder:

> 1. Zur Sicherung der Zwangsvollstreckung eines Anspruches auf Grundbuchberichtigung ist im Grundbuch Düsseldorf, Band …, Blatt …, Abteilung …, Flurstück … ein Widerspruch gegen das Eigentumsrecht des Antragsgegners einzutragen.
> 2. Das Grundbuchamt in … wird um Eintragung gem. Ziffer 1. ersucht.

Anträge zu den Kosten sind nicht erforderlich. Darüber wird – wie stets – gem. § 308 II ZPO von Amts wegen entschieden. Anders ist es bezüglich der vorläufigen Vollstreckbarkeit. Hier wäre ein entsprechender Antrag sogar falsch, weil stattgebende Entscheidungen von Natur aus vorläufig vollstreckbar sind und dies nicht gesondert tenoriert wird.

In der darauf folgenden **Begründung** legen Sie den Sachverhalt dar, insbesondere auch die Dringlichkeit und die Erforderlichkeit des Beschlussverfahrens, soweit der Bearbeitervermerk keine anderweitigen Vorgaben macht. Auf **Rechtsfragen** (»*In rechtlicher Hinsicht ist Folgendes auszuführen*: …«) gehen Sie wie bei Typ 1 und Typ 2 nur ein, wenn es der Sachverhalt erfordert, also insbesondere dann, wenn sich die Parteien um Rechtsfragen streiten und diese für den Fall auch entscheidend sind oder wenn der Bearbeitervermerk hier eine Vorgabe macht. In **bayerischen Schriftsatzklausuren** sind die Rechtsausführungen im Schriftsatz natürlich elementar. Vergessen Sie nicht die **Glaubhaftmachung** vor allem durch die eidesstattliche Versicherung.

Formulierungsbeispiel:

Zur Glaubhaftmachung für den gesamten vorstehenden Sachverhalt wird Bezug genommen auf die beigefügte eidesstattliche Versicherung des …

Zur Verdeutlichung nun **ein Muster** eines Antrages auf **Erlass einer einstweiligen Verfügung:**   **84**

Name des Rechtsanwalts   Datum
Adresse des Rechtsanwalts

An
Name und Adresse des Gerichts   EILT !

Antrag   – ENTWURF –

auf Erlass einer einstweiligen Verfügung

des ... (jetzt volles Rubrum wie im Urteil, **aber:** die Parteien heißen Antragsteller/Antragsgegner, die Rechtsanwälte heißen Verfahrensbevollmächtigte)

Namens und in Vollmacht des Antragstellers beantrage ich hiermit wegen Dringlichkeit ohne mündliche Verhandlung den Erlass folgender einstweiliger Verfügung:

1. Dem Antragsgegner wird untersagt, ...
2. Für jeden Fall der Zuwiderhandlung wird ...

Begründung:

Einleitungssatz
Sachverhalt
Evtl. Rechtsausführungen
* zum Verfügungsanspruch
* zum Verfügungsgrund
Glaubhaftmachung (eidesstattliche Versicherung)
Ggf. Antrag nach § 944 ZPO

Unterschrift

Zur Verdeutlichung nun **ein Muster** eines Antrages auf **Erlass eines dinglichen Arrestes:**

Name des Rechtsanwalts   Datum
Adresse des Rechtsanwalts

An
Name und Adresse des Gerichts   EILT !

Antrag   – ENTWURF –

auf Erlass eines dinglichen Arrestes[176]

des ... (jetzt volles Rubrum wie im Urteil, Partei- und Rechtsanwaltsbezeichnung wie oben)

Namens und in Vollmacht des Antragstellers beantrage ich hiermit wegen Dringlichkeit ohne mündliche Verhandlung den Erlass des folgenden Arrestbefehls- und Arrestpfändungsbeschlusses:

1. Wegen einer Darlehensforderung iHv ... wird der dingliche Arrest in das Vermögen des Antragsgegners angeordnet.
2. In Vollziehung des Arrestes wird die angebliche Forderung des Antraggegners gegen ... bis zum Höchstbetrag von ... gepfändet.
3. Der Antragsgegner hat sich jeder Verfügung über die Forderung zu enthalten. Der Drittschuldner darf an den Antragsgegner nicht mehr leisten.
4. Durch Hinterlegung von ... wird die Vollziehung des Arrestes gehemmt und der Antragsgegner berechtigt, die Aufhebung zu beantragen.

Begründung:

Einleitungssatz
Sachverhalt
Evtl. Rechtsausführungen
* zum Arrestanspruch
* zur Arrestgrund
Glaubhaftmachung (eidesstattliche Versicherung)
Ggf. Antrag nach § 944 ZPO

Unterschrift

---

176 In Bayern können Sie auch stattdessen »Arrestgesuch« als Überschrift nehmen.

Zur Verdeutlichung nun ein Muster einer **Schutzschrift:**

Name des Rechtsanwalts   Datum
Adresse des Rechtsanwalts

An
Name und Adresse des Gerichts

Schutzschrift   – ENTWURF –

In Sachen

des ... (jetzt volles Rubrum wie im Urteil, **aber:** die Parteien heißen möglicher Antragsteller und möglicher Antragsgegner)

wegen Abwehr eines möglicherweise bevorstehenden Antrags auf Erlass einer einstweiligen Verfügung/eines Arrestbeschlusses

Namens und in Vollmacht des möglichen Antragsgegners lege ich hiermit eine Schutzschrift vor. Es muss den Umständen nach befürchtet werden, dass der mögliche Antragsteller versuchen wird, gegen den möglichen Antragsgegner eine einstweilige Verfügung/einen Arrestbeschluss des angerufenen Gerichts ohne mündliche Verhandlung zu erwirken. Die Folgen einer solchen einstweiligen Verfügung/eines solchen Arrestbeschlusses wären außerordentlich schwerwiegend. Daher beantrage ich:

1. Ein möglicher Antrag auf Erlass einer ... wird zurückgewiesen.
2. In jedem Fall wenigstens über einen möglichen Antrag nicht ohne mündliche Verhandlung zu entscheiden.

Begründung:

Einleitungssatz
Sachverhalt + Glaubhaftmachung
Evtl. Rechtsausführungen

Unterschrift

Zur Verdeutlichung nun ein Muster eines **Widerspruches gegen eine einstweilige Verfügung:**

Name des Rechtsanwalts   Datum
Adresse des Rechtsanwalts

An
Name und Adresse des Gerichts

Aktenzeichen

In der einstweiligen Verfügungssache   – ENTWURF –

des ... (jetzt volles Rubrum wie im Urteil, Partei- und Rechtsanwaltsbezeichnung wie beim Antrag auf Erlass einer einstweiligen Verfügung)

zeige ich an, dass ich den Antragsgegner vertrete. Namens und in Vollmacht des Antragsgegners lege ich hiermit gegen die am ... vom ... erlassene einstweilige Verfügung beim nunmehr zuständigen Gericht der Hauptsache

Widerspruch

ein und kündige folgende Anträge an:

1. Die einstweilige Verfügung des ... vom ... wird aufgehoben und der Antrag auf Erlass einer einstweiligen Verfügung zurückgewiesen.
2. Dem Antragsteller wird eine Frist von ... zur Erhebung der Klage in der Hauptsache gesetzt.

Zudem wird beantragt,

die Vollstreckung aus der einstweiligen Verfügung mit sofortiger Wirkung ohne, hilfsweise gegen Sicherheitsleistung, einzustellen.

Begründung:

Einleitungssatz
Sachverhalt
Evtl. Rechtsausführungen
Glaubhaftmachung (eidesstattliche Versicherung)

Unterschrift

E. Die Anwaltsklausur aus Sicht des Berufungsführers

Anwaltsklausuren aus dem Recht der Berufung kommen auch. Sie sollten die folgenden Ausführungen einmal in Ruhe lesen, um für »den Fall der Fälle« vorbereitet zu sein. **85**

Beachte: Weitere Rechtsbehelfe, die allerdings eher in der Mündlichen auftauchen, sind:
- Gehörsrüge/Anhörungsrüge nach § 321a ZPO
- Gegenvorstellung (kommentiert im Thomas/Putzo in Vorb § 567 Rn. 13 ff.!)
- Sofortige Beschwerde nach §§ 567 ff. ZPO (zB über § 91a II ZPO)
- Verzögerungsrüge nach **§ 198 GVG**[177]
- Rechtsbeschwerde nach § 574 ZPO

Bezüglich des **Aufbaus des Hauptgutachtens** bietet es sich an, wenn als Rechtsbehelf die Berufung in Betracht kommt, das Gutachten weiter nach Zulässigkeit und Begründetheit der Berufung aufzugliedern. Am Ende erfolgen – wie immer – die Zweckmäßigkeitsüberlegungen, ganz oben im Hauptgutachten – auch wie immer – die präzise Darstellung des Mandantenbegehrens. Wenn nicht anders durch den Bearbeitervermerk vorgeschrieben, bietet sich bei Berufungsklausuren für das Gutachten **eher der einschichtige Aufbau** an. Auch hier kann der **Bearbeitervermerk** besondere Vorgaben machen: So ist zB in **Bayern** oft nur ein Schriftsatz mit Hilfsgutachten gefordert. Dann besteht der Schwerpunkt der Klausur in der Fertigung des Schriftsatzes (vgl. → Rn. 2). Die unten aufgeführten Punkte des Gutachtens sind von den bayerischen Referendaren dann in der gedanklichen Lösung der Klausur auf dem Konzeptpapier durchzuprüfen und zum Großteil im Schriftsatz anzubringen (Zweckmäßigkeit wie immer ins Hilfsgutachten/Mandantenschreiben).

I. Die Prüfung eines Rechtsbehelfs

Sie beginnen diesen Abschnitt mit einem **Obersatz**. **86**

Formulierungsbeispiel:

Zu prüfen ist, welcher Rechtsbehelf zugunsten des Mandanten vorliegend in Betracht kommen könnte.

Was ist dann inhaltlich darzustellen?

Was ist bei der Prüfung des Rechtsbehelfs anzusprechen?

- Einlegung einer Berufung
- Abgrenzung zum Nachverfahren bei Urkundenprozess (sehr klausurrelevant!)

In der Regel wird der Mandant dem Anwalt ein erstinstanzliches Urteil (auch zB ein Urteil nach § 331a ZPO – Augusttermin 2018) überreichen und um anwaltliche Beratung bitten. Sie werden dann schnell erkennen, dass es um die Einlegung der Berufung nach §§ 511 ff. ZPO geht und dies am Anfang des Gutachtens kurz aufzeigen (die Statthaftigkeit wird dann erst bei der Zulässigkeit der Berufung geprüft).

Legt der Mandant ein **Vorbehaltsurteil im Urkundenprozess** (vgl. § 599 ZPO) vor, so kann als Alternative zur Berufung auch das Nachverfahren nach § 600 ZPO in Betracht kommen.[178] Das Nachverfahren ist jedoch nur dann sinnvoll, wenn nicht die im Vorbehaltsurteil bindend entschiedenen Beurteilungen angegriffen werden sollen (vgl. → Rn. 61). Weil der Urkundenprozess und das Nachverfahren eine Einheit sind, steht für das Gericht im Nachverfahren alles das bindend fest, was im Vorverfahren im vollen Umfang geprüft werden musste, damit das Vorbehaltsurteil überhaupt ergehen konnte. Angenommen wird die Bindung für die Bejahung der Zulässigkeit und Schlüssigkeit der Klage und für die rechtliche Beurteilung etwa von Einwendungen des Beklagten, wenn diese im Urkundenprozess – weil der Beklagte nach

---

177 Vgl. dazu *Brummund* JA 2012, 213; *Remus* NJW 2012, 1403.
178 Dieser Prüfungspunkte kann auch erst bei der Statthaftigkeit angesprochen werden.

§ 595 II ZPO statthafte Beweismittel vorgebracht hat – auch vom Gericht voll geprüft wurden. Wird eine Einwendung des Beklagten im Urkundenverfahren mangels statthaften Beweismittels nach § 598 ZPO zurückgewiesen, so besteht diesbezüglich natürlich keine Bindung für das Nachverfahren. Uneingeschränkt im Nachverfahren zulässig sind zudem neuer Sach- oder Rechtsvortrag zur materiellen Rechtslage und entsprechende Beweisangebote, die dem Beklagten während des Urkundenprozesses nicht zugestanden haben. Auch die Echtheit einer vom Kläger vorgelegten Urkunde kann bestritten werden, und zwar alles ohne die beweismäßigen Einschränkungen des Urkundenverfahrens. Die Berufung dagegen ist der zweckmäßige Rechtsbehelf, wenn Aspekte angegriffen werden sollen, bezüglich derer die Bindungswirkung des Vorbehaltsurteils besteht. Merken Sie sich das gut, denn wenn diese Thematik in der Klausur vorkommt, wissen viele Referendare nicht, was sie schreiben sollen. Man liest in den Voten der Original-Klausuren immer wieder, dass dieser Problemkreis den Kandidaten *»oft gar nicht oder nur verschwommen bekannt war«*.[179] Oder die Anmerkung eines Erstkorrektors: *»Die Bearbeitung setzt sich allerdings nicht mit der Bindungswirkung des Vorbehaltsurteils auseinander … Damit fehlt der Bearbeitung die praktische Brauchbarkeit«*. Hier können Sie punkten! **Bei Thomas/Putzo/*Reichold* ZPO § 600 Rn. 1 ff. ist die Bindungswirkung des Vorbehaltsurteils für das Nachverfahren gut kommentiert.**

Abgrenzung Nachverfahren – Berufung, wenn Vorbehaltsurteil nach § 600 ZPO vorliegt:

- Angriff richtet sich gegen Fragen, die von der Bindungswirkung erfasst sind: Berufung
- Angriff richtet sich gegen Fragen, die nicht von Bindungswirkung erfasst sind: Nachverfahren

II. Wichtigstes Examenswissen zur Prüfung der Zulässigkeit

87 Was ist bei der Prüfung der Zulässigkeit anzusprechen?

- Statthaftigkeit, §§ 511 I, 514 ZPO
- Beschwer, § 511 II ZPO
- Frist nach § 517 ZPO
- Frist nach § 520 II ZPO
- Form und Inhalt, §§ 519, 520 I, III, IV ZPO

Diese Voraussetzungen sind mit einem **Obersatz** der Prüfung voranzustellen!

Bei der Berufung müssen natürlich auch die allgemeinen Verfahrensvoraussetzungen (Parteifähigkeit, Prozessführungsbefugnis etc.) vorliegen, bei denen aber in der Regel keine Probleme versteckt sind und die daher unerwähnt bleiben können. Zu den besonderen Rechtsmittelvoraussetzungen dagegen müssen Sie **in der Klausur stets zumindest einen Satz** im Gutachten (bzw. die Bayern nur im Schriftsatz) schreiben.

Problem: Statthaftigkeit, §§ 511 I, 514 ZPO

- Die Berufung ist statthaft gegen erstinstanzliche Endurteile und gegen solche Urteile, die einem Endurteil gleich gestellt sind (§§ 280 II, 302 III, 304 II, 599 III ZPO).
- Nach § 514 I ZPO ist gegen ein Versäumnisurteil nicht die Berufung sondern der Einspruch nach §§ 330 ff. ZPO statthaft, es sei denn es handelt sich um ein zweites Versäumnisurteil nach § 514 II ZPO.

Problem: Beschwer, § 511 II ZPO

- Der Kläger ist beschwert, wenn das Urteil nachteilig von den in der ersten Instanz gestellten Anträgen abweicht, der Beklagte, wenn ihn das erstinstanzliche Urteil rechtlich belastet. Der Beschwerdewert muss **über 600 EUR** liegen **oder** das erstinstanzliche Gericht die Berufung nach **§ 511 IV ZPO** zugelassen haben. Gegen die Nichtzulassung der Berufung: § 321a ZPO und im äußersten Fall Verfassungsbeschwerde!

---

179 Beispiele aus: Prüfungsaufgaben der Zweiten Juristischen Staatsprüfung in Baden-Württemberg, Bearbeiter: *Rolf Renner*, Herausgeber: Justizministerium Baden-Württemberg, 23.

Problem: Form und Inhalt, §§ 519 I, II, 520 I, III, IV ZPO

- In §§ 519 I, II, 520 I, III, IV ZPO sind Zulässigkeitsaspekte der Berufung geregelt. Daher müssen Sie hier im Gutachten die dort geregelten förmlichen Voraussetzungen nacheinander darstellen (dh im Prinzip die Vorschriften »in kurz« abschreiben!).
- Beachten Sie: Die Berufung ist nach § 519 I ZPO beim übergeordneten Berufungsgericht (»iudex ad quem«) einzulegen (und gerade nicht beim Gericht, dessen Entscheidung angegriffen wird – »iudex a quo«).

Problem: Frist zur Berufungseinlegung, § 517 ZPO (ein Monat ab Zustellung des Urteils)

- Die Fristberechnung für die Einlegungsfrist erfolgt nach § 222 ZPO iVm §§ 187, 188 BGB. Die Monatsfrist für die Berufung beginnt erst mit der Zustellung einer Ausfertigung des in **vollständiger Form** abgefassten Urteils (nach § 317 ZPO reicht auch beglaubigte Abschrift). Klausuren aus dem Berufungsrecht werden **häufig mit Zustellungsproblemen** »angedickt«, vgl. zur Zustellungsproblematik die Hinweise bei → Rn. 50e. Lesen Sie auch **§ 517 Alt. 2 ZPO**.
- Wenn die Frist von einem anderen Streitgenossen gewahrt wurde, so gilt die **Vertretungsfiktion des § 62 ZPO** nur bei notwendiger Streitgenossenschaft. Wenn die Frist von einem Streithelfer/Nebenintervenienten gewahrt wurde, so wirkt diese auch für den Berufungskläger, § 67 ZPO.
- Wurde die Berufung bereits eingelegt, so ist die Rechtzeitigkeit der Berufungseinlegung zu prüfen. »Klassiker«: Die Büroangestellte des Anwalts wirft den **Schriftsatz beim falschen Gericht** ein (zB AG statt LG). Bei rechtzeitiger Weiterleitung durch das unzuständige Gericht ergibt sich keine Fristproblematik. Wird die Frist versäumt, weil das unzuständige Gericht trotz genügend Zeit den Schriftsatz nicht weitergeleitet hat (Pflicht zur Weiterleitung aus dem Recht auf faires Verfahren nach Art. 2 I GG iVm Rechtsstaatsprinzip), so rechtfertigt dies eine **Wiedereinsetzung** nach § 233 ZPO.[180]

Problem: Berufungsbegründungsfrist, § 520 II ZPO (zwei Monate ab Zustellung des Urteils)

- Die Berufungsbegründungsfrist beträgt zwei Monate und beginnt zeitgleich mit der einmonatigen Einlegungsfrist ab Zustellung des erstinstanzlichen Urteils.
- Eine Fristverlängerung kommt nach § 520 II 2, 3 ZPO in Betracht. Der Antrag auf Verlängerung ist vor Ablauf der Frist zu stellen. Ein Rechtsanwalt darf in der Regel erwarten, dass einem ersten Antrag auf Verlängerung der Berufungsbegründungsfrist entsprochen wird, wenn er einen erheblichen Grund vorträgt.[181] Die Berufungsbegründungsfrist kann nicht unter einer Bedingung verlängert werden. Geschieht dies dennoch, ist nur die Bedingung unwirksam, die Fristverlängerung ist hingegen wirksam, so jüngst der BGH. Dies dürfte auch für die Frist des § 517 II ZPO gelten.
- Wenn die Frist des § 520 II ZPO versäumt wurde, so kommt eine **Wiedereinsetzung** in den vorigen Stand nach Maßgabe von § 233 ZPO in Betracht.[182]

Zur Notendifferenzierung wird das LJPA oft den Gag einbauen, dass die Berufung bereits einmal eingelegt, dann aber zurückgenommen wurde. Ist jetzt eine **erneute Einlegung der Berufung zulässig**? Erst nachdenken, dann Fußnote lesen![183]

---

180 BGH NJW-RR 2016, 1340; MDR 2013, 240; Thomas/Putzo/*Hüßtege* ZPO § 233 Rn. 27. Gibt das Ausgangsgericht in der Rechtsbehelfsbelehrung das falsche Gericht an, dann kann dort sogar fristwahrend Berufung eingelegt werden (Gericht muss dann analog § 281 ZPO die Akten weiterleiten), so BGH NJW 2018, 3720 ff. zum UrhG.

181 BGH MDR 2018, 173 f.; NJW-RR 2017, 1532 ff.

182 Thomas/Putzo/*Reichold* ZPO § 520 Rn. 15.

183 Klausurtaktisch muss die Antwort ja sein. Und so ist es auch, vgl. dazu Thomas/Putzo/*Reichold* ZPO § 516 Rn. 8.

III. Wichtigstes Examenswissen zur Prüfung der Begründetheit

88   Was ist bei der Prüfung der Begründetheit anzusprechen?

- Verfahrensverstöße (Verletzung formellen Rechts)
- (Inhaltlicher) Rechtsfehler (Verletzung materiellen Rechts)
- Vortrag neuer Tatsachen möglich?

Diese Punkte sind mit §§ 513 I, 546 ZPO in einem **Obersatz** der Prüfung voranzustellen!

Die Begründetheit der Berufung iSv §§ 513 I, 546 ZPO (diese Normen sind in der Klausur zu nennen!) prüfen Sie in zwei Schritten: Zuerst ist zu untersuchen, ob dem erstinstanzlichen Gericht **Verfahrensverstöße** unterlaufen sind, die **entscheidungserheblich** sind. Hier kommt neben allen möglichen Verstößen gegen Verfahrensvorschriften der ZPO vor allem der Verstoß gegen das rechtliche Gehör (Art. 103 I GG) und die richterliche Hinweispflicht gem. § 139 ZPO infrage.

Nach der Untersuchung des Urteils auf Verfahrensverstöße prüfen Sie, ob die **Klage zulässig und begründet** bzw. unzulässig/unbegründet war (je nachdem, wen Sie vertreten!), bzw. – anders formuliert – ob dem Gericht in dem angegriffenen Urteil bei der Prüfung der Zulässigkeit und vor allem Begründetheit ein **Rechtsfehler unterlaufen** ist, der entscheidungserheblich ist. Bedenken Sie bei der Prüfung der Zulässigkeit der Klage, dass nach § 513 II ZPO die Berufung nicht darauf gestützt werden kann, dass das Gericht des ersten Rechtszuges seine sachliche oder örtliche Zuständigkeit zu Unrecht angenommen hat. Auch die Zulässigkeit des Rechtsweges wird nicht geprüft, vgl. § 17a V GVG. Die übrigen Zulässigkeitsaspekte sind natürlich relevant. »Rechtsfehler« meint, dass das Gericht eine Rechtsfrage falsch entschieden hat oder von falschen Tatsachen ausgegangen (dh, es bestehen Zweifel an der Richtigkeit und Vollständigkeit der Tatsachenfeststellung) ist. Dabei liegen Zweifel zB schon dann vor, wenn eine gewisse Wahrscheinlichkeit dafür besteht, dass sich im Falle einer erneuten Beweiserhebung die Unrichtigkeit der erstinstanzlichen Feststellung herausstellt. **Der Vortrag neuer oder anderer Tatsachen ist durch §§ 529, 531 ZPO**[184] **erheblich eingeschränkt.** Des Weiteren ist auch hier erforderlich, dass das Urteil auf dem Rechtsfehler »beruht«, es also ohne die gerügte Rechtsverletzung bzw. ohne die Berücksichtigung der falschen Tatsache zugunsten des Mandanten ergangen wäre bzw. hätte ergehen können (bereits die Möglichkeit reicht aus).[185]

Klausurtipp: Eine Besonderheit besteht bei der **Berufung nach § 514 II ZPO** gegen ein zweites Versäumnisurteil. Was ist überhaupt ein zweites Versäumnisurteil? Lesen Sie § 345 ZPO! Hier beschränkt sich nach hM das mögliche Verteidigungsvorbringen darauf, dass der Mandant im Einspruchstermin nicht säumig oder die Säumnis nicht verschuldet war (zB Ladungsfehler, Richter hat zulässige Vertretung durch Streitgenossen übersehen, plötzlicher Krankenhausaufenthalt, Gericht missachtet § 700 IV 2 ZPO). Dies ergibt sich bereits aus dem Wortlaut der §§ 514 II, 345 ZPO. Nach Erfolg der Berufung geht das Verfahren in der Regel in erster Instanz weiter, vgl. § 538 II Nr. 6 ZPO. Anders ist es, wenn das **Versäumnisurteil nach Erlass eines Vollstreckungsbescheides** gem. § 700 VI ZPO wegen Säumnis im Verhandlungstermin über den Vollstreckungsbescheid ergangen ist. Der Vollstreckungsbescheid steht nach § 700 I ZPO einem ersten Versäumnisurteil gleich, sodass **bei Säumnis des Einspruchsführers** im Termin das nach § 700 VI ZPO ergehende Versäumnisurteil **rechtlich ein zweites Versäumnisurteil darstellt.** Dann kann sich der Beklagte auch in der Berufung nach § 514 II ZPO damit verteidigen, dass die Klage unzulässig oder unschlüssig war. Nach hM ist dies zulässig, da der Richter im Einspruchstermin diese Aspekte wegen § 700 VI ZPO ebenfalls prüfen muss, bevor er den Einspruch wegen der Säumnis verwerfen darf (ist im Thomas/Putzo bei ZPO § 700 Rn. 21 ff. alles schön kommentiert!). Zudem darf mit der Berufung vorgetragen werden, dass der Erlass des Vollstreckungsbescheides verfahrensmäßig unzulässig war. Hier kann es dann zB um die Prüfung von § 699 ZPO und § 694 ZPO gehen. Dies war zuletzt Gegenstand der Z IV-Klausur im Märztermin 2012 und 2018.

---

184 Nach BGH MDR 2019, 117 ff. gilt § 531 ZPO nicht für die erstmalige Erklärung eines Gestaltungsrechts nach Schluss der erstinstanzlichen mündlichen Verhandlung.

185 BGH NJW 2016, 2890; 2004, 1876; Thomas/Putzo/*Reichold* ZPO § 513 Rn. 2.

IV. Die Zweckmäßigkeitserwägungen bei Klausurtyp 4

Welche Zweckmäßigkeitserwägungen sind möglich? **89**

- Rat an den Mandanten, ggf. Auswahl der anzugreifenden Punkte
- Schnelle Einreichung bei Zeitdruck
- Welcher Antrag ist zu stellen
- Antrag nach §§ 707, 719 ZPO
- Antrag nach § 717 II ZPO
- PKH-Antrag
- Streitverkündung gg. vorherigen Anwalt, §§ 72 ff. ZPO
- Antrag nach § 543 ZPO

Zuerst stellen Sie nach dem obligatorischen **Obersatz zur Zweckmäßigkeit** dar, welcher **Vorschlag** dem Mandanten zu machen ist (Ausnahme: Bayern, wenn kein Hauptgutachten zu fertigen ist – hier ergibt sich der Rat an den Mandanten aus Ihrem Schriftsatz). Bei festgestellter Erfolgsaussicht soll dem Mandanten daher geraten werden, (gegebenenfalls teilweise) Berufung einzulegen.

Wenn der Schriftsatz aufgrund **Zeitablaufs schnell zugestellt** werden muss, so kommen die bei Typ 1 dargestellten Möglichkeiten (sofortige Einreichung, Einreichung per Fax, Einreichung per elektronischem Dokument) auch hier in Betracht.

Wenn die Berufung bereits begründet werden soll (was im Examen der Regelfall ist), so sollten Sie in der Zweckmäßigkeit kurz auf den dann zu stellenden **Antrag** eingehen. Die wichtigsten Beispiele sind unter Teil V im praktischen Teil aufgezählt. Die (restriktive) Möglichkeit, die ursprünglichen Anträge der ersten Instanz zu ändern, regelt die dann zu prüfende Norm **§ 533 ZPO** (→ Rn. 92). Darauf war in jeder Berufungsklausur der letzten Jahre dezidiert einzugehen!

Dann sollten Sie darlegen, dass aus anwaltlicher Vorsicht die vorläufige Einstellung der Zwangsvollstreckung nach **§§ 707, 719 ZPO** beantragt werden sollte (das wird gerne übersehen, denken *Sie* bitte daran! **an die Bayern: Achtung, in** *Kroiß/Neurauter* **FormB Rechtspflege Muster Nr. 15 und 16 fehlt leider auch in der aktuellen Auflage dieser extrem wichtige Antrag!**). Wegen der ohnehin erforderlichen Glaubhaftmachung macht ein Antrag nach §§ 707, 719 ZPO nur Sinn, wenn zugleich die Berufung begründet wird.

Ist der Mandant Vollstreckungsschuldner und hat dieser bereits unter Vollstreckungsdruck gezahlt oder wurde bereits (teilweise) vollstreckt, so ist an den Schadensersatzanspruch aus **§ 717 II ZPO** zu denken.[186] Wenn ein Anspruch besteht, so ist es zweckmäßig, diesen bereits in der Berufungsinstanz im Wege des Inzidentantrages nach § 717 II 2 ZPO zu stellen (dh als zusätzlichen Berufungsantrag ohne die Widerklage-Terminologie). Der Anspruch entsteht zwar erst mit Aufhebung des Urteils, kann jetzt aber schon anhängig gemacht werden. Gegenüber einer gewöhnlichen Widerklage hat der Inzidentantrag den Vorteil, dass § 717 II 2 ZPO fingiert, dass der Anspruch bereits zum Zeitpunkt der Vollstreckung bzw. Abwendungsleistung rechtshängig geworden ist und der Gläubiger daher ab diesem Zeitpunkt Zinsen schuldet. Zudem unterliegt der Inzidentantrag nicht den strengen Zulässigkeitsvoraussetzungen der Widerklage. Da der Anspruch aus § 717 II ZPO ohnehin nur dann greift, wenn das angegriffene Urteil aufgehoben wird, handelt es sich um einen Fall des uneigentlichen Hilfsantrages.[187] Der Antrag sollte daher von vornherein entsprechend formuliert werden.

Gegebenenfalls ist auf die Frage der Verknüpfung von Berufungseinlegung und dem Antrag auf **Prozesskostenhilfe nach §§ 114 ff. ZPO** einzugehen. In Betracht kommt die Beantragung von Prozesskostenhilfe verbunden mit der Berufungseinlegung, wobei hier ein Kostenrisiko zulasten des Mandanten besteht, wenn die Prozesskostenhilfe nicht bewilligt wird. Eine Beru-

---

186 *Kaiser/Kaiser/Kaiser* ZwangsVollstr-Klausur Rn. 3.
187 *Kraft* JuS 1997, 734; *Kaiser/Kaiser/Kaiser* Zivilgerichtsklausur I Rn. 323

fungseinlegung unter der Bedingung der Prozesskostenhilfe-Bewilligung ist unzulässig.[188] Der »Trick« ähnlich wie im Falle einer Klage, die Zustellung der Berufung von der Bewilligung von Prozesskostenhilfeabhängig zu machen, ist bei Rechtsmitteln unzulässig.[189] Scheut man das Risiko, dass die Berufung bereits läuft, bleibt nichts anderes übrig als erstmal nur isoliert Prozesskostenhilfe zu beantragen. Dann ist von Ihnen zu erwähnen, dass bei nicht rechtzeitiger Entscheidung über den Prozesskostenhilfe-Antrag eine Wiedereinsetzung nach § 233 ZPO in die Berufungsfrist infrage kommt. Das Unvermögen zur Berufungseinlegung infolge Geldmangels wird grundsätzlich als Entschuldigungsgrund iSv § 233 ZPO angesehen. Sind dann sowohl die Einlegungs- als auch die Begründungsfrist abgelaufen, so muss auch für beide Fristen um Wiedereinsetzung ersucht werden.

Gab es einen Anwaltswechsel und hat der »alte« Anwalt die Einlegung der Berufung fehlerhaft unterlassen, die Sie jetzt als neuer Anwalt aber noch »in letzter Sekunde« vornehmen, so sollte für den Fall der Niederlage in der Berufungsinstanz an eine **Streitverkündung nach §§ 72 ff. ZPO** gegenüber dem alten Anwalt gedacht werden (vgl. → Rn. 22). Dasselbe, wenn in der verloren gegangenen ersten Instanz ein anderer Anwalt mandatiert war und aufgrund eines anwaltlichen Fehlers die erste Instanz verloren wurde (so zB wie im Märztermin 2019).

Schließlich könnte auch an einen **Antrag auf Zulassung der Revision nach § 543 ZPO** gedacht werden, wenn die Voraussetzungen von § 543 II ZPO vorliegen.

V. Praktischer Teil

90 Hier verfassen Sie je nach Aufgabenstellung entweder nur den Entwurf der Berufungseinlegung, den Entwurf der Berufungsbegründung oder beides in einem. Dazu kommen gegebenenfalls das Mandantenschreiben und/oder Schreiben an Dritte.

Folgende Anträge sind am klausurrelevantesten:

- **Lediglich Berufungseinlegung ohne Berufungsantrag/-begründung**

  > Lege ich namens und in Vollmacht des Beklagten und Berufungsklägers Berufung gegen das Urteil des … vom … ein. Eine beglaubigte Kopie des angefochtenen Urteils füge ich bei.
  > Die Begründung bleibt einem weiteren Schriftsatz vorbehalten

- **(Volle) Berufung des Beklagten gegen ein klagezusprechendes Urteil**[190]

  > Unter Abänderung des Urteils des … vom …, Aktenzeichen …, wird die Klage abgewiesen.

- **(Volle) Berufung des Beklagten gegen ein teilweise klagezusprechendes Urteil**

  > Unter teilweiser Abänderung des Urteils des … vom …, Aktenzeichen …, wird die Klage in vollem Umfang abgewiesen.

- **(Volle) Berufung des Klägers gegen ein klageabweisendes Urteil**

  > Unter Abänderung des Urteil des … vom …, Aktenzeichen …, wird der Beklagte verurteilt, …

- **(Volle) Berufung des Klägers gegen ein teilweise klageabweisendes Urteil**

  > Unter teilweiser Abänderung des Urteils des … vom …, Aktenzeichen …, wird der Beklagte verurteilt …

---

188 BGH BeckRS 2018, 9386; Thomas/Putzo/*Reichold* ZPO § 519 Rn. 4; *Fölsch* NJW 2009, 2796 f. mwN.

189 BGH FamRZ 2011, 29; *Fölsch* NJW 2009, 2796 f. mwN.

190 ZT wird auch ein Antrag auf »Aufhebung« statt auf »Abänderung« des erstinstanzlichen empfohlen bzw. praktiziert (vgl. **zB in Bayern** *Kroiß/Neurauter* **FormB Rechtspflege Muster Nr. 16 und Thomas/ Putzo/*Reichold* ZPO Vorbem § 511 Rn. 43 ff.**). Dogmatisch korrekter ist jedoch die zweite Variante, vgl. §§ 520 III 2 Nr. 1, 538 II 1, 528 S. 2 ZPO.

- **Berufung gegen ein zweites VU nach § 514 II ZPO**

  Das Versäumnisurteil des ... vom ..., Aktenzeichen ..., wird aufgehoben und das Verfahren zur erneuten Verhandlung und Entscheidung an das ... zurückverwiesen.

- **Berufung gegen das spezielle zweite VU nach §§ 700 I, IV, 514 II ZPO**

  Das Versäumnisurteil des ... vom ..., Aktenzeichen ..., und der Vollstreckungsbescheid vom ..., Aktenzeichen ..., werden aufgehoben und die Klage abgewiesen.

Bei der **Begründung** konzentrieren Sie sich darauf, **die gefundenen Angriffspunkte** gegen das erstinstanzliche Urteil sauber abzuarbeiten. Beachten Sie, dass anders als im Rubrum, die Parteien im weiteren Text des Schriftsatzes üblicherweise lediglich mit ihrer **erstinstanzlichen Bezeichnung** (also Kläger/Beklagter) bezeichnet werden, nicht mit Berufungskläger etc.

91   Nun ein **Muster** für einen Berufungseinlegung- und Begründungsschriftsatz:

Name des Rechtsanwalts   Datum
Adresse des Rechtsanwalts

An
Name und Adresse des Gerichts

Berufung und Berufungsbegründung   – ENTWURF –

In der Sache

des ... (jetzt volles Rubrum, Parteien heißen zB Kläger und Berufungsbeklagter sowie Beklagter und Berufungskläger)

Aktenzeichen erster Instanz ...

lege ich namens und in Vollmacht des Beklagten und Berufungsklägers

Berufung

gegen das Urteil des ... vom ... ein. Eine beglaubigte Kopie des angefochtenen Urteils füge ich bei.

Ich werde beantragen,

   das Urteil des ... vom ..., Aktenzeichen ..., abzuändern und die Klage abzuweisen.

Zudem wird beantragt,

   die Zwangsvollstreckung aus dem Urteil des ... vom ..., Aktenzeichen ..., ohne Sicherheitsleistung, hilfsweise gegen Sicherheitsleistung, vorläufig einzustellen.

Begründung:

Einleitungssatz
Darstellung der Berufungsgründe
Glaubhaftmachung wg. §§ 719, 707 ZPO
Stellungnahme nach § 520 IV ZPO

Unterschrift

Wenn neben der **Berufungseinlegung auch eine Wiedereinsetzung** beantragt wird, so können Sie wie folgt formulieren:

Name des Rechtsanwalts   Datum
Adresse des Rechtsanwalts

An
Name und Adresse des Gerichts

                    Berufung und Berufungsbegründung   – ENTWURF –

                              In der Sache

des ... (jetzt volles Rubrum wie eben)

Aktenzeichen erster Instanz ...

... beantrage ich namens und in Vollmacht des Beklagten und Berufungsklägers

    Wiedereinsetzung in die abgelaufene Berufungseinlegungs- und Begründungsfrist.

Gleichzeitig lege ich namens und in Vollmacht des Beklagten und Berufungsklägers

                              Berufung

gegen das Urteil des ... vom ... ein. Eine beglaubigte Kopie des angefochtenen Urteils füge ich bei.

Ich werde beantragen,

    das Urteil des ... vom ..., Aktenzeichen ..., abzuändern und die Klage abzuweisen.

Zudem wird beantragt,

    die Zwangsvollstreckung aus dem Urteil des ... vom ..., Aktenzeichen ..., ohne Sicherheitsleistung, hilfsweise gegen Sicherheitsleistung, vorläufig einzustellen.

Begründung:

Einleitungssatz
Darlegung der Voraussetzungen von § 233 ZPO (inkl. Glaubhaftmachung)
Darstellung der Berufungsgründe
Glaubhaftmachung wg. §§ 719, 707 ZPO
Stellungnahme nach § 520 IV ZPO

Unterschrift

F. Die Anwaltsklausur aus Sicht des Berufungsbeklagten

92 Aus Sicht des Berufungsbeklagten muss Ihr Interesse dahin gehen, dass das angefochtene Urteil Bestand hat. Dies ist dann der Fall, wenn die Berufung unzulässig und/oder unbegründet ist. Sie müssen – wenngleich mit diametral anderer Zielrichtung – also die gleichen Erwägungen und Überlegungen anstellen wie der Anwalt des Berufungsführers und diese dann in ein Gutachten plus einen Schriftsatz ans Gericht gießen. Im Rahmen der Zweckmäßigkeit wird es in der Regel auf folgenden Aspekt hinauslaufen:

Sie sollten in jedem Fall auf den **Antrag** eingehen. Unzulässige Berufungen sind grundsätzlich zu »*verwerfen*«, während unbegründete Berufungen »*zurückgewiesen*« werden.

Besondere Aufmerksamkeit sollten Sie als Anwalt des Berufungsbeklagten der Möglichkeit einer eigenen selbstständigen Berufung oder einer in **§ 524 ZPO** geregelten **Anschlussberufung** beimessen. Eine eigene Berufung des Berufungsbeklagten setzt zunächst deren Zulässigkeit voraus, also eine ausreichende Beschwer und die Einhaltung der Monatsfrist seit Zustellung des Urteils. Daran dürfte es meistens scheitern, weil der Mandant bei Ihnen voraussichtlich erst mit der Berufungsbegründung vorsprechen wird, die vermutlich erst kurz vor Ablauf der zweimonatigen Berufungsbegründungsfrist, also nach Ablauf der Einlegungsfrist, eingegangen sein dürfte. Näher liegt die Überlegung, bei Erfolgsaussicht eine Anschlussberufung einzulegen. Die maßgeblichen Unterschiede zur selbstständigen Berufung bestehen darin, dass weder eine Beschwer noch die Einhaltung der Berufungsfrist erforderlich sind. Die Anschlussberufung kann vielmehr innerhalb der dem Berufungsbeklagten gesetzten Erwiderungsfrist eingelegt werden. Ist diese Frist abgelaufen, so wird eine Wiedereinsetzung nach § 233 ZPO nicht zugelassen (Argument: Wortlaut § 233 ZPO). Das Risiko eines Kostennachteils besteht im Fall einer unzulässigen oder unbegründeten Anschlussberufung sowie bei Zurückweisung der Hauptberufung gem. § 522 II ZPO. Dann soll nach hM nach den unterschiedlichen Streitwerten von Haupt- und Anschlussberufung, ohne deren Begründetheit oder Erfolgsaussicht zu berücksichtigen, gequotelt werden.

Zum Teil werden Klausuren mit eigenen **Ansprüchen des Mandanten** gegen den Berufungskläger »angedickt«. Hier ist **§ 533 ZPO** wichtig (lesen!), der die Frage der Klageänderung, Aufrechnungserklärung und Widerklage in der Berufungsinstanz regelt. Beachten Sie zu § 533 ZPO folgende klausurrelevante Aspekte (zB Augusttermin 2018!):

1. Die Erhebung der Widerklage setzt eine zulässige Berufung oder Anschlussberufung des Beklagten voraus.
2. § 533 ZPO gilt auch für Drittwiderklagen, hier muss der Dritte aber zustimmen, da ihm eine Instanz genommen wird (nicht im Thomas/Putzo kommentiert, Punkt 3 auch nicht!).
3. § 533 ZPO gilt nicht für Widerklagen nach § 256 II ZPO und für das Zurückbehaltungsrecht.

2. Teil: Die Anwaltsklausur aus dem Zwangsvollstreckungsrecht

A. Einleitung und Aufbaufragen

Der Schwerpunkt soll jetzt auf der Frage liegen, wie Sie aus der **Situation der Anwaltsklausur** mit diesem Klausurtyp umgehen können. Dabei wird nicht auf die einzelnen auch in Anwaltsklausuren eingebauten Examensprobleme zu den jeweiligen Rechtsbehelfen eingegangen. Hierzu sollten Sie die entsprechenden Ausführungen in unserem **Lehrbuch** *Kaiser/Kaiser/Kaiser* **ZwangsVollstr-Klausur** unbedingt durcharbeiten!

Für den **Aufbau des Hauptgutachtens** eignet sich bei »echten« Zwangsvollstreckungsklausuren (§§ 766, 767, 771, 805 ZPO, Einziehungsklage) in der Regel folgende Gliederung:

I. Mandantenbegehren[191]
II. Prüfung der Rechtsschutzmöglichkeit
III. Rechtsbehelf Nr. 1
    1. Zulässigkeit des Rechtsbehelfs
    2. Begründetheit des Rechtsbehelfs (ein- oder zweischichtig in Stationen)
    3. Beweisprognose (separat beim zweischichtigen oder integriert beim Rechtsbehelf im Falle des einschichtigen Aufbaus)
IV. Rechtsbehelf Nr. 2
    … (s. oben)
V. Rechtsbehelf Nr. 3
    … (s. oben)
VI. Zweckmäßigkeit

Vergessen Sie bitte nie, bei jedem neuen Prüfungsabschnitt einen **Obersatz** zu machen!

Fast immer kommen mehrere Rechtsbehelfe in Betracht, daher sind diese hintereinander auf die Zulässigkeit, Begründetheit und Beweisprognose durchzuprüfen, am Ende erfolgt dann eine Zweckmäßigkeitsprüfung. Es kann selbstverständlich sein, dass zugunsten des Mandanten **mehrere Rechtsbehelfe** eingelegt werden können. Im praktischen Teil müssten dann mehrere Schriftsatzentwürfe gefertigt werden, es sei denn die Rechtsbehelfe können nach § 260 ZPO verbunden werden oder es ergibt sich aus dem Sachverhalt oder Mandantenwunsch, dass eine Beschränkung auf einen Rechtsbehelf gewünscht/sinnvoll ist.

In den **bayerischen Schriftsatzklausuren** sind diese im Ringtausch im (Haupt-)Gutachten abzuklappernden Punkte in der gedanklichen Lösung der Klausur auf Ihrem Konzeptpapier durchzuprüfen und dann der Großteil auf den Schriftsatz und der Rest ins Hilfsgutachten und gegebenenfalls Mandantenschreiben zu verteilen (wie immer in Schriftsatzklausuren!).

> **Beachte: Bitte bauen Sie Ihr Hauptgutachten nicht anders auf als hier beschrieben!** Ein Kardinalfehler wäre es insbesondere, wie sonst üblich mit der Prüfung der materiellen Rechtslage anzufangen und erst am Ende mit der Prüfung der Rechtsbehelfe »die Katze aus dem Sack« zu lassen. Wir haben schon so oft in den Voten der Examenskorrektoren folgenden Satz gelesen: »*Die Prüfung beginnt aufbautechnisch misslungen mit einem materiellen Gutachten.*«

Möglich sind auch Rechtsbehelfsklausuren bezüglich der Klauselerteilung, allerdings lief es bislang am häufigsten auf die Prüfung der Einziehungsklage, der Erinnerung und der Klagen nach §§ 767, 771, 805 ZPO hinaus. Dort soll auch im Folgenden der Fokus liegen. Dabei war in Klausuren stets die **Sicht des Angreifers = zukünftigen Klägers** einzunehmen gewesen, sodass wir uns auf diese Variante konzentrieren. Vertreten Sie die Gegenseite, prüfen Sie dieselben Punkte, nur dann diametral anders aus Sicht des Gegners.

---

191 Im GJPA Berlin/Brandenburg ist das Mandantenbegehren vor das Gutachten zu setzen.

Was ist beim Gliederungspunkt »Prüfung der Rechtsschutzmöglichkeit« zu prüfen?

Dieser Prüfungspunkt dient im Hauptgutachten lediglich dazu, dem Korrektor so früh es geht zu zeigen, dass Sie den zwangsvollstreckungsrechtlichen Aufhänger der Klausur verstanden haben.

Formulierungsbeispiel:

Die Vorgehensweise des Rechtsanwalts wird sich am Rechtsschutzziel des Mandanten zu orientieren haben. Dies besteht vorliegend darin, die Zwangsvollstreckung aus … zu verhindern. Daher sind im Folgenden die dafür infrage kommenden Rechtsbehelfe zu überprüfen.

B. Die echten Zwangsvollstreckungsklausuren

I. Die Einziehungsklage

1. Allgemeines

Wenn eine Forderung des Zwangsvollstreckungsschuldners gegen einen Dritten durch einen Pfändungs- und Überweisungsbeschluss nach §§ 828 ff., 835 ZPO dem Mandanten überwiesen worden ist und der Dritte nicht zahlt, so kommt eine Klage gegen den Dritten in Betracht. Dies ist die sog. Einziehungsklage/Drittschuldnerklage. 94–95

2. Die Prüfung der Zulässigkeit der Einziehungsklage

In der Zulässigkeit sprechen Sie die »üblichen« in Einziehungssituationen eingebauten **Zulässigkeitsfragen** an.[192] Diese haben Sie schlicht auswendig zu lernen. 96

3. Die Prüfung der Begründetheit der Einziehungsklage

Hier ist zu untersuchen, ob zugunsten des Mandanten schlüssig zu den materiell-rechtlichen Erfolgsaussichten der Einziehungsklage vorgetragen werden könnte und ob dem Gegner Erhebliches dagegen zusteht. Lesen Sie dazu die Ausführungen bei *Kaiser/Kaiser/Kaiser* ZwangsVollstr-Klausur Rn. 49 ff., die dortigen Ausführungen müssen Sie sowieso lernen. 97

4. Die Zweckmäßigkeitserwägungen bei der Einziehungsklage

Welche Zweckmäßigkeitserwägungen sind möglich? 98

- Übliche Zweckmäßigkeitserwägungen von Typ 1 (vor allem Ob, Wer, Wen)
- Streitverkündung, § 841 ZPO
- Keine Geltendmachung der Pflicht aus § 840 ZPO
- Konkreter Inhalt des Antrages
- Geltendmachung sonstiger Ansprüche

Sie beginnen diesen Prüfungsabschnitt mit einem **Obersatz**!

Neben den üblichen Zweckmäßigkeitserwägungen (in der Regel denen von Typ 1-Klausuren, vor allem Ob, Wer, Wen) ist insbesondere die **Streitverkündung nach § 841 ZPO** eine wichtige prozesstaktische Erwägung. Aufgrund der sonst möglichen Schadensersatzpflicht des Mandanten ist es in der Regel zweckmäßig, dem Schuldner nach §§ 72 ff. ZPO den Streit zu verkünden.

Hat der Drittschuldner die **Drittschuldnererklärung** iSv § 840 ZPO noch nicht abgegeben, so ist es nicht ratsam, diese Pflicht neben der Einziehung einzuklagen. Das ergibt sich daraus, dass § 840 ZPO lediglich eine Obliegenheit normiert, jedoch keine einklagbare Pflicht.

Klausurtipp: Fragt der Mandant, welche Auswirkungen eine **verspätete Drittschuldnererklärung** im Prozess hätte, so gilt Folgendes: Wenn diese Erklärung zeigt, dass die gepfändete Forderung nicht (mehr) besteht und der Mandant daher den Prozess verlieren würde, so ist es zweckmäßig, ihm zu raten, die Klage umzustellen. Die Klage kann dann nämlich nach § 264 Nr. 3 ZPO auf das Verlangen nach Schadensersatz vom Drittschuldner wegen der verspäteten Drittschuldnererklärung umgeändert werden.[193]

Schließlich sollten Sie auf den **Antrag** eingehen. Bei Geldansprüchen ist es zweckmäßig, einen bestimmten Antrag auf Zahlung zu stellen, vgl. § 253 II Nr. 2 ZPO. Bei einer Pfändung iSv § 847 ZPO sollte der Antrag aber auf Herausgabe an den Gerichtsvollzieher lauten. Eine Verwertung erfolgt dann nach §§ 814 ff. ZPO.

---

192 *Kaiser/Kaiser/Kaiser* ZwangsVollstr-Klausur Rn. 49 ff.
193 *Kaiser/Kaiser/Kaiser* ZwangsVollstr-Klausur Rn. 54. Das kam alles schon in Klausuren vor!

Bestehen neben dem eingezogenen Anspruch **sonstige eigene Ansprüche** gegen den Drittschuldner, so können diese unter den Voraussetzungen von § 260 ZPO mit einer Einziehungsklage verbunden werden.

5. Praktischer Teil

99 Im praktischen Teil müssen Sie dann eine ganz »normale« Klageschrift (mit Streitverkündung) und eventuell das Schreiben an den Mandanten entwerfen.

II. Die Erinnerung, § 766 ZPO

1. Allgemeines

100–101 Die Erinnerung nach § 766 ZPO ist statthaft bei **Verfahrensfehlern des Zwangsvollstreckungsorgans**. Das dürfte bekannt sein.

2. Die Prüfung der Zulässigkeit der Erinnerung

102 Hier gelten die Ausführungen bei *Kaiser/Kaiser/Kaiser* ZwangsVollstr-Klausur **Rn. 58 ff.** Die Prüfung ist oft ein Schwerpunkt der Klausur!

3. Die Prüfung der Begründetheit der Erinnerung

103 Arbeiten Sie hierzu *Kaiser/Kaiser/Kaiser* ZwangsVollstr-Klausur **Rn. 64 ff.** durch. Die dortigen Ausführungen müssen Sie sowieso lernen.

> **Klausurtipp:** Bei der **Beweisprognose** sollten Sie beachten, dass das Pfändungsprotokoll oft ein wichtiges Beweismittel darstellt. Es handelt sich um eine öffentliche Urkunde iSv § 415 ZPO. Zudem kann gegebenenfalls auch auf die Aussage des Gerichtsvollziehers selbst zurückgegriffen werden (der Gerichtsvollzieher ist sog. »Augenscheinsmittler des Gerichts«).[194] Der Gerichtsvollzieher ist wegen seiner besonderen Verfahrensbeteiligung nicht Zeuge, seine Aussage ist vielmehr eine amtliche Auskunft.

4. Die Zweckmäßigkeitsüberlegungen bei der Erinnerung

104 Welche Zweckmäßigkeitserwägungen sind möglich?

- Übliche Zweckmäßigkeitserwägungen von Typ 1 (vor allem Ob, Wer, Wen)
- Einstweilige Anordnung nach § 732 II ZPO

Sie beginnen, wie immer, diesen Abschnitt mit einem **Obersatz**!

Hier gibt es eine besondere Problematik, die Sie stets darlegen müssen: Da die Erinnerung keinen Suspensiveffekt hat, empfiehlt es sich für den Schuldner, neben dem Antrag nach § 766 ZPO stets den **Erlass einer einstweiligen Anordnung** nach §§ 766 I 2, 732 II ZPO zu beantragen, um die Vollstreckung erstmal anzuhalten.[195] Glaubhaft gemacht werden muss hier grundsätzlich nicht eine besondere Dringlichkeit, sondern nur, dass der Rechtsbehelf in der Hauptsache (also § 766 ZPO) Erfolg haben wird.

5. Praktischer Teil

105 Für den Schriftsatz an das Gericht ist es wichtig, dass Sie die richtige **Terminologie** benutzen. Sie legen eine »*Erinnerung*« ein. Die Parteien heißen dann zB »*Gläubiger*« und »*Schuldner*«. Ist der Mandant weder Gläubiger noch Schuldner, sondern Dritter, so heißt er im Schriftsatz »*Erinnerungsführer*«. Die beteiligten Anwälte werden grundsätzlich als Verfahrensbevollmächtigte (und nicht als Prozessbevollmächtigte) bezeichnet.

---

194 *Brox/Walker* ZwangsVollstrR Rn. 1231.
195 *Kaiser/Kaiser/Kaiser* ZwangsVollstr-Klausur Rn. 84.

Die **wichtigsten Anträge** werden unten dargestellt. Wenn mit der Erinnerung ein **Pfändungs- und Überweisungsbeschluss angegriffen** wird, so sollten Sie im Antrag noch aufnehmen, dass das Gericht den (genau zu bezeichnenden) Pfändungs- und Überweisungsbeschluss aufhebt und die Zwangsvollstreckung aus ihm für unzulässig erklärt.

Formulierungsbeispiel für eine Erinnerung aus Schuldnersicht:

Auf die Erinnerung des Schuldners und Erinnerungsführers wird die am … durchgeführte Zwangsvollstreckung für unzulässig erklärt.

Formulierungsbeispiel für eine Rüge bei Erinnerung aus Sicht eines Dritten:

Auf die Erinnerung des Erinnerungsführers wird die am … durchgeführte Zwangsvollstreckung (ggf. in …) für unzulässig erklärt.

Formulierungsbeispiel für eine Rüge bei Erinnerung aus Gläubigersicht:

Der Gerichtsvollzieher wird angewiesen, die vom Gläubiger und Erinnerungsführer am … beantragte Pfändung des … nicht mit der Begründung zu verweigern, dass …

Formulierungsbeispiel für eine Rüge bei Erinnerung gegen einen Pfändungs- und Überweisungsbeschluss:

Auf die Erinnerung des Schuldners wird der Pfändungs- und Überweisungsbeschluss des AG … vom … (genau bezeichnet) aufgehoben. Der Antrag des Gläubigers auf Erlass des Pfändungs- und Überweisungsbeschlusses wird zurückgewiesen.

Und bei dem zusätzlichen Antrag nach § 732 II ZPO können Sie wie folgt formulieren:

Die Zwangsvollstreckung aus dem Urteil des … vom … wird einstweilen bis zum Erlass eines Beschlusses in der Hauptsache ohne, hilfsweise gegen Sicherheitsleistung, eingestellt.

Kostenanträge und Anträge zur vorläufigen Vollstreckbarkeit sind überflüssig.

III. Die Vollstreckungsgegenklage, § 767 ZPO

1. Allgemeines

Die Vollstreckungsgegenklage ist statthaft, wenn dem Vollstreckungsschuldner gegen den titulierten Anspruch **materiell-rechtliche Einwendungen** zustehen. 106–107

2. Die Prüfung der Zulässigkeit der Vollstreckungsgegenklage

Arbeiten Sie *Kaiser/Kaiser/Kaiser* ZwangsVollstr-Klausur Rn. 7 ff. durch. 108

3. Die Prüfung der Begründetheit der Vollstreckungsgegenklage

Arbeiten Sie *Kaiser/Kaiser/Kaiser* ZwangsVollstr-Klausur Rn. 13 ff. durch. 109

4. Die Zweckmäßigkeitserwägungen bei § 767 ZPO

Welche Zweckmäßigkeitserwägungen sind möglich? 110

* Übliche Zweckmäßigkeitserwägungen von Typ 1 (vor allem Ob, Wer, Wen)
* Aufrechnungserklärung im Prozess
* Herausgabe der vollstreckbaren Ausfertigung des Titels
* Geltendmachung sonstiger Ansprüche
* Zwischenfeststellungsklage, § 256 II ZPO
* Kombination mit anderen Rechtsbehelfen
* Einstweilige Anordnung nach § 769 ZPO
* Prozessvollmacht, § 81 ZPO

Sie beginnen auch diesen Prüfungsabschnitt mit einem **Obersatz**!

Neben den »üblichen« Erwägungen im Rahmen der Zweckmäßigkeit (vor allem die von Typ 1-Klausuren) sollten Sie vor allem folgende Klausuraspekte beachten:

Wenn die Einwendung iSv § 767 ZPO die Aufrechnung ist, so ist es zweckmäßig, in der Klageschrift die **Aufrechnungserklärung** selbst abzugeben, falls dies außerprozessual nicht bereits wirksam geschehen ist. § 174 BGB gilt dann nicht.

Die Klage nach § 767 ZPO (und die nach § 826 BGB und die Titelgegenklage analog § 767 I ZPO) kann bzw. sollte mit dem Begehren auf **Herausgabe des Titels** über § 260 ZPO verbunden werden, wobei die Zulässigkeit dieses Vorgehens sauber von Ihnen herauszuarbeiten ist.[196] Prozesstaktisch ratsam wäre es, den Herausgabeantrag nur für den Fall des Erfolgs der Vollstreckungsgegenklage – dh als unechten Hilfsantrag – zu stellen.[197]

Es kann zweckmäßig sein, **andere materiell-rechtliche Ansprüche** des Mandanten gegen den Zwangsvollstreckenden mit der Vollstreckungsgegenklage zu verbinden, wenn die Voraussetzungen von § 260 ZPO gegeben sind. Hier ist die **Sperrwirkungsproblematik** von § 767 ZPO gegenüber materiellen Ansprüchen darzulegen.[198]

Eine Verbindung der Klage nach § 767 ZPO mit einer **Zwischenfeststellungsklage gem. § 256 II ZPO** gegen den Vollstreckungsgläubiger kommt vor allem dann in Betracht, wenn dieser das Bestehen der materiell-rechtlichen Einwendung des Mandanten leugnet.[199] Der Antrag ist dann zB auf die Feststellung gerichtet, dass der titulierte Anspruch durch die bestimmte Einwendung erloschen ist. Ob ein entsprechender zusätzlicher Antrag tatsächlich zweckmäßig ist, hängt vom Klausursachverhalt (kann die Frage des Erlöschens des titulierten Anspruchs irgendwann noch mal relevant werden?) und vom Willen des Mandanten ab. Wegen der damit verbundenen höheren Kosten und des gegebenenfalls höheren Prozessaufwandes sollte der Antrag nur bei konkreten Anhaltspunkten gestellt werden. Dieses Problem sollten Sie aber in jedem Fall in der Zweckmäßigkeit ansprechen! Wie Sie sich entscheiden ist zweitrangig.

Auch eine Klagenhäufung mit der **Unterlassungsklage nach § 826 BGB** kann relevant werden. Dies kommt vor allem dann in Betracht, wenn die Präklusion der Einwendung nicht sicher ist. Der Anwalt könnte dann den Hauptantrag auf § 767 ZPO stützen und hilfsweise das Begehren mit § 826 BGB begründen. Voraussetzung ist natürlich, dass für beide Klagen dasselbe Gericht zuständig ist. Sonst scheitert eine Verbindung schon an § 260 ZPO.

Wenn auch der Titel selbst unwirksam oder unbestimmt ist, so kommt eine Klagenhäufung mit einer **sog. Titelgegenklage (§ 767 I ZPO analog)** infrage.[200] Zweckmäßig dürfte es hier sein, vor allem bei der Aufrechnung als materiellen Einwand die Gegenforderung nur zu opfern, wenn der Titel wirksam ist. Als Hauptantrag müsste dann die Titelgegenklage und erst als Hilfsantrag die Vollstreckungsgegenklage gestellt werden.

Wegen des fehlenden Suspensiveffekts der Vollstreckungsgegenklage (gilt auch für die Klage nach § 826 BGB und die Titelgegenklage) empfiehlt sich zusätzlich der Antrag nach § 769 ZPO auf Erlass einer **einstweiligen Anordnung,** damit aus dem Titel nicht weiter vollstreckt werden kann.[201] Denken Sie stets daran, dass die Voraussetzungen des § 769 ZPO glaubhaft gemacht werden müssen. Hier wird es in der Klausur in der Regel auf eine eidesstattliche Versicherung des Mandanten oder von Dritten hinauslaufen. Glaubhaft gemacht werden muss hier – wie auch bei § 732 II ZPO – grundsätzlich nicht eine besondere Dringlichkeit, sondern nur, dass der Rechtsbehelf in der Hauptsache (also die gleichzeitig einzureichende Vollstreckungsgegenklage)[202] Erfolg haben wird. Liegt jedoch zusätzlich auch eine gewisse Dringlichkeit vor, so sollte diese natürlich auch vorgetragen werden.

---

196 Vgl. ausführlich dazu *Kaiser/Kaiser/Kaiser* ZwangsVollstr-Klausur Rn. 12.
197 *Kaiser/Kaiser/Kaiser* Zivilgerichtsklausur I Rn. 323.
198 *Kaiser/Kaiser/Kaiser* ZwangsVollstr-Klausur Rn. 12.
199 *Kaiser/Kaiser/Kaiser* ZwangsVollstr-Klausur Rn. 8.
200 *Kaiser/Kaiser/Kaiser* ZwangsVollstr-Klausur Rn. 9. **Sehr klausurrelevant!**
201 *Kaiser/Kaiser/Kaiser* ZwangsVollstr-Klausur Rn. 26; *Kaiser* NJW 2014, 364 ff.
202 § 769 ZPO setzt nach hM voraus, dass gleichzeitig der Hauptsacherechtsbehelf eingelegt wird.

Es kann sein, dass das Prüfungsamt in den Klausursachverhalt das Problem der **fehlenden Spezialvollmacht** für das Verfahren nach § 767 ZPO eingebaut hat. Hierzu sollten Sie den § 81 ZPO zitieren (lesen!).

5. Praktischer Teil

Im Falle des § 767 ZPO müssen Sie im praktischen Teil in der Regel den Entwurf der Klage- 111 schrift und gegebenenfalls das Mandantenschreiben anfertigen.

> **Der Standardantrag lautet in der Regel:**
>
> Die Zwangsvollstreckung aus dem Urteil des … vom … wird für unzulässig erklärt.
> (Diesen Antrag nehmen Sie auch, wenn Sie § 767 ZPO mit der Titelgegenklage kombinieren.)
>
> **Bei Bestehen eines Zurückbehaltungsrechts beantragen Sie:**
>
> Die Zwangsvollstreckung aus dem Urteil des … vom … darf nur Zug um Zug gegen… fortgesetzt werden.
>
> **Wenn nur hinsichtlich eines Teils des Anspruches Einwendungen bestehen:**
>
> … wird wegen eines Betrages von … für unzulässig erklärt.
>
> **Ein zusätzlicher Antrag auf Titelherausgabe lautet zB:**
>
> Der Beklagte wird verurteilt, die vollstreckbare Ausfertigung des Urteils des … vom …, Aktenzeichen …, an den Kläger herauszugeben.
>
> **Ein zusätzlicher Feststellungsantrag nach § 256 II ZPO lautet zB:**
>
> Es wird festgestellt, dass die durch das Urteil des … vom …, Aktenzeichen …, titulierte Werklohnforderung des Beklagten in Höhe von … durch Zahlung des Klägers am … erloschen ist.
>
> **Im Falle des Antrages nach § 769 ZPO können Sie den zusätzlichen Antrag wie folgt formulieren:**
>
> Die Zwangsvollstreckung aus dem Urteil des … vom … wird einstweilen bis zum Erlass des Urteils in dieser Sache ohne, hilfsweise gegen Sicherheitsleistung eingestellt.

IV. Die Drittwiderspruchsklage, § 771 ZPO

1. Allgemeines

Glaubt der Mandant, dass er durch die Zwangsvollstreckung in einem anderen Vollstreckungs- 112–113 verhältnis in seinem materiellen Recht verletzt wurde, so kann er sich mithilfe der Drittwiderspruchsklage nach § 771 ZPO wehren, sofern ihm ein Interventionsrecht zusteht.

2. Die Prüfung der Zulässigkeit der Drittwiderspruchsklage

Lesen Sie hierzu *Kaiser/Kaiser/Kaiser* ZwangsVollstr-Klausur Rn. 29 ff. 114

3. Die Prüfung der Begründetheit der Drittwiderspruchsklage

Lesen Sie hierzu *Kaiser/Kaiser/Kaiser* ZwangsVollstr-Klausur Rn. 34 ff. 115

4. Die Zweckmäßigkeitserwägungen bei § 771 ZPO

Welche Zweckmäßigkeitserwägungen sind möglich? 116

- Übliche Zweckmäßigkeitserwägungen von Typ 1 (vor allem Ob, Wer, Wen)
- Geltendmachung sonstiger Ansprüche
- Geltendmachung von Ansprüchen gegen den Schuldner
- Zwischenfeststellungsklage, § 256 II ZPO
- Einstweilige Anordnung nach § 769 ZPO

Sie beginnen die Darstellung wie immer mit einem **Obersatz**!

Neben den »üblichen« Erwägungen im Rahmen der Zweckmäßigkeit (vor allem die von Typ 1-Klausuren) sollten Sie vor allem folgende Klausuraspekte beachten:

Gegebenenfalls ist darzustellen, ob es zweckmäßig ist, etwaige Ansprüche des Mandanten auf **Herausgabe oder Schadensersatz** gegen den Zwangsvollstreckungsgläubiger wegen der in Streit stehenden Zwangsvollstreckung mit geltend zu machen. Auch hier ist aber auf die gegebenenfalls bestehende **Sperrwirkung** von § 771 ZPO gegenüber materiellen Ansprüchen zu achten.[203]

Anders als Ansprüche gegen den Zwangsvollstreckenden sind etwaige **Ansprüche des Klägers gegen den Zwangsvollstreckungsschuldner** (zB auf Herausgabe oder Feststellung) von der Sperrwirkung des § 771 ZPO nicht berührt.[204] Eine Verbindung der beiden Klagen nach § 260 ZPO kann aber daran scheitern, dass das Gericht der Drittwiderspruchsklage nach §§ 12 ff. ZPO nicht für die Klage gegen den Schuldner zuständig wäre, vgl. § 260 ZPO. Ist das Gericht auch für die Klage gegen den Schuldner zuständig, so bestimmt der § 771 II ZPO, dass Schuldner und Vollstreckungsgläubiger als einfache **Streitgenossen** nach §§ 59 ff. ZPO anzusehen sind.

Zudem sollte darauf eingegangen werden, ob mit der Klage nach § 771 ZPO eine **Zwischenfeststellungsklage nach § 256 II ZPO** (Feststellung des Interventionsrechts) verbunden werden sollte. Hier ist aber die Vorgreiflichkeit in der Regel zu verneinen.[205]

Auch die Drittwiderspruchsklage sollte mit einem **Antrag nach § 769 ZPO** verbunden werden, zB wenn die Versteigerung droht (vgl. → Rn. 110).

Beachten Sie, dass gerade bei Klausuren, in denen eine Klage nach § 771 ZPO eingelegt werden kann, nicht selten auch Verfahrensfehler des Gerichtsvollziehers gerügt werden können. Es ist also durchaus möglich, dass Sie dann beide Rechtsbehelfe – also **§ 771 ZPO und § 766 ZPO** – mit zwei verschiedenen Schriftsätzen einlegen können. In aller Regel wird der Mandant aber erstmal nur einen, und zwar den für ihn sinnvolleren Rechtsbehelf eingelegt haben wollen. Für die dann von Ihnen vorzunehmende Abwägung gilt dann Folgendes: Geht es dem Mandanten eher um das sachliche Recht, dh um sein materielles Interventionsrecht, dann ist die Klage nach § 771 ZPO vorzugswürdig. Auch verhindert ein stattgebendes Urteil nach § 771 ZPO insgesamt die Vollstreckung in den Gegenstand, während § 766 ZPO sich nur auf bestimmte Verfahrensfehler bezieht (viele Korrektoren wollen hier hören, dass **§ 771 ZPO** *»rechtsschutzintensiver«* **als die Erinnerung sei**). Geht es dem Mandanten in erster Linie um die Rüge formellen Rechts, dh um Verfahrensfehler des Vollstreckungsorgans, dann ist dagegen § 766 ZPO einzulegen. Auch ist zu berücksichtigen, dass im Erinnerungsverfahren in der Regel schneller und günstiger eine gerichtliche Entscheidung zu erlangen ist als im Urteilsverfahren.

5. Praktischer Teil

117 Im Falle des § 771 ZPO müssen Sie im praktischen Teil in der Regel den Entwurf der Klageschrift und gegebenenfalls das Mandantenschreiben anfertigen.

> **Der Standardantrag lautet in der Regel:**
>
> Die Zwangsvollstreckung des Beklagten aus dem Urteil des ... vom ... in ... wird für unzulässig erklärt.

> **Im Falle des zusätzlichen Antrages nach § 769 ZPO können Sie wie folgt formulieren:**
>
> Die Zwangsvollstreckung aus dem Urteil des ... vom ... in ... wird einstweilen bis zum Erlass des Urteils in dieser Sache ohne, hilfsweise gegen Sicherheitsleistung, eingestellt.

---

203 *Kaiser/Kaiser/Kaiser* ZwangsVollstr-Klausur Rn. 33; **unbedingt nachlesen – sehr häufiges Klausurproblem!**
204 *Kaiser/Kaiser/Kaiser* ZwangsVollstr-Klausur Rn. 33.
205 *Kaiser/Kaiser/Kaiser* ZwangsVollstr-Klausur Rn. 30.

V. Die Klage auf vorzugsweise Befriedigung, § 805 ZPO

1. Allgemeines

Die typische Klausursituation ist, dass dem Mandanten ein **Vermieterpfandrecht** an dem ge- 118
pfändeten Gegenstand zusteht.[206] Zur Prüfung der Zulässigkeit und Begründetheit wiederholen Sie bitte *Kaiser/Kaiser/Kaiser* ZwangsVollstr-Klausur Rn. 90 ff.

2. Die Zweckmäßigkeitsüberlegungen bei § 805 ZPO

Welche Zweckmäßigkeitserwägungen sind möglich?   119

- Übliche Zweckmäßigkeitserwägungen von Typ 1 (vor allem Ob, Wer, Wen)
- Geltendmachung sonstiger Ansprüche
- Zwischenfeststellungsklage, § 256 II ZPO
- Geltendmachung von Ansprüchen gegen den Schuldner
- Einstweilige Anordnung nach § 805 IV ZPO

Sie beginnen die Darstellung der Zweckmäßigkeit wie immer mit einem **Obersatz**!

Hier spielen wiederum neben den »üblichen« Zweckmäßigkeitserwägungen (vor allem die
von Typ 1-Klausuren) folgende Aspekte eine Rolle: Wenn dem Mandanten gegen den
Zwangsvollstreckenden gegebenenfalls **materiell-rechtliche Ansprüche** zustehen, sollten Sie
darstellen, dass es in der Regel nicht zweckmäßig ist, diese mit der Klage aus § 805 ZPO zu
verbinden. Denn § 805 ZPO sperrt (ähnlich wie bei § 771 ZPO) während der laufenden
Zwangsvollstreckung in den betroffenen Gegenstand alle materiellen Ansprüche gegen den
Zwangsvollstreckungsgläubiger, wenn diese sich auf die zu Unrecht erfolgte Zwangsvollstreckung beziehen.[207] Sonstige Ansprüche gegen den Zwangsvollstreckenden sind nicht gesperrt,
eine Verbindung mit der Klage nach § 805 ZPO ist an § 260 ZPO zu messen.

Hinsichtlich einer **Zwischenfeststellungsklage nach § 256 II ZPO** bezüglich des Pfandrechts
gilt das oben zur Drittwiderspruchsklage Gesagte.[208]

Wenn der **Schuldner des Mandanten** (in der Klausur also regelmäßig der Mieter) das Vermieterpfandrecht leugnet bzw. der Vorwegbefriedigung des Mandanten widerspricht, so kann er
nach Maßgabe von §§ 260 analog, 59 ff. ZPO im Prozess **mitverklagt werden**.[209] Der Antrag
geht nach hM auf *»Duldung der Zwangsvollstreckung«* – gegebenenfalls in Höhe des offenen
Betrages –, nicht aber auf Feststellung.

Wenn die Zwangsvollstreckung droht, kann die Klage nach § 805 ZPO mit einem **Antrag
nach § 805 IV ZPO** (vorläufige Einstellung der Zwangsvollstreckung) verbunden werden.[210]
Denken Sie auch hier an die erforderliche Glaubhaftmachung.

3. Praktischer Teil

Auch im Falle des § 805 ZPO müssen Sie im praktischen Teil in der Regel den Entwurf der   120
Klageschrift und gegebenenfalls das Mandantenschreiben anfertigen.

> **Der Standardantrag lautet in der Regel:**
>
> Der Kläger wird aus dem Reinerlös des vom Gerichtsvollzieher am ... unter dem Aktenzeichen ...
> gepfändeten ... bis zur Höhe von ... vor dem Beklagten befriedigt.

> **Im Falle des zusätzlichen Antrages nach § 805 IV ZPO können Sie wie folgt formulieren:**
>
> Im Wege der einstweiligen Anordnung wird beschlossen, den Erlös des vom Gerichtsvollzieher am
> ... unter dem Aktenzeichen ... gepfändeten ... bis zur Höhe von... bis zur Entscheidung in der
> Hauptsache zugunsten des Klägers zu hinterlegen.

---

206 *Kaiser/Kaiser/Kaiser* ZwangsVollstr-Klausur Rn. 89.
207 *Kaiser/Kaiser/Kaiser* ZwangsVollstr-Klausur Rn. 94.
208 *Kaiser/Kaiser/Kaiser* ZwangsVollstr-Klausur Rn. 94.
209 *Kaiser/Kaiser/Kaiser* ZwangsVollstr-Klausur Rn. 94.
210 *Huber* JuS 2003, 568 ff.

C. Die unechten Zwangsvollstreckungsklausuren

121 Bei diesen Klausuren ist die Zwangsvollstreckung beendet, dh, die Sache ist versteigert und der Erlös an den Gläubiger ausgekehrt. Ab diesem Zeitpunkt kommen keine vollstreckungsrechtlichen Rechtsbehelfe mehr in Betracht, da für diese das Rechtsschutzbedürfnis fehlt. Der Mandant ist in den typischen Examensklausuren aus diesem Bereich aber nun der Auffassung, dass der Erlös an den Falschen ausgekehrt wurde, da die gepfändete und versteigerte Sache zB in seinem Eigentum gestanden habe. In Betracht kommen dann »ganz normale« materiellrechtliche Ansprüche, deren umfassende Prüfung der Schwerpunkt derartiger Klausuren ist.[211] Derartige Klausuren sind nichts anderes als eine **Klausur von Typ 1**. Wird diese aus Sicht des Beklagten gestellt, so liegt der Ihnen bekannte **Klausurtyp 2** vor. Es gelten keine Besonderheiten.

> **Merke:** Sie können durch die vielen Verweise auf unser Skript zur Zwangsvollstreckungsklausur erkennen, dass es inhaltlich sowohl in der »normalen« Zwangsvollstreckungsklausur als auch in der Rechtsanwaltsklausur aus dem Zwangsvollstreckungsrecht um immer dieselben Sachen geht. Wenn Sie daher unsere Ausführungen zu den häufigsten Klausurproblemen im Skript »Die Zwangsvollstreckungsklausur im Assessorexamen« gelesen und gelernt haben, müssen Sie sich für die Anwaltsklausur im Prinzip »nur« noch grob darüber im Klaren sein, wo Sie in der Anwaltsklausur was zu prüfen haben.

---

211 Vgl. ausführlich *Kaiser/Kaiser/Kaiser* ZwangsVollstr-Klausur Rn. 102 ff.

3. Teil: Die zivilrechtliche Kautelarklausur

A. Allgemeines

Ab 2015 gehören nunmehr in allen Bundesländern Klausuren im Zivilrecht mit kautelar- **122** juristischem Einschlag zum Prüfungsstoff. In diesen Klausuren geht es nicht um die Fertigung von Schriftsätzen an ein Gericht und deren gutachterliche Vorbereitung, sondern um die **außergerichtliche Gestaltung** der Rechtslage (daher »rechtsgestaltende Klausur« genannt).

Unsere Analyse aller (!) bisheriger Kautelarklausuren aus Bayern und dem Ringtausch der LJPA hat ergeben, dass die möglichen Aufgabenstellungen bei diesem Klausurtyp zu vielgestaltig sind, um alle Klausurtypen bzw. Themen aus diesem Bereich vollständig abhandeln bzw. lernen zu können. Der dritte Teil dieses Lehrbuches soll – und kann – dem Examenskandidaten daher nur ein »Wegweiser« sein, wie er an die Kautelarklausur herangehen kann, welche Fallgestaltungen in der Regel zu erwarten sind und welches Basiswissen zu inhaltlichen Themen man sich aneignen sollte. »Üben übt«, Sie sollten daher vor Ihrem Examenstermin eine gute Anzahl Kautelarklausuren geschrieben haben. Das ist immer noch die beste Vorbereitung! **Diese Klausuren können Sie bei den Kaiserseminaren über die Homepage bestellen und je nach persönlichem Lernplan schreiben!** Weiter unten in diesem Skript sind auch entsprechende **Muster** enthalten. Diese sollten Sie nicht auswendig lernen, sie dienen vielmehr der Übung und Orientierung. Durch häufiges Lesen prägen sich automatisch wichtige »Bausteine« ein.

Für eine erfolgreiche Bearbeitung dieser Klausuren wird in der Regel Folgendes von Ihnen gefordert:

- Grundwissen in den bei Kautelarklausuren beliebten Rechtsgebieten (vor allem Vertragsrecht, in Bayern aber auch Gesellschaftsrecht sowie Erbrecht)
- Das Voraussehen und die Implementierung künftiger tatsächlicher Entwicklungen auf Grundlage des Klausursachverhaltes (juristische Phantasie)
- Saubere Arbeit mit dem Klausursachverhalt (Umsetzung der Ziele des Mandanten)
- Saubere Arbeit mit dem Kommentar (vor allem bei Exoten wie Erb-, Handels- und Gesellschaftsrecht konnte man – auch in Bayern! – viel mit dem Kommentar lösen!)
- Gutes Zeitmanagement und der Mut, im Entwurf eigene Formulierungen zu entwickeln

B. Klausurtechnik

123 Hier bietet sich eine **Drei-Schritt-Prüfung** an, etwa nach folgendem Schema:

1. Mandantenzielermittlung
2. Tatsachenermittlung
3. Rechtliche Umsetzung

Diese Prüfungsreihenfolge ist **kein Vorschlag zum Aufbau der Klausur.** Er stellt lediglich eine gedankliche Vorarbeit für die (später erfolgende) konkrete Klausurumsetzung dar.[212]

I. Mandantenzielermittlung

Sie sollten zuerst die **Regelungswünsche/Interessen** und die **Priorität** der Bearbeitung dieser Wünsche herausarbeiten bzw. verstehen.

II. Tatsachenermittlung

Im Rahmen der Tatsachenermittlung können folgende Fragerichtungen für die spätere rechtliche Untersuchung wichtig werden:

- Was sind die persönlichen Verhältnisse des Mandanten (zB Familienverhältnisse, Güterstand der Ehegatten, Unternehmer oder Verbraucher etc.)?
- Was sind die vermögensrechtlichen Verhältnisse (zB wer ist Eigentümer des im Streit stehenden Gegenstandes, um welche Gegenstände geht es, gibt es Rechte Dritter an den Gegenständen)?
- Welche vorhandenen früheren Vereinbarungen, Verträge etc. gibt es über den zu regelnden Sachverhalt (zB frühere Testamente, frühere Verträge etc.)?
- Welche tatsächlichen Entwicklungen liegen in der Zukunft nahe?

Gerade der letzte Punkt ist wichtig in Kautelarklausuren. Denn anders als bei einem Urteil, wo der zu entscheidende Fall in der Regel schon feststeht (»*Das Kind ist bereits in den Brunnen gefallen*«), ist der Sachverhalt bei der Kautelarklausur gerade noch nicht abgeschlossen (»*Welches Kind könnte in welchen Brunnen fallen?*«). Diese **hypothetischen Entwicklungen** müssen Sie erfassen und deren Konsequenzen in der rechtlichen Umsetzung beachten.

III. Rechtliche Umsetzung

Die rechtliche Umsetzung ist der schwierigste Schritt. Der Korrektor bekommt auch nur diesen Teil Ihrer Prüfung zu sehen (zB Vertragsentwurf, Testamentsentwurf, Schreiben an Mandanten oder Dritte, in der Regel zusätzlich ein Gutachten, je nach Bearbeitervermerk). Es ist der Regelungsbedarf darzustellen und zu überprüfen. Das **gedankliche Grobschema** an dieser Stelle ist wie folgt:

- **Es gibt noch keinen Entwurf**
  - Darstellen und prüfen: Was sind die Wünsche des Mandanten?
  Regelungspunkte hintereinander abklappern
  Hier inzident prüfen:
    - **Check 1**: Verstoß gegen das Gesetz?
    Wenn ja: Gesetz abdingbar oder Änderung/Weglassen des Wunsches nötig?
    - **Check 2**: Mandanteninteresse gewahrt?
    Auch: Fehlen Regelungspunkte unter seinen Wünschen, die der Mandant »vergessen hat« zu erwähnen (dh Lücken suchen!)?

---

212 *Mürbe/Geiger/Haidl* Anwaltsklausur 2 ff.; *Teichmann* JuS 2001, 977 ff.; *Hemmer/Wüst/Gold/Krick*, Die zivilrechtliche Anwaltsklausur, Teil 1: Arbeitstechnik und Formalia, 8. Aufl. 2009, 208 ff.; *Hagspiel* JuS 2003, 482 ff.

- **Check 3**: Formulierung des Regelungspunktes?
  Ist bei der Umsetzung im praktischen Teil hier auf etwas zu achten?
- **Es gibt bereits einen Entwurf**
  - Darstellen und prüfen: Was ist mit vorgelegten Klauseln? Ziele vollständig umgesetzt?
    - Check der vorgelegten Klauseln: s. oben die drei Check-Punkte
    - Check: Fehlen Regelungspunkte im vorgelegten Entwurf?
- **Zweckmäßigkeit**
  - Abwägung, wenn es verschiedene Regelungsvarianten gibt
  - Rat an Mandanten

Sie müssen sich also durch den Klausursachverhalt wühlen, die Wünsche/Ziele des Mandanten heraussieben und nach dem obigen Schema abklappern. Wenn es daneben schon Ihnen vorgelegte Klauseln gibt, sind diese zusätzlich zu überprüfen. Ihnen dürfte klausurtaktisch klar sein, dass immer irgendwo »der Wurm drinsteckt«, dh Regelungsbedarf besteht, dh die Wünsche des Mandanten oft nicht mit dem Gesetz übereinstimmen oder seine geäußerten Wünsche nicht zu seinen eigentlichen (wirtschaftlichen) Zielen passen oder mit den bereits vorgelegten Klauseln etwas nicht stimmt. Wenn (wie fast immer) ein **Gutachten** zu fertigen ist, sollte dieses **grundsätzlich einschichtig aufgebaut** werden, da sich bei den bislang gestellten rechtsgestaltenden Klausuren der relationsmäßige Aufbau in der Regel nicht anbietet, weil eine Kläger- und Beklagtenstation schlicht keinen Sinn machen. Nur in Niedersachsen ist der relationsmäßige Aufbau zu empfehlen, wenn es gegenläufigen Parteivortrag gibt und Ansprüche zu prüfen sind (sonst bietet sich auch dort der Relationsaufbau nicht an und ist dann auch nicht zwingend!).

> **Merke:** Sie sollten sich darüber im Klaren sein, dass es bei der Kautelarklausur nicht nur um die Diskussion von juristischen Problemen geht, sondern häufig auch »*juristische Phantasie*«, das »*Gespür für die Situation und die Interessen des Mandanten*«, der »*Blick über den Tellerrand*« wichtig wird.[213] Das muss man sich durch Klausurentraining aneignen.

Dabei muss sich der vertragsgestaltende Anwalt stets von den **Aufgaben und Grundprinzipien der Vertragsgestaltung** leiten lassen. Diese sind:[214]

- Zweckverwirklichung (= Es soll durch die rechtliche Regelung der gewünschte wirtschaftliche Erfolg eintreten.)
- Störfallvorsorge (= Bei der Vertragsabwicklung sollen möglichst Störfälle vermieden werden, indem bereits jetzt entsprechend vorsorgende Regelungen getroffen werden.)
- Zukunftsorientierung (= Die Zweckverwirklichung und die Störfallvorsorge müssen auch mögliche zukünftige Entwicklungen einschließen.)
- Wahrung der Parteiinteressen (= Richtschnur für das Handeln des Anwalts ist entweder die Wahrung der Mandanteninteressen, je nach Sachverhalt/Mandantenvorgaben, aber auch die Berücksichtigung der Interessen des Gegners.)
- Gebot des sichersten Weges (= Die Auswahl der Gestaltungsmöglichkeiten muss sich daran orientieren, welche Gestaltung am sichersten zu dem gewünschten Ergebnis führt.)
- Gebot der verständlichen Formulierung (= Die Sprache eines Vertrages muss die juristische Fachsprache sein, allerdings wenn möglich so formuliert, dass der juristische Laie den Vertragstext versteht.)
- Gebot der kostengünstigen Gestaltung

Auch sollte stets gewährleistet sein, dass bei der grundsätzlich offenen Vertragsgestaltung (Privatautonomie!) die **Grenzen der Vertragsgestaltung** eingehalten werden. Diese sind:

- Zwingendes Recht (»ius cogens«, vor allem im Verbraucherschutzrecht, Mietrecht, AGG)
- Kein Verstoß gegen gesetzliche Verbote iSv § 134 BGB und gegen § 138 BGB
- Bei AGB kein Verstoß gegen §§ 307 ff. BGB
- Ggf. Kontrahierungszwang (Beispiele im Palandt/*Ellenberger* BGB Einf v § 145 Rn. 8 ff.)

---

213 Die Begriffe sind in Anführungszeichen gesetzt, weil es sich um Zitate von Prüfern am Rand von Klausuren handelt.
214 *Beck* Anwaltsstrategien Rn. 13 ff.; *Sikora/Mayer/Kell* ZivilR 10 ff.

C. Die verschiedenen Klausurtypen

124 Im Folgenden wird aufgezeigt, in welche Klausurtypen sich die möglichen Aufgabenstellungen aufgliedern.[215] Hinweis für die Referendare aus **Bayern:** In der Kautelarklausur musste bislang auch in Bayern – wie im Ringtausch – ziemlich regelmäßig ein Hauptgutachten mit anschließendem praktischem Teil geschrieben werden. Möglich ist aber natürlich auch die Reihenfolge aus den Schriftsatzklausuren, also zuerst praktischer Teil (Entwurf) und dann Hilfsgutachten und/oder Mandantenschreiben (Bearbeitervermerk?).

Im Wesentlichen haben sich **drei Klausurtypen** herauskristallisiert:

- Vorbereitendes Gutachten ohne eigenen Entwurf
- Überprüfendes Gutachten ohne eigenen Entwurf
- Formulierung eines eigenen Entwurfs (in der Regel plus vorangestelltes Gutachten)

Je nach Bearbeitervermerk: Zusätzlich (erläuterndes) Mandantenschreiben

I. Die Klausur mit einem vorbereitenden Gutachten

125 Hier wird von Ihnen nur verlangt, dass Sie die für eine spätere (in der Regel vertragliche) Regelung wichtigen Punkte gutachterlich untersuchen. Im Gutachten stellen Sie das **Mandantenbegehren**[216] **an den Anfang und »klappern« dann** die sich aus dem Klausursachverhalt ergebenden juristisch relevanten Punkte (= Vorgaben/Wünsche des Mandanten) nacheinander ab (vgl. → Rn. 123). Zu jedem Wunsch des Mandanten ist ein Obersatz zu bilden, im Anschluss beginnt die rechtliche Untersuchung. Stellt der Mandant Fragen, sind diese im Gutachten zuerst abzuhandeln und danach die – bei den Fragen noch nicht behandelten – weiteren Klausurprobleme in einem weiteren Abschnitt darzustellen. Am Ende des Gutachtens müssen Sie dann im Rahmen der Zweckmäßigkeit darstellen, welcher Rat dem Mandanten zu erteilen ist. Verwenden Sie Überschriften für nacheinander behandelte Punkte.

II. Die Klausur mit einem überprüfenden Gutachten

126 Hier trägt der Mandant nicht nur einen bestimmten Sachverhalt vor, sondern legt Ihnen zugleich auch einen schriftlichen Entwurf (entweder von ihm selbst oder vom Gegner) vor. Dabei kann es sich zB um einen Vertrag, um bestimmte AGB des Mandanten oder des Gegners oder um ein Testament handeln. Ihre Aufgabe besteht dann darin, diesen Entwurf gutachterlich zu überprüfen. Im Gutachten stellen Sie – wie immer – zuerst das **Mandantenbegehren**[217] dar und **»klappern« dann den vorgelegten Entwurf ab** (vgl. → Rn. 123). Oft fehlen Regelungen zu für den Mandaten wichtigen Punkten, dies ist dann aufzuzeigen. Stellt der Mandant Fragen, sind diese ebenfalls im Gutachten abzuhandeln. Am Ende des Gutachtens setzen Sie den Rat an den Mandanten in den Prüfungspunkt Zweckmäßigkeit.

III. Die Klausur mit der Formulierung eines eigenen Entwurfes

127 Dieser Klausurtyp stellt die höchsten Anforderungen an den Klausurbearbeiter. Denn hier ist neben dem in der Regel zuerst anzufertigenden Hauptgutachten ein eigener Entwurf (Vertrag, Testament etc.) zu formulieren. Dazu kann der Mandant schon einen eigenen Entwurf vorlegen, den Sie dann überarbeiten müssen. Es kann aber auch Ihre Aufgabe sein, einen Erstentwurf zu fertigen. Bei dem Entwurf wird es in der Regel auf einen **Vertrag** hinauslaufen, es kann aber auch etwas völlig Absurdes von Ihnen gefordert werden. So kamen zB in Niedersachsen schon Klausuren vor, bei denen ein »**Mandantenmerkblatt**« für eine Rechtsanwaltskanzlei (googeln Sie das mal!), ein **Merkblatt für Außendienstmitarbeiter**, eine **Verschwiegenheitserklärung** (vgl. § 203 StGB, § 43a BRAO, § 2 BORA) oder ein **Flyer** für eine

---

215 *Sikora/Mayer/Kell* ZivilR 27 ff.; *Hemmer/Wüst/Gold/Krick*, Die zivilrechtliche Anwaltsklausur, Teil 1: Arbeitstechnik und Formalia, 8. Aufl. 2009, 226 ff.
216 Im GJPA Berlin/Brandenburg ist das Mandantenbegehren vor das Gutachten zu setzen.
217 Im GJPA Berlin/Brandenburg ist das Mandantenbegehren vor das Gutachten zu setzen.

Haustauschagentur entworfen werden sollte. Hier hatte der Mandant stets genau vorgegeben, was dort reinkommen sollte.

Viele Kandidaten fühlen sich aber überfordert, wenn Sie in den Klausuren (nach dem gegebenenfalls erforderlichen Gutachten) einen eigenen Vertragsentwurf fertigen müssen. Dies liegt natürlich nur daran, dass man sich in der Tauchphase vor Kautelar-Übungsklausuren gedrückt hat. Also schreiben Sie ausreichend Kautelarklausuren **vor Ihrem Examenstermin!** Sie können davon ausgehen, dass im Examen von Ihnen keinesfalls die »perfekte Formulierung« erwartet wird. Es wird aber sehr wohl erwartet, dass Sie überhaupt einen praktisch halbwegs verwertbaren Entwurf mit Anfang, Mittelteil und Abschluss mit schönen Gliederungspunkten zu Papier bringen. Formulierungen in der »Vertragssprache« des Praktikers kann man sich durch Übung antrainieren (daher auch die Muster in diesem Skript!), zudem kann man sich auch der **Sprache der gesetzlichen Vorschriften** (insbesondere bei der Formulierung von AGB – hier viel vom **Wortlaut der §§ 308 f. BGB abschreiben!**) oder zuweilen aus dem Kommentar bedienen. Die Formulierungen im praktischen Teil der Kautelarklausur **sollten kurz, prägnant, verständlich und eindeutig sein**. Üben Sie das bitte!

IV. Übersicht und Zusammenfassung

> **Möglicher Aufbau/Prüfungsreihenfolge im Hauptgutachten bei der Kautelarklausur**
>
> I. Darstellung des Mandantenbegehrens[218]
> II. Konkrete Begutachtung je nach Sachverhalt
>   – Gutachterliche Überprüfung der im Sachverhalt aufgeworfenen Fragen (= der Vorgaben bzw. Wünsche des Mandanten = Regelungspunkte); Check 1, 2, 3 von → Rn. 123 nicht vergessen!
>   – In der Regel einschichtig aufzubauen
> III. Zweckmäßigkeit
>   – Ggf. Abwägung der Regelungsmöglichkeiten
>   – Konkreter Vorschlag/Rat an den Mandanten

128

Aufbauhinweis: Bei »Vertragsklausuren« (zB Fertigung eines Miet-, Kauf-, Rahmenvertrages) ist es sinnvoll, im Gutachten nach den »typischen Vertragsklauseln« aufzubauen (vgl. → Rn. 130 f.), dh, diese sind nacheinander abzuarbeiten mit ständigem »Pendelblick« zum Klausursachverhalt.[219] Geht es um eine unklare und zu prüfende Rechtssituation (vor allem streitige Ansprüche zwischen den Parteien), so ist diese in der Regel zuerst darzustellen, danach der gewünschte Vertrag zu untersuchen (zB Vergleich). Stellt der Mandant Fragen, sind diese im Gutachten zuerst abzuhandeln und danach die – bei den Fragen noch nicht behandelten – möglichen Vertragsklauseln in einem weiteren Abschnitt darzustellen. Gibt es schon einen Entwurf, sollte das Gutachten nach den bereits vorliegenden Klauseln aufgebaut werden, dann ist zu prüfen, ob noch Aspekte im Entwurf fehlen (Lücken?). Die Akte wird zu Ihnen sprechen, was Sie darzustellen haben!

Klausurtipp: Möglich ist auch, dass Sie eine »normale« Anwaltsklausur von Typ 1 (Klägersicht) oder Typ 2 (Beklagtensicht) bekommen, bei der das LJPA den **Kautelarteil nur als Beiwerk** zusätzlich zu einer normalen gutachterlichen Prüfung und zusätzlich zum Schriftsatz ans Gericht hinzugefügt hat. Der Mandant wird dann vortragen, dass Sie neben dem Schriftsatz an das Gericht mit den üblichen Anträgen zB auch noch einen Vergleichsvorschlag untersuchen und entwerfen sollen (gegebenenfalls dann an die Gegenseite schicken oder nur im Schriftsatz ans Gericht die Vergleichsbereitschaft anzeigen oder Vergleich an Gericht schicken – Vorgaben macht der Bearbeitervermerk oder der Mandant!). Dann bauen Sie das (Haupt-)Gutachten wie zu Typ 1 (→ Rn. 4) oder zu Typ 2 (→ Rn. 49) auf und fügen im Gutachten als weiteren Teil mit einer eigenen Überschrift vor der Zweckmäßigkeit den Kautelarteil ein. Die Bayern richten sich in diesen Fällen strikt nach dem Bearbeitervermerk, der wird Ihnen mitteilen, was Sie zu fertigen haben.

---

218 Im GJPA Berlin/Brandenburg ist das Mandantenbegehren vor das Gutachten zu setzen.
219 Möglich wäre auch, die Punkte im Gutachten nach der Reihenfolge zu prüfen, wie Sie im Klausursachverhalt vorkommen/angesprochen werden. Die oben beschriebene Vorgehensweise dürfte aber etwas übersichtlicher sein.

D. Hinweise zu materiell-rechtlichen Aspekten

129 Aus der Fülle der infrage kommenden Klausurthemen werden im Folgenden diejenigen dargestellt, die nach unserer Analyse am häufigsten Gegenstand von entsprechenden Examensklausuren im Ringtausch und in Bayern waren.

I. Klausuren aus dem Vertragsrecht

130 Am wohl wichtigsten (zumindest außerhalb von Bayern) sind Klausuren aus dem allgemeinen Vertragsrecht. In der Regel handelt es sich um einen sog. **Austauschvertrag** (= Verträge mit wechselseitigen Austauschpflichten), dh um Kaufverträge über bewegliche Sachen, Miet-/Leasing-/Pachtverträge, Darlehensverträge oder Werkverträge. Aber auch hier sind der ohnehin sportlichen Phantasie der LJPA keine Grenzen gesetzt, sodass zB auch ein Grundstückskauf- oder Übertragungsvertrag oder eine **atypische Vereinbarung** (Beispiele aus Klausuren: Rechtskrafterstreckungsvereinbarung mit Subunternehmer, Gebührenvereinbarung mit Mandanten, Bauträgervertrag, Ausstellungsvertrag zwischen Künstler und Galerie, Gestaltung einer Internetseite, Fitnessstudiovertrag, Tagesmuttervertrag, Kommissionsvertrag, Abfindungsvereinbarung mit einer »Tupperware«-Handelsvertreterin, Lizenzvertrag, Know-how-Vertrag, Engagementvertrag mit Musikkapelle, Mietaufhebungsvertrag, Coaching-Vertrag, Ratenzahlungsvereinbarung) vorkommen können. Wird der Vertrag mehrfach verwendet, denken Sie zusätzlich an die AGB-Prüfung (→ Rn. 133). Gerade in diesen Fällen atypischer Vereinbarungen ist die Beherrschung der Grundprinzipien des Vertrages nötig (→ Rn. 131).

Möglich ist es auch, dass nur Teilbereiche einer vertraglichen Beziehung begutachtet werden müssen, so zB die Frage, ob der Vertrag durch Rücktritt, Kündigung oder Anfechtung beendet werden kann (zB Januar- und Apriltermin 2017!). Es geht dann also um die »**Ausübung von Gestaltungsrechten**«, vgl. → Rn. 30. Im praktischen Teil ist dann der Entwurf eines Schreibens mit dem entsprechenden Gestaltungsrecht gefragt. Auch die Formulierung einer Mahnung nach § 286 BGB oder einer Zurückweisung nach § 174 BGB (Septembertermin 2017!) ist denkbar.

1. Allgemeines zu Austauschverträgen bzw. Verträgen

131 Folgende allgemein gültigen Regelungspunkte sind bei allen Arten von (Austausch-)Verträgen grundsätzlich zu beachten/implementieren = von Ihnen darzustellen:[220]

> Grundstruktur der Regelungspunkte:
>
> - Präambel inklusive vertragsschließende Personen
> - Rechte und Pflichten der Parteien (Haupt- und Nebenpflichten)
> - Vollzug der Hauptleistung
> - Besondere Nebenpflichten (Verschwiegenheit, Wettbewerbsverbote etc.)
> - Regelung über Vertragsbindung (Vertragsdauer, Rücktritt, Kündigung, Bedingung etc.)
> - Sicherungsmittel für beide Parteien
> - Formfragen
> - Schlussbestimmungen (Salvatorische Klausel, Gerichtsstand, Schiedsgutachter etc.)
> - In-Kraft-Treten des Vertrages
> - Abschlusszeile mit Unterschrift, Ort und Datum

Grundsätzlich ist es empfehlenswert, eine **Präambel** in den Vertrag aufzunehmen. Diese dient der Feststellung der Geschäftshintergründe (wer sind die Parteien, was machen sie? Motive, Absichten und Zweck des Vertrages) und der Vermittlung eines grundsätzlichen Verständnisses bezüglich des Vertrages. Schreiben Sie das stets ins Gutachten hin! **Wie sieht so eine Präambel aus?** Hier ein Beispiel:

---

220 *Beck* Anwaltsstrategien Rn. 83 ff.

> Vertrag über ...
>
> zwischen A ...
>
> und
>
> B ...
>
> ### I. Präambel
>
> A stellt überwiegend Reinigungsanlagen für die Mineralölindustrie her. B ist ein national führender Hersteller von Verpackungsanlagen und Logistiksystemen.
>
> A und B haben in der Vergangenheit jeweils Teilkomponenten für technische Systemlösungen im Bereich der Mineralölprodukteverpackungen an Endkunden geliefert.
>
> A ist daran interessiert, beim Vertrieb der eigenen Komponenten die Kenntnisse und Kontakte von B zur Markterschließung in Anspruch zu nehmen.
>
> B ist daran interessiert, die von A hergestellten Komponenten als Vertragshändler zu übernehmen und verfügt über die für deren Vermarktung erforderliche Organisation.
>
> Zu diesem Zwecke vereinbaren A und B Folgendes: ...

Die **Vertragsparteien** sollten im Vertrag konkret, vollständig und zutreffend bezeichnet werden, was vor allem bei Auftreten von Gesellschaften relevant wird (Angabe der Vertretungsverhältnisse). Soll der Vertrag bei einer Partei von einem Vertreter abgeschlossen werden, so werden die §§ 164 ff. BGB relevant. Insbesondere ist hier darauf zu achten, ob die Bevollmächtigung selbst einer bestimmten Form bedarf (vgl. § 311b BGB bei Grundstücken). Zum Teil wird es erforderlich, kurz auf die Frage der Rechtsfähigkeit der beteiligten Parteien einzugehen (zB Auftreten einer GmbH, GbR oder GmbH & Co. KG etc.).

Die **Hauptleistungspflichten** der Parteien sind so konkret wie möglich zu beschreiben, da sie den Kernpunkt des Austauschvertrages darstellen. Das müssen Sie dann auch wirklich tun, schauen Sie also genau in die Klausurvorlage! **Wichtig:** Hier ist immer von Ihnen zu untersuchen, **welches Normenregime** auf die jeweilige Verpflichtung anwendbar ist (dh klären, ob für die jeweilige Verpflichtung zB Kaufrecht oder Werkrecht oder Mietrecht oder mehrere Rechtsgebiete gelten!). Die Haftung für die Hauptleistungspflichten kann gegebenenfalls durch Aufnahme einer Beschaffenheitsvereinbarung oder Garantie erweitert werden. Insbesondere bei Verträgen, die die Lieferung einer Sache zum Gegenstand haben, sind je nach Bedarf Regelungen über die Leistungsmodalitäten zu treffen (zB soll eine Hol-, Bring- oder Schickschuld vorliegen? Wo soll eine Nachbesserung stattfinden? Wann soll wie geleistet werden?). Da die Gegenleistung der anderen Partei in der Regel in der Zahlung von Geld liegt, sind hier Regelungen zur Höhe der Zahlung, die Art der Vergütung (Festpreis oder Vergütung nach Aufwand?), das Eingangskonto (wohin soll gezahlt werden?) und gegebenenfalls eine angemessene Ratenzahlungsmodalität zu untersuchen (wie viel Raten? auf welches Konto? Fälligkeit der ersten Rate?). Dementsprechend ist auch oft eine Gesamtfälligkeitsklausel darzustellen gewesen (zB bei Verzug mit zwei aufeinander folgenden Raten ist der Gläubiger zum Rücktritt berechtigt). Gegebenenfalls muss alternativ zur Ratenzahlung eine Zahlungsfrist in den Vertrag aufgenommen werden, wobei sich in der Regel eine Koppelung mit einem Anreiz, früher zu zahlen, anbietet (Skonto). Bei verspäteter Zahlung müssen Sie untersuchen, ob eine Verzinsung angemessen ist oder ob diese nicht gewollt ist. Wenn die Vereinbarung eines festen Preises ungünstig oder nicht gewollt ist, können sog. Preisanpassungsklauseln in den Vertrag aufgenommen werden.[221] Schließlich kann auch eine Neuverhandlungsklausel für den Eintritt/Wegfall bestimmter Umstände vereinbart werden. Für den Fall der **Pflichtverletzung** können die Parteien zB die Aufnahme einer **Schadenspauschalierung** (= Mindestschaden kann pauschalisiert werden, ohne dass die konkrete Höhe des Schadens nachzuweisen ist) wünschen. Auch hier ist die Vereinbarung einer **Vertragsstrafe nach §§ 339 ff. BGB** möglich und in der Regel von den Parteien angesprochen.[222] Enthält der Vertrag auch **dingliche (Haupt-)Pflichten** (vor allem Übereignungen), so ist das **Abstraktionsprinzip** zu beachten. Also: schuldrechtliche Pflichten klarstellen – dingliche Pflichten darstellen (bzw. dingliche Erklärungen in Vertrag aufnehmen!).

---

221 Vgl. dazu Palandt/*Grüneberg* BGB § 309 Rn. 3 ff. Ein sehr komplexes Thema!
222 Vgl. dazu *Kaiser/Kaiser/Kaiser* MatZivilR Rn. 11

Oft ist ein **Haftungsausschluss** gewollt. Dann sind die Grenzen der §§ 134, 138, 307 ff. BGB einzuhalten/zu prüfen (und zB im Kaufrecht zusätzlich § 476 BGB). Unter dieser Maßgabe wäre etwa folgende **Formulierung** möglich:

> Die Haftung des Verwenders für ... ist ausgeschlossen, soweit nicht die Verletzung des Lebens, des Körpers oder der Gesundheit betroffen ist. Die Haftungsbeschränkung gilt ebenfalls nicht für die Haftung für Schäden, die auf einer vorsätzlichen oder grob fahrlässigen Pflichtverletzung des Verwenders oder seiner gesetzlichen Vertreter oder Erfüllungsgehilfen beruhen.

Wenn den Parteien **Nebenpflichten** auferlegt werden sollen, so sind diese herauszuarbeiten (zB Wettbewerbsverbote, Verkaufsbeschränkungen, **Verschwiegenheitsvereinbarungen** – zuletzt Oktobertermin 2018,[223] Informationspflichten[224]). Auch die Rechtsfolgen bei einer Verletzung sollten geregelt werden (zB Schadensersatz, Rücktritt/Kündigung etc.). Bei vertraglich gewünschten **Wettbewerbsverboten** (kam auch im Oktober 2018, ist ein schon oft gelaufener Klassiker!) sollten Sie hinschreiben, dass diese »im Lichte von § 138 BGB« Einschränkungen unterliegen (Voraussetzungen der Wirksamkeit: berechtigtes Interesse an Wettbewerbsverbot, Verbot benachteiligt die belastete Partei nach Ort, Zeit und Umfang nicht unbillig).[225] Bei nachvertraglichen Wettbewerbsverboten sind bei Handelsvertretern zusätzlich die Grenzen von §§ 90a, 94 ff. HGB, bei Handlungsgehilfen und sonstigen dem Handlungsgehilfen ähnlichen Personen (zB Arbeitnehmer) sind §§ 74 ff. HGB zu beachten. Daneben gegebenenfalls bestehende Ansprüche aus dem bzw. aus der Verletzung des UWG sind laut Bearbeitervermerk in der Regel nicht zu prüfen gewesen. Um das Wettbewerbsverbot (Gleiches gilt für Verschwiegenheitsvereinbarungen) abzusichern, kann für den Fall eines Verstoßes zugleich ein entsprechendes Vertragsstrafenversprechen nach §§ 339 ff. BGB[226] vereinbart werden. Das alles lief schon so oft als Klausur, das müssen Sie aushalten können!

Wollen die Parteien eine bestimmte **Vertragsbindungszeit**, so ist die Laufzeit entsprechend zu regeln. Gegebenenfalls wollen die Parteien die Wirksamkeit/Durchführung des Vertrages von bestimmten (ungewissen) Ereignissen abhängig machen. Hier bietet sich die Implementierung von Bedingungen iSv § 158 BGB (auflösende oder aufschiebende Bedingungen) oder von Rücktrittsrechten an. Auch Kündigungsrechte können grundsätzlich frei vereinbart werden.

Bei der Frage einer ausreichenden **Sicherung** sind die verschiedenen Alternativen aufzuzeigen und ist die von den Parteien gewünschte Regelung zu wählen: Sicherungsübereignung, Sicherungszession, Eintragung von Grundpfandrechten, Bankbürgschaft, Schuldbeitritt. Auch an die Vereinbarung eines Eigentumsvorbehaltes ist zu denken, vgl. § 449 BGB. Sie müssen dann zu jeder dieser Möglichkeiten etwas schreiben, wenn der Sachverhalt »danach schreit«. Es gab auch schon Klausuren, da war dies der Mittelpunkt der gesamten Klausur. Endprodukt war dann ein Sicherungsvertrag zur Absicherung eines dahinterstehenden Kredites.

Gesetzliche **Formvorschriften** gibt es bei Austauschverträgen nur in bestimmten Fällen, zB § 311b BGB bei Grundstücken und Vermögensübertragungen, § 15 III, IV GmbHG bei GmbH-Anteilen. Den Parteien steht es offen, den Vertrag einer bestimmten Form zu unterwerfen (vereinbartes Formerfordernis). Aus Gründen der Rechtssicherheit bietet sich die Vereinbarung der Schriftform in der Regel an (grundsätzlich sogar doppelte Schriftformklausel sinnvoll!).[227]

Bei den **Schlussbestimmungen** des Vertrages ist je nach Sachverhalt an eine Gerichtsstandsvereinbarung (§§ 38 ff. ZPO), gegebenenfalls eine Rechtswahlklausel bei internationalem Bezug (Art. 3 Rom-I/II-VO) und an eine salvatorische Klausel (Hintergrund: Rechtsfolge von § 139 BGB ist ungünstig, daher bewirkt eine entsprechende Klausel grundsätzlich eine Um-

---

223 Anhaltspunkte für die Klausur bei Palandt/*Weidenkaff* BGB § 611 Rn. 41.

224 Informationspflichten bieten sich zB bei Überlassungsverträgen (Miete, Pacht etc.) für den Fall an, dass der Mieter/Pächter insolvent wird oder bei ihm gepfändet wird. Um die Rechte des Vermieters/Verpächters in der Zwangsvollstreckung (§ 771 ZPO) und Insolvenz (§ 47 InsO) nicht zu gefährden, liegt es in seinem elementaren Interesse, rechtzeitig von diesen Vorgängen zu erfahren.

225 **Perfekt für die Klausur: Palandt/*Ellenberger* BGB § 138 Rn. 104 ff. und Palandt/*Weidenkaff* BGB § 611 Rn. 42 ff.**

226 Vgl. dazu *Kaiser/Kaiser/Kaiser* MatZivilR Rn. 11.

227 *Kaiser/Kaiser/Kaiser* MatZivilR Rn. 9. In AGB aber unwirksam!

kehr der in § 139 BGB normierten Vermutung; beachte: bei AGB ist § 306 BGB lex specialis zu § 139 BGB) zu denken. Wenn gewünscht, können einzelne Aspekte des Vertrages bei Streitigkeiten dem bindenden Urteil eines bestimmten Gutachters übertragen werden (sog. **Schiedsgutachterklausel**). In solchen Klauseln sind dann auch Folgefragen zu klären (zB Person des Schiedsgutachters, Regelung der Anfechtbarkeit der Entscheidung, Kosten – zB hälftige Teilung).[228] Sollen bei Streitigkeiten alle Fragen und vor allem eine abschließende Entscheidung des Rechtsstreits statt vor den staatlichen Gerichten vor einem privaten Schiedsgericht geführt werden, so ist eine **Schiedsvereinbarung** zu treffen. Schiedsvereinbarungen sind grundsätzlich zulässig und in §§ 1025 ff. ZPO geregelt. Schiedsgerichte sind in der Regel einer Handelskammer angegliedert und halten eine Schiedsordnung vor, die das spezielle Verfahren regelt. Vorteile: Ausschluss der Öffentlichkeit, Vertraulichkeit, hohe Sachkunde der Schiedsrichter, in der Regel schneller als ein ordentliches Verfahren. Nachteil: Gegebenenfalls fehlt dem Schiedsrichter die innere Unabhängigkeit, es gibt grundsätzlich nur eine Instanz, in der Regel teurer als ein Gerichtsverfahren.[229]

> **Beispiel für die Formulierung einer Schiedsklausel:**
>
> Alle Streitigkeiten, die sich im Zusammenhang mit der Nutzung des Shop-Systems zwischen den Parteien im Hinblick auf den am … geschlossenen Vertrag (genaue Bezeichnung des Vertrages) ergeben, werden abschließend nach den Vorschriften des 10. Buches der deutschen Zivilprozessordnung unter Ausschluss des ordentlichen Rechtsweges endgültig entschieden. Das Schiedsgericht kann auch über die Gültigkeit dieser Schiedsvereinbarung mit bindender Wirkung für die staatlichen Gerichte entscheiden. Das Schiedsgericht besteht aus drei Schiedsrichtern. Schiedsort ist … Die Kosten des Schiedsverfahrens …

In der Regel sollte auch das **In-Kraft-Treten** des Vertrages zu regeln sein. Ganz ans Ende rückt die **Abschlusszeile** mit dem Platz für die Unterschriften, Ort und Datum. Zu solch banalen Sachen mussten Sie in den Examensklausuren auch oft etwas schreiben!

Merke: Sie brauchen keine Angst davor zu haben, nicht zu wissen, was Sie zu untersuchen haben! Die Parteien werden in der Klausur Ihnen genau sagen, was Sie im Vertrag geregelt haben wollen. Diese Vorgaben des Mandanten gleichen Sie dann mit den oben dargestellten – von Ihnen zu lernenden – typischen Vertragspunkten ab und »klappern« diese Punkte Schritt für Schritt im Gutachten (und nachher im Vertragsentwurf) ab.

2. Hinweise zu einigen besonderen Vertragsarten

Über die oben bereits dargestellten Regelungspunkte ist bei **Kaufverträgen** über bewegliche Sachen insbesondere auf Folgendes hinzuweisen: In der Regel ist es sinnvoll, zugleich die sachenrechtliche Übereignung mit in den Vertrag einzubeziehen. Insoweit sollte dann also auch auf dingliche Aspekte eingegangen werden (zB: Wann und wie sollte der Besitzübergang stattfinden? Wann sollen die dinglichen Übereignungserklärungen abgegeben werden? Beachtung des sachenrechtlichen Bestimmtheitsgrundsatzes? Wie ist die dingliche Eigentumslage an den Gegenständen?). 131a

Auch bei **Mietverträgen** müssen die oben dargestellten »normalen« Regelungspunkte eines Austauschvertrages enthalten sein. Der Mandant wird dann zusätzlich noch weitere Spezialwünsche haben, die er in den Mietvertrag integrieren will. Dann gilt: Palandt aufschlagen und schauen, wo da etwas zu steht.

3. Klausuren aus dem Bereich des Grundstücksrechts

Über die oben bereits dargestellten Regelungspunkte eines Austauschvertrages ist zu **Grundstückskaufverträgen** (in Bayern irrsinnig klausurrelevant, im Ringtausch weniger häufig, zuletzt im Ringtausch Januartermin 2016) insbesondere auf Folgendes hinzuweisen:[230] 132

---

228 Palandt/*Grüneberg* BGB § 307 Rn. 129 f.
229 Für Interessierte: *Hamann/Lennarz* JA 2012, 801.
230 *Langenfeld* JuS 1998, 224.

Beachte: Lesenswerte Beiträge zur Vertragsgestaltung beim Grundstückskaufvertrag sind: *Graf Wolffskeel v. Reichenberg/Trommler* JA 2016, 453 ff. und *Berger* in JA 2011, 849 ff.

Die Erklärungen hinsichtlich des **dinglichen Vollzugs** des Vertrages sind in der Regel mit im Vertrag aufzunehmen, so zB die Auflassung und die Bewilligung der Eintragung. Will der Verkäufer das Eigentum erst bei vollständiger Kaufpreiszahlung verlieren, hat sich in der Praxis die sog. »Vorlagesperre« durchgesetzt: Die Beteiligten erklären bereits vor Kaufpreiszahlung die Auflassung, weisen aber im Vertrag den Notar an, die Umschreibung erst nach Kaufpreiszahlung zu beantragen. Die Vereinbarung eines dinglichen Eigentumsvorbehaltes ist dagegen wegen § 925 II BGB nicht möglich.

Ist eine **GbR Erwerberin** des Grundstücks, müssen in der Notarpraxis wegen § 17 BeurkG und § 29 GBO die Existenz der GbR und die Vertretungsverhältnisse dem Notar (später dadurch auch automatisch dem Grundbuchamt) in der Form des § 29 GBO nachgewiesen werden.[231] Nach hM reicht es dabei aus, wenn die erschienenen Gesellschafter eine entsprechende bestätigende Erklärung in der Vertragsurkunde abgeben, dass sie die alleinigen Gesellschafter sind.[232] Wegen § 47 II GBO sind bereits in der Vertragsurkunde alle Gesellschafter anzugeben.

Ist der Veräußerer eine GbR mit **Beteiligung eines Minderjährigen**, muss problematisiert werden, ob wegen § 1821 I Nr. 1 BGB eine familiengerichtliche Genehmigung erforderlich ist (nach der Rspr. ja!).

Wenn das Grundstück mit valutierten Grundpfandrechten **belastet ist**, muss untersucht werden, was mit diesen Belastungen passiert (vorherige Ablösung durch den Verkäufer und anschließende Löschung, Erlangung der Löschungsbewilligung und Grundpfandbriefe der Gläubiger und spätere Löschung aus dem Kaufpreis, Übernahme durch den Käufer unter Anrechnung auf den Kaufpreis). Bei nicht mehr valutierten Grundpfandrechten sind die Löschungsbewilligung und der Grundpfandbrief vom Gläubiger zu erlangen. Der Eingang der Löschungsunterlagen könnte dann als Fälligkeitsvoraussetzung für den Kaufpreis bestimmt werden. Wenn das Grundstück vermietet ist, so ist an § 566 BGB zu denken.

Die **Zahlung des Kaufpreises** ist gegebenenfalls von der Vorlage der gemeindlichen Vorkaufsrechtsverzichtserklärung abhängig zu machen, vgl. §§ 24 ff., 28 I BauGB. Anderes gilt für die nach § 22 GrEStG zur Eigentumsumschreibung notwendige steuerliche Unbedenklichkeitsbescheinigung.[233] Wenn deren Vorlage zur Fälligkeitsvoraussetzung gemacht würde, könnte der Erwerber den Eintritt der Fälligkeit dadurch verhindern, dass er die Grunderwerbsteuer nicht zahlt.

Will der Verkäufer seinen Besitz erst bei vollständiger Kaufpreiszahlung verlieren, so bietet es sich an, die Übergabe des Grundstückes an die vollständige Kaufpreiszahlung zu knüpfen. Dabei kann entweder auf die Zahlung auf ein **Notar-Anderkonto** oder auf die **direkte Zahlung** an den Verkäufer abgestellt werden.[234] Eine Sicherung des Käufers kann zB durch Bewilligung und Eintragung einer Auflassungsvormerkung nach §§ 883 ff. BGB erreicht werden.

Da die Banken vor Darlehensauszahlung in der Regel die **Eintragung von Sicherungsgrundschulden** am Kaufobjekt verlangen, muss gegebenenfalls die Mitwirkung des Verkäufers an der Darlehenssicherung vereinbart werden. In Betracht kommt das Einverständnis des Verkäufers, dass bereits vor Eigentumsübergang Grundschulden auf dem zu übereignenden Grundstück eingetragen werden. Zum Schutze des Verkäufers sollte das Grundpfandrecht nur als Sicherheit für die Beträge dienen, die von der Bank auf die Kaufpreisschuld gezahlt wurden (eingeschränkte Sicherungsabrede). Der Verkäufer erteilt dann eine sog. Belastungsvollmacht (= Vollmacht zur Belastung des Grundstücks mit einem Grundpfandrecht und zur Abgabe der Unterwerfungserklärung). Die Vollmacht erfolgt wegen § 29 GBO grundsätzlich in notarieller Form.

231 *Böttcher* AnwBl. 2011, 1.
232 BGH NJW 2011, 1958; OLG München NJOZ 2012, 1249; OLG Rostock NJOZ 2012, 1876.
233 Palandt/*Herrler* BGB § 925 Rn. 31.
234 *Sikora/Mayer/Kell* ZivilR 135 ff.

Soll der Verkäufer das Eigentum unter bestimmten Voraussetzungen wieder zurückbekommen, so bietet sich neben dem nicht klausurrelevanten Wiederkaufsrecht nach §§ 456 ff. BGB ein **Vorkaufsrecht** (§§ 463 ff. BGB: schuldrechtliches Vorkaufsrecht; §§ 1094 ff. BGB: dingliches Vorkaufsrecht) an. Da der Vormerkungsschutz des dinglichen Vorkaufsrechts (§§ 1098 II, 883 II BGB) nur für den Fall des Verkaufs des Grundstücks, nicht aber zB für die Eintragung eines Grundpfandrechts gilt, sollte zusätzlich zum dinglichen noch ein schuldrechtliches Vorkaufsrecht vereinbart werden, welches wiederum durch eine eigene Vormerkung nach §§ 883 ff. BGB dinglich abgesichert wird. Dann besteht der Vormerkungsschutz (vgl. § 883 II BGB) bereits mit deren Eintragung. Zudem sollte das dingliche Vorkaufsrecht stets nach § 1097 Hs. 2 BGB für mehrere oder für alle Verkaufsfälle bestellt und dies auch so im Grundbuch eingetragen werden (vgl. Palandt/*Herrler* BGB § 1097 Rn. 6 zu den Rechtsfolgen).

Sollen **Grunddienstbarkeiten** eingeräumt werden (zB Wegerecht, Leitungsrecht für Strom), so werden die §§ 1018 ff. BGB darzustellen sein.

Schließlich wird oft eine Unterwerfung unter die sofortige **Zwangsvollstreckung** nach § 794 I Nr. 5 ZPO hinsichtlich der Kaufpreiszahlungspflicht gewollt sein. Hängt die Fälligkeit des Kaufpreises von bestimmten Voraussetzungen ab, sollte in der Unterwerfungserklärung klargestellt werden, dass die Klausel erst bei Eintritt der Voraussetzungen erteilt wird.

4. Klausuren aus dem Bereich der AGB

Es kann sich auch um die Überprüfung bereits bestehender oder um den Entwurf eigener **133** AGB handeln. Die erste Konstellation stellt die etwas geringeren Anforderungen. Hier legt der Mandant schon fertige AGB vor und bittet um rechtliche Überprüfung. Im Gutachten bietet es sich dann an, die einzelnen Klauseln nacheinander als Überschriften zu nehmen und die rechtliche **Wirksamkeit mit griffbereitem Palandt nach dem gewohnten Schema – §§ 305, 310 BGB (Anwendbarkeit) – § 309 BGB – § 308 BGB und § 307 BGB – durchzuprüfen.** Auch aus §§ 134, 138 BGB oder aus speziellen Vorschriften des BGB (zB § 651y BGB – gilt bei allen Normen, bei denen explizit steht, dass »*von diesen Vorschriften zulasten von … nicht abgewichen werden kann*«) kann sich die Unwirksamkeit der Klausel ergeben. Ganz wichtig ist die ständige Gegenkontrolle anhand der Kommentierung im Palandt. Auch hinten im Palandt auf der sog. »**Idiotenwiese**« (= Stichwortverzeichnis) sollten Sie immer schauen, ob es zu den Schlagwörtern der Klausur Fundstellen gibt. Das hat auch schon oft sehr geholfen. Im Prinzip sind AGB-Kautelarklausuren oft reine »Palandt-Klausuren«.

> **Beachte:** Auch wenn der Mandant die **AGB im geschäftlichen Verkehr** mit anderen Kaufleuten einsetzen will (und die §§ 308 ff. BGB wegen § 310 BGB eigentlich nicht direkt anwendbar sind), so sollten Sie die Klauseln einzeln anhand der Kommentierung im Palandt zu §§ 308, 309, 307 BGB durchgehen. Am Ende jeder Kommentierung im Palandt können Sie in der Regel nachlesen, ob die dort dargestellten Grundsätze über § 307 BGB auch für Kaufleute gelten.

Es geht in der Klausur in der Regel nicht allein darum, ob die einzelnen AGB wirksam sind, sondern auch darum, ob sie den Vorgaben und Interessen des Mandanten entsprechen. Gegebenenfalls sind auch bestimmte Bereiche noch gar nicht oder aus Sicht des Mandanten nicht sinnvoll geregelt, sodass Sie hierzu eigene Klauseln entwerfen müssen. Beachten Sie dabei stets § 305c BGB (Überraschungsverbot und Transparenzgebot). Zudem bietet es sich im **Mandantenschreiben** an, den die AGB verwendenden Mandanten auf das Umgehungsverbot des § 306a BGB, die Einbeziehungsvoraussetzungen von § 305 II BGB und auf das Verbot der geltungserhaltenden Reduktion aufmerksam zu machen. Bei der **Formulierung** von AGB können Sie sich einfach am Wortlaut des jeweils zu beachtenden Klauselverbots in §§ 308 f. BGB orientieren.

> **Beachte:** Sie sollten in Grobzügen die sog. **Kardinalpflichten-Rspr.** des BGH kennen, die bei Palandt/*Grüneberg* BGB § 307 Rn. 33 ff. und § 309 Rn. 48 ff. ausgeführt wird.

Wenn der Mandant noch keine AGB vorbereitet hat, so ist es Ihre Aufgabe, entsprechende AGB selbst zu entwerfen. Sofern Sie ein Gutachten zu fertigen haben, bietet es sich unseres

Erachtens an, dieses nach den verschiedenen gewollten Regelungspunkten des Mandanten aufzubauen und inzident zu prüfen, ob und wie eine Regelung aussehen könnte. Die zu entwerfenden Klauseln sollten die Wünsche des Mandanten berücksichtigen und nicht unwirksam sein. Dies kam zuletzt im Julitermin 2015 in Niedersachsen. Gegenstand war der Entwurf einer Stornogebührenvereinbarung eines Spitzenrestaurants bei Absage einer Tischreservierung (vgl. dazu *Diercks-Harms* MDR 2016, 6 ff.). Eine sich als Klausur anbietende Variante wäre die Aufnahme einer sog. Verweilgebühr in AGB einer Arztpraxis.[235]

Beachten Sie schließlich, dass die AGB stets Klauseln eines Vertrages sind, dh im Übrigen neben der reinen Klauselkontrolle in der Examensklausur auch zu untersuchen ist, inwieweit die **übrigen typischen Austauschvertragsbestandteile** (→ Rn. 131 f.) eine Rolle spielen.

5. Klausuren mit Vergleichen

134 Auch **Vergleiche außerhalb (oder während) eines Gerichtsprozesses** können Klausurgegenstand sein.[236] Regelungsbedürftige Punkte sind vor allem die umfassende, gut formulierte Regelung der in Streit stehenden **Verpflichtungen**, etwaige **Lösungsrechte** vom Vergleich (Rücktritt, Widerruf) und eine **Kostenregelung** bezüglich der Kosten des Vergleiches und des etwaig schon laufenden Rechtsstreits (in der Regel Orientierung an der Obsiegensquote sinnvoll, alternativ: jeder trägt die ihm entstandenen Kosten). Wichtig ist auch eine Regelung, inwieweit durch den Vergleich das Rechtsverhältnis zwischen den Parteien bereinigt ist. Hier sind engere (zB »*Durch diesen Vergleich ist die Forderung des … aus … abgegolten*«) und weitere **Abfindungsformulierungen** (zB »*Durch diesen Vergleich sind alle gegenseitigen Ansprüche der Parteien – hin wie her, egal ob bekannt oder unbekannt und egal aus welchem Rechtsgrund – abgegolten*«, sog. Generalquittung) möglich. Wenn möglicherweise zukünftig noch Ansprüche (zB wegen Folgeschäden) zu erwarten sind, muss geklärt werden, ob diese Ansprüche vom Vergleich ausgenommen werden sollen oder nicht. Ansprüche (vor allem nach einem Verkehrsunfall), die auf Dritte übergegangen sind oder noch übergehen werden, sollten ebenfalls in der Regel vom Vergleich ausgenommen werden.

Da ein Vergleich im Grunde nichts anderes als ein normaler Vertrag ist, können zudem **die unter → Rn. 131 aufgezeigten grundsätzlichen Vertragsinhalte** auch hier in einen Vergleich zu integrieren sein (zB Präambel, Schlussbestimmungen, Abschlusszeile etc.).

Soll der Vergleich **während eines Rechtsstreits** geschlossen und für die Titulierung der Pflichten (§ 794 I Nr. 1 ZPO) vom Gericht in der mündlichen Verhandlung protokolliert werden, dann werden §§ 160 ff. ZPO, § 127a BGB relevant. Der Vergleich kann auch im schriftlichen Verfahren abgeschlossen werden. Dann ist auf § 278 VI ZPO einzugehen. In beiden Fällen ist nicht der Gegenseite (wie sonst), sondern dem Gericht der Vergleichsvorschlag zu überreichen.

Beachte: Im Examen werden Sie schon wissen, wann Sie einen Vergleich zu fertigen haben. So wird, wenn Sie außergerichtlich einen Vergleichsvorschlag entwerfen sollen, die Gegenseite zB schreiben, dass »*Bereitschaft bestehe, den Streit außergerichtlich beizulegen*« oder der Mandant wird zB vortragen, sich »*möglichst gütlich einigen zu wollen*« oder er wird gleich vorgeben, dass die Rechtslage zu prüfen und ein Vergleich zu entwerfen sei. Materiell zeichnen sich solche Kautelarklausuren in der Regel dadurch aus, dass die von Ihnen im Gutachten (zuerst) zu prüfende Rechtslage unklar oder für den Mandanten »gefährlich« ist, sodass sich ein Vergleich anbietet. Hier war es in der Regel aufbaumäßig sinnvoll (vgl. dazu → Rn. 128!), erst die materiellen/prozessualen Rechtsfragen gutachterlich zu prüfen und danach erst die Regelungspunkte des Vergleichs (so zB in den Terminen Februar, April und Juli 2018, Februar und April 2019!). Es kann auch sein, dass der Vergleich vom LJPA als Beifang in einer normalen Anwaltsklausur, bei der Sie den Mandanten vor Gericht vertreten, eingebaut wird (vgl. dazu → Rn. 128).

---

235 Vgl. dazu *Kaiser/Kaiser/Kaiser* MatZivilR Rn. 89. Eine Verweilgebühr in AGB ist an §§ 305, 307, 308 Nr. 7, 309 Nr. 5, 6 zu messen.

236 Vgl. zum Prozessvergleich *Kaiser/Kaiser/Kaiser* MatZivilR Rn. 92.

Die Möglichkeit der Zwangsvollstreckung aus dem Vergleich ohne Gerichtsverfahren (»Titulierung der Pflichten«) ergibt sich bei notariellen Vergleichen aus § 794 I Nr. 5 ZPO, bei Anwaltsvergleichen iSv § 796a ZPO aus §§ 794 I Nr. 4b, 796b, 796c ZPO. Ganz oft ist in der Klausur hierzu Stellung zu nehmen, und die Vorschriften sind dann ganz sorgfältig »abzuarbeiten«.

6. Klausuren aus dem Bereich besonderer Vereinbarungen

Im Folgenden sollen einige besondere Vereinbarungen (Verträge sui generis) aufgezeigt werden, die gerne in Kautelarklausuren eingewebt werden.   **134a**

Besonders beliebt in den letzten Jahren waren **Ratenzahlungsvereinbarungen**. Es handelt sich im Prinzip um eine Spielart des allgemeinen Austauschvertrages, dessen Regelungspunkte Sie dann beherrschen müssen (→ Rn. 131 in Klausur abklappern!). Achten Sie hier insbesondere auf die oft gewollte bzw. immer sinnvolle Titulierung der Pflichten (durch Unterwerfungserklärungen → Rn. 134), die präzise Aufnahme der Zahlungsmodalitäten mit Datum, Empfängerkonto etc. (gegebenenfalls mit sog. **Chicago-Klausel**: Gläubiger verzichtet auf einen Teil seiner Forderung, wenn der Schuldner XY Raten gezahlt hat; bei Verzug mit einer Rate wird aber der Gesamtbetrag sofort fällig) und die Regelung zukünftiger Störfälle: Was soll passieren, wenn die Raten nicht gezahlt werden (→ vgl. Rn. 131)? Besteht daneben Streit über die Rückzahlungsverpflichtung schon dem Grunde nach, ist die Aufnahme eines Schuldanerkenntnisses mit Einwendungsverzicht sinnvoll.

Bei einem **Vorvertrag** verpflichten sich die Parteien, einen anderen Vertrag (den Hauptvertrag) abzuschließen. Die dadurch entstandene schuldrechtliche Verpflichtung zur Abgabe einer Willenserklärung (nämlich der Abschluss des Hauptvertrages) kann eingeklagt werden. Wichtig ist, dass der Vorvertrag gegebenenfalls der Form des Hauptvertrages bedarf, wenn dieser formpflichtig ist.[237] Soweit sich die Parteien bereits über die Regelungspunkte des Hauptvertrages einig sind, können diese Aspekte im Vorvertrag festgelegt werden.

Den Gegensatz zum Vorvertrag stellt die sog. **Absichtserklärung** (letter of intent) dar. Hier wollen sich die Parteien noch nicht verbindlich verpflichten, den Hauptvertrag abzuschließen, sondern sie fixieren lediglich schriftlich ihre Absicht, einen bestimmten Vertrag mit der Gegenseite zu schließen. Ein späteres Abrücken von der Absichtserklärung ohne triftigen Grund kann jedoch zu einem Anspruch aus c.i.c. führen. Die Haftung kann dadurch ausgeschlossen werden, dass ausdrücklich die Nichtbindung bzw. die Abrückungsmöglichkeit vereinbart wird (sog. non binding clauses).

Der **Rahmenvertrag** eröffnet und regelt eine auf Dauer angelegte Geschäftsverbindung zwischen den Parteien.[238] Im Wesentlichen umschreibt der Rahmenvertrag die Bedingungen und Inhalte der künftig abzuschließenden Einzelverträge, wobei er zugunsten der Flexibilität der Einzelverträge nur Rahmenaspekte regelt. Unter den Begriff des Rahmenvertrags kann aber auch eine bereits verbindliche Vereinbarung über die geschäftlichen Verbindungen der Parteien fallen (»Grundregeln zwischen den Parteien«). In den Klausuren handelte es sich oft um die Regelung diverser zwischen den Parteien gewünschter **Kooperationspunkte** (zB Benutzung der Mensa und der Aula einer Schule durch Mitarbeiter einer Firma, Zusammenarbeit einer Druckerei mit einem Verlag zur gemeinsamen Kundenakquise, Zusammenarbeit zwischen einer Bäckerei und einer Zeitung für eine gemeinsame PR-Aktion, Zusammenarbeit zwischen zwei Glashändlern), wobei auch hier die »üblichen« **Regelungspunkte eines Vertrages** (→ Rn. 131) abgeklappert werden mussten. Das sind alles Beispiele aus den bisherigen Examensklausuren!

Eine weitere Möglichkeit liegt darin, dass Sie einen **Aufhebungsvertrag** entwerfen oder überprüfen müssen. Der mögliche Inhalt richtet sich nach dem Wunsch der Parteien bzw. des Mandanten. Wichtig ist, dass genau beschrieben wird, welcher Vertrag aufgehoben wird. Wenn bereits Leistungen ausgetauscht wurden, sollte deren Schicksal geregelt werden. Gege-

---

237 *Kaiser/Kaiser/Kaiser* MatZivilR Rn. 2.
238 *Beck* Anwaltsstrategien Rn. 10.

benenfalls stellen sich auch Formfragen.[239] Da eine Aufhebungsvereinbarung – wie ein Vergleich – im Grunde auch nichts anderes als eine Spielart eines normalen Vertrages ist, können zudem **die unter → Rn. 131 aufgezeigten »üblichen« Vertragsinhalte** auch hier zu integrieren sein.

In mehreren Examensklausuren sollte ein **Know-how-Vertrag** untersucht werden. Hier geht es darum, dass der Vertragspartner das Wissen der anderen Partei um bestimmte Prozesse und Techniken eines Wirtschaftsgegenstandes (in den Klausuren: Herstellung von Patina für Bilder, Herstellung bestimmter Kunststoffzahnränder) nutzen möchte.[240] Handelt es sich bei der Überlassung des Know-hows um geschützte Rechte, so liegt ein sog. **Lizenzvertrag** vor (Apriltermin 2013 und Oktobertermin 2016 in Niedersachsen). Ein Knackpunkt ist dann neben der Einräumung des Nutzungsrechtes an den Vertragspartner vor allem die Bestimmung der Lizenzgebühr und die Absicherung gegen unberechtigte Weitergabe und Verwendung zB durch entsprechende vertragliche Regelungen und Vertragsstrafen. Die weiteren Vertragspunkte ergaben sich immer aus dem Klausursachverhalt. Es handelte sich stets um eine Mischung aus den bereits bei → **Rn. 131** dargestellten Aspekten, die dann hintereinander abzuarbeiten waren. Zudem lohnt hier gegebenenfalls ein Blick in das UrhG (Hilfestellung holen!).

II. Klausuren aus dem Gesellschaftsrecht

135 Von etwas gemeinerem Kaliber sind Kautelarklausuren aus dem Gesellschaftsrecht.

1. Klausuren aus dem Bereich der Gesellschaftsgründung

136 Der Mandant trägt hier einen bestimmten Sachverhalt vor und bittet um Beratung, welche Gesellschaftsform er wählen sollte und um entsprechende Ausarbeitung oder Überprüfung eines **Gesellschaftsvertrages**. Da die praktische Erfahrung bei der Gestaltung von Gesellschaftsverträgen eine enorm wichtige Rolle spielt, wird es sich im Examen **in der Regel um eine einfache GbR** (zB Betreibung einer Kfz-Werkstatt, Anwaltssozietät[241], Internetdienstleistungen, jährliche Durchführung eines Straßenfestes, fünf junge wilde Hipster-Autoren aus Berlin mit langen Bärten wollen eine GbR zur gemeinsamen Erstellung von Film-Drehbüchern gründen) oder höchstens OHG/KG zwischen zwei oder drei Personen handeln. Auch wer kein Experte im Gesellschaftsrecht ist, wird dann mit etwas gesellschaftsrechtlichem Grundwissen und Lektüre der §§ 704 ff. BGB und §§ 105 ff., 161 ff. HGB wenigstens etwas zu Papier bringen können.

Bei der GbR ist darauf zu achten, ob ein für eine GbR ausreichender gemeinsamer Zweck iSv § 705 BGB verfolgt werden soll oder nicht. So war in einer jüngst gestellten Examensklausur zu erkennen, dass die gemeinsame Anschaffung und Nutzung eines Porsches ohne Gewinnerzielungsabsicht grundsätzlich nicht für einen GbR-Zweck ausreicht, sodass nur die **Gemeinschaft nach §§ 741 ff. BGB** in Betracht kommt.[242] Das entsprechende Innenverhältnis der Miteigentümer kann dann durch Vertrag detailliert geregelt werden, wobei von den gesetzlichen Vorgaben in §§ 741 ff. BGB in der Regel abgewichen werden kann (Privatautonomie!). Auch im Apriltermin 2014 ging es um eine Gemeinschaft bezüglich der Nutzung eines gemeinsamen Blockheizkraftwerks. Hier lag auch keine GbR vor, was zu erkennen war. Dieser Klausur lag OLG Celle BeckRS 2013, 05618 zugrunde. Die Entscheidung können Sie bei Bedarf einmal durcharbeiten.

Im Gutachten wird es in der Regel erforderlich sein, in einem ersten Schritt die Frage zu klären, **welche Gesellschaftsform** sich für den Mandanten anbietet. Hier sollten dann die verschiedenen infrage kommenden Gesellschaftsformen aufgezeigt, voneinander abgegrenzt und die verschiedenen Vor- und Nachteile in Bezug auf die Interessen des Mandanten abgewogen

---

239 *Kaiser/Kaiser/Kaiser* MatZivilR Rn. 9.
240 Palandt/*Weidenkaff* BGB Einf v § 581 Rn. 7 f.
241 Vgl. dazu bei Interesse *Offermann-Burckart* AnwBl. 2013, 558; 2013, 697; *Becker* AnwBl. 2013, 656. Super zum **Vertrag bzgl. einer Bürogemeinschaft von Anwälten** *Offermann-Burckart* AnwBl. 2013, 858.
242 Vgl. *Kaiser/Kaiser/Kaiser* MatZivilR Rn. 111 mwN sowie Palandt bei § 705 und § 741 BGB!

werden. Die tauglichen Kriterien für die Klausur sind: Soll ein Handelsgewerbe betrieben werden (dann scheidet eine GbR in jedem Fall aus)? Wie soll gehaftet werden (persönliche Haftung der Gesellschafter bei der GbR und OHG, persönliche Haftung nur der Komplementäre bei KG, die Kommanditisten nur nach §§ 171 ff. HGB, keine persönliche Haftung bei GmbH und AG)?[243] Soll die Gesellschaft relativ klein und überschaubar gestaltet werden oder soll sie als »Publikumsgesellschaft« konzipiert sein (im letzteren Fall GmbH oder AG besser, weil dort die Mitgliedschaftsrechte frei übertragbar sind)? Ist ein Gang an die Börse geplant, also ein sog. »IPO« (= Initial Public Offering; dies ist nur bei der AG möglich)? Steht genug Startkapital für die Gründung einer GmbH/AG zur Verfügung (derzeit 25.000/10.000 bzw. 50.000 EUR)? Soll die Gründung schnell und einfach erfolgen (bei GmbH und AG hoher tatsächlicher und finanzieller Gründungsaufwand nach §§ 5 ff. GmbHG bzw. §§ 23 ff. AktG, bei OHG und KG leichteres Verfahren nach §§ 105 f., 161 HGB, bei der GbR einfachste Gründung durch entsprechende Willenserklärungen)? Will der Mandant die strengen Handelsbilanzpflichten von §§ 238 ff. HGB (diese gelten nicht für die GbR)? Wie flexibel soll die gesellschaftsrechtliche Gestaltung sein (bei GmbH und AG strengere rechtliche Vorgaben als bei Personenhandelsgesellschaften)? Die GbR hat gegenüber der OHG/KG vor allem den Vorteil, dass mangels Eintragungspflicht bezüglich des Handelsregisters die Gründung einfacher ist. Nachteil ist jedoch, dass mangels Publizität eine GbR weniger transparent ist als eine eingetragene Gesellschaft.

Dann wird im Gutachten in der Regel auf die verschiedenen, für den Vertragsinhalt **relevanten Punkte** einzugehen sein.[244]

Was sind die üblichen Hauptregelungspunkte bei einem Gesellschaftsvertrag?

- Gesellschaftsform
- Gesellschaftszweck
- Firma und Sitz
- Gesellschaftsanteile
- Erbringung von Einlagen
- Beschlussfassung
- Geschäftsführung und Vertretung
- Regelung der Bestandsänderung
- Übernahme der Buchführungspflichten
- Gewinnverteilung
- Abtretung der Gesellschaftsanteile
- Nachfolgeregelungen
- Wettbewerbsverbot
- Form
- Gerichtsstand, salvatorische Klausel, Gründungskosten

Zum Teil wird schon relevant, wer überhaupt **Gesellschafter** sein kann. Neben natürlichen und juristischen Personen können zB auch die OHG, die KG oder eine andere GbR Gesellschafter sein. Wenn sich ein Minderjähriger beteiligt, so bedarf es der Mitwirkung seiner gesetzlichen Vertreter oder, wenn der Vertreter selbst Gesellschafter der GbR ist, derjenigen eines Pflegers, vgl. §§ 181, 1629 II, 1795, 1909 BGB. Gegebenenfalls sind auch §§ 1643 I, 1822 Nr. 3 BGB zu beachten.

Der **Gesellschaftszweck** wird in der Regel von dem Mandanten vorgegeben, auch die **Vertragsdauer** ist dann relevant (Gesellschaftsvertrag auf unbestimmte Zeit?). Hinsichtlich **Firma und Sitz** sollten Sie Folgendes wissen: Bei Personenhandelsgesellschaften und Kapitalgesellschaften besteht nach §§ 105, 161 HGB, § 23 AktG, § 3 GmbHG die Pflicht, eine Firma zu führen. §§ 18, 19 HGB normieren allgemeine Anforderungen an die Firma, eine Pflicht zur Führung einer Firma besteht bei der GbR nicht. Schon alleine wegen der beabsichtigten Außentätigkeit sollte die GbR aber einen Namen führen. Es empfiehlt sich dafür eine Orien-

---

243 Vgl. zu den Haftungsfragen im Gesellschaftsrecht *Kaiser/Kaiser/Kaiser* Materielles Zivilrecht Rn. 113.
244 *Baumfalk* Anwaltsklausur Rn. 214.

tierung an den Grundsätzen von §§ 18 f. HGB. Entsprechend § 19 HGB sollte die GbR einen Rechtsformzusatz haben (»Gesellschaft bürgerlichen Rechts«, »GbR«) und nicht täuschungs- und verwechslungsfähig sein. Der Sitz der Gesellschaft wird in der Regel vom Mandanten vorgegeben. Für den Sitz gelten §§ 106, 161 HGB, § 5 AktG und § 4a GmbHG. Eine GbR muss nicht zwingend einen Sitz haben. Der Sitz der Gesellschaft bestimmt, bei welchem Handelsregister die Gesellschaft anzumelden ist und geführt wird, außerdem ist dieser auch bei § 17 ZPO relevant.

Wichtig ist auch die vertragliche Bestimmung der **Pflichten der Gesellschafter** (zB Kapital- einlage oder Sacheinlagen? wie hoch sollen die Einlagen iSv § 706 BGB sein? Vereinbarung einer sonst wegen § 707 BGB oder §§ 105 III, 161 HGB nicht vorgesehenen Nachschuss- pflicht[245]?), die Regelung der **Geschäftsführung und Vertretung** gegebenenfalls abweichend von §§ 714, 709 BGB, §§ 125, 170 HGB (soll bezüglich der Geschäftsführung das Mehrheits- prinzip oder der Grundsatz der Einzelgeschäftsführung gelten? soll die Geschäftsführung nach Gebieten/Ressorts aufgeteilt werden? Wer soll die Vertretung nach außen übernehmen?). Da die Handelnden grundsätzlich nur einen Aufwendungsersatzanspruch nach §§ 161, 110 HGB bzw. §§ 683, 670 BGB haben, könnte eine Regelung über das Geschäftsführergehalt erforderlich sein.

Wenn ein Gesellschafter eine Firma mit in die neu zu gründende Gesellschaft **einbringt** und diese übernommen werden soll, so ist an § 18 HGB (Unterscheidungskraft, Täuschungsver- bot), §§ 37a, 125a, 161 HGB (Angabepflichten in Geschäftsbriefen) und an §§ 25 ff. HGB (Haftung/Forderungsübernahme) zu denken.

Auch die **Beschlussfassung** sollte gegebenenfalls abweichend von §§ 119, 161 HGB geregelt werden (Abstimmungen, Ladungsfristen, Stimmrechte, Mehrheiten etc.). Der Sachverhalt wird hierzu genügend Angaben enthalten.

Zu untersuchen sind zudem Fragen der **Kündigung und Änderung des Gesellschafter- bestandes**, gegebenenfalls abweichend von den gesetzlichen Regeln nach §§ 723 ff. BGB, §§ 131, 145 ff., 161 HGB (zB zeitlicher Ausschluss des Kündigungsrechts? Kündigungsfrist? Kündigungsform? Aufnahme besonderer Kündigungs- bzw. Ausschlussgründe gewollt? Wett- bewerbsverbote bei Ausscheiden? Abfindung oder Liquidation bei Kündigung bzw. Aus- schluss? Wie soll die Liquidation geregelt werden?). Auch hier werden im Klausursachverhalt genügend Angaben zu finden sein.

Der **Ausschluss** von Gesellschaftern ist in § 738 BGB bzw. §§ 133, 140, 161 HGB geregelt. Die Regelungen sind grundsätzlich abdingbar.

Zur regeln ist auch, wer die **Buchführungspflichten** übernehmen soll (Bilanzen, Gewinn- und Verlustrechnung, Steuerangelegenheiten etc.). Bei den Kapitalgesellschaften und Perso- nenhandelsgesellschaften bestehen dafür gesetzliche Vorgaben, vgl. § 42a GmbHG, §§ 170 ff. AktG, §§ 238 ff., 264 ff. HGB, §§ 120, 161 HGB.

Wichtig ist auch die Regelung der **Gewinnteilung** (wann soll der Gewinn ausgeschüttet wer- den? soll er überhaupt ausgeschüttet werden?) Hier bietet sich gegebenenfalls eine vom Ge- setz (vgl. §§ 721 ff. BGB, §§ 120 ff, 167 f. HGB, § 29 GmbHG und §§ 174 ff. AktG) abwei- chende Regelung an. Auch hier werden im Klausursachverhalt Angaben zur gewollten Regelung zu finden sein.

Die **Verfügung über Gesellschaftsanteile** ist bei der GmbH und bei der AG grundsätzlich ohne Weiteres möglich, vgl. § 15 III GmbHG, § 8 V AktG. Anders ist dies bei der GbR, der OHG und bei der KG. Da dort die Verfügung über die Gesellschaftsbeteiligung als sog. Grundlagengeschäft angesehen wird, ist diese nur bei Zustimmung aller Gesellschafter durch einen Übertragungsvertrag möglich.[246] Es liegt unter Umständen im Interesse der Gesellschaf- ter, durch ein antizipiertes Einverständnis die Übertragbarkeit der Gesellschafterstellung für bestimmte Fälle zu ermöglichen. Auf diesen Fall wird der Mandant in der Klausur aber in der Regel hinweisen.

---

245 Vgl. zur Nachschusspflicht bei der GbR Palandt/*Sprau* BGB § 707 Rn. 3.
246 BGHZ 13, 179 = NJW 1954, 1155; vgl. Palandt/*Sprau* BGB § 719 Rn. 6 ff.

Sehr examensrelevant ist die Regelung der **Nachfolge** bzw. des Gesellschaftsfortbestandes, wenn ein Gesellschafter verstirbt. Hier sind die verschiedenen Möglichkeiten einer Fortsetzung der Gesellschaft selbst und die Aufnahme der Erben (Fortsetzungs-, Eintritts- und Nachfolgeklauseln) aufzuzeigen und entsprechend den Wünschen des Mandanten im Vertrag zu integrieren.[247] Das LJPA wird im Klausursachverhalt genug Andeutungen einbauen, sodass Sie wissen, worauf der Mandant hinaus will. Beachten Sie hier die Sonderregelungen für die OHG und KG in §§ 131, 161 HGB. Gesetzlicher Regelfall ist hier, dass die Gesellschaft weiter existiert und die Erben nicht automatisch nachrücken, sondern lediglich Abfindungsansprüche nach § 738 BGB haben.

Auch die Regelung eines **Wettbewerbsverbotes** während der Dauer der Gesellschaft ist relevant (bei der OHG/KG ergibt sich dies aus §§ 112 f., 161 HGB, bei der GbR aus der gesellschaftsrechtlichen Treuepflicht) und aus Klarstellungsründen empfehlenswert.

Grundsätzlich ist der Gesellschaftsvertrag **formfrei**. Er ist nur dann formbedürftig, wenn er eine Leistungspflicht normiert, welche seinerseits formbedürftig ist, hier ist vor allem an § 311b BGB (zB ein Gesellschafter bringt ein Grundstück in die Gesellschaft ein) und § 15 IV GmbHG (Gesellschafter bringt einen GmbH-Anteil ein) zu denken. Wenn die Gesellschaft auf den Betrieb eines (handwerklichen) Gewerbes gerichtet ist, ist gegebenenfalls an eine Anmeldung nach § 138 AO, § 14 GewO und §§ 1, 7 HandwO zu denken.

Beachte: Lesen Sie bei Interesse und ausreichend Zeit zu bislang nur in Bayern (zB Termin I 2016!) in Kautelarklausuren eingebauten **Gründungsfragen bezüglich einer KG** die Ausführungen bei *Sikora/Mayer/Kell* ZivilR 84 ff.

Ziemlich happig wäre die **Gründung einer GmbH** (kam bislang im Ringtausch der LJPA – anders als in Bayern – nicht vor!). Schauen Sie für die konkrete Ausgestaltung des notariellen GmbH-Vertrages dann einfach in den § 3 GmbHG. Dieser Paragraph schreibt einige Mindestanforderungen für den Gesellschaftsvertrag vor, die Sie zwingend behandeln müssen (Firma, Sitz, Gegenstand des Unternehmens, Betrag des Stammkapitals, Beträge der Stammeinlagen). Wichtig sind auch die Stammeinlagen der Gesellschafter, vgl. §§ 3, 5 GmbHG. Im Prinzip würde es in dieser Klausur »nur« darum gehen, sich nicht verrückt zu machen und sich einfach durchzuwurschteln. Spezialwissen kann nicht erwartet werden. Der sonstige Inhalt des Gesellschaftsvertrages hängt von den Angaben und Zielen des Mandanten ab und kann relativ frei von den Gesellschaftern gestaltet werden, da insoweit im Gegensatz zur Aktiengesellschaft der Grundsatz der Satzungsstrenge nicht gilt (zB im Hinblick auf Geschäftsführung, Befassungspflicht der Gesellschafterversammlung bei bestimmten Handlungen der Geschäftsführer, Zuständigkeiten der Gesellschafterversammlung, Verteilung der Dividende, Nachschusspflicht der Gesellschafter nach §§ 26 ff. GmbHG, Bildung fakultativer Gremien wie Aufsichts- oder Verwaltungsräte, Vinkulierung von Geschäftsanteilen etc.). Nicht vergessen werden dürfen Regelungen zur Geschäftsführung und Vertretung der GmbH! Bei der Einpersonen-GmbH sollten Sie §§ 1, 7 GmbHG beachten.

Beachte: In § 2 Ia GmbHG ist eine **vereinfachte Gründungsmöglichkeit** für die GmbH (vor allem Verwendung eines Musterprotokolls zur Gründung) geschaffen worden. Da der Inhalt des Protokolls zwingend ist, stellt § 2 Ia GmbHG aber ein enges und in der Regel eher praxisfernes Korsett dar.[248] Zu beachten ist auch die in § 5a GmbHG geregelte sog. **Unternehmergesellschaft (UG) als »Mini-GmbH«**, bei der es sich um eine Variante der GmbH handelt. Diese kann schon mit einem Stammkapital von einem Euro gegründet werden. Lesen Sie bei Bedarf insbesondere zur UG den guten Aufsatz von *Miras* NJW 2013, 212. Potentielle Vertragspartner werden die UG wegen des geringen Stammkapitals und der damit einhergehenden geringen Haftungsmasse für gegen die Gesellschaft gerichtete Forderungen allerdings eher mit Skepsis betrachten. Kautelarklausuren dazu hat es noch nicht geben.
Ein weiterer Sonderling wäre die **Partnerschaftsgesellschaft** oder die (wegen des ungünstigen § 8 II PartGG) neu geschaffene Partnerschaftsgesellschaft mit beschränkter Berufshaftung

---

247 *Kaiser/Kaiser/Kaiser* MatZivilR Rn. 114.
248 *Hasselmann* AnwBl. 2008, 659.

(**»PartGmbB«**), geregelt in § 8 IV PartGG. Es handelt sich um eine Gesellschaft, die entgegen der GmbH kein Mindestkapital erfordert und wegen der notwendigen Eintragung ins Partnerschaftsregister ein hohes Maß an Publizität hat und damit »Seriosität« transportiert. In der Kautelarklausur kann es durchaus um den Entwurf eines solchen Partnerschaftsvertrages gehen. Hier sind dann die §§ 2 ff. PartGG »abzuklappern«.

Klausurtipp: Möglich ist auch eine Klausur, bei der es um die **Ausgestaltung der Satzung eines Vereins** iSv §§ 21 ff., 57 BGB oder Teilen davon geht (Beispiel aus Examensklausuren: Verein »Gesellschaft der Freunde des Bückeburger Pologestüts«, Förderverein von Eltern für ein Gymnasium, Verein zur Förderung der Jugendweihe, KiTa e.V. aus dem Augusttermin 2017). Hier wird Ihnen in der Regel alles durch den Klausurtext vorgegeben, sodass Sie »nur« noch die Regelungswünsche mit §§ 21 ff. BGB und der Kommentierung abarbeiten müssen (Arbeit mit dem Kommentar! die LJPA verlangen kein Sonderwissen im Vereinsrecht!). Lesen Sie mal Palandt/*Ellenberger* BGB § 25 Rn. 2 und im Gesetz §§ 57, 58 BGB, das hilft enorm. Dann können Sie zB wie folgt die Satzung durchgliedern (im Gutachten und nachher im praktischen Teil):

Präambel
§ 1   Name, Sitz, Geschäftsjahr
§ 2   Vereinszweck
§ 3   Mitgliedschaft, Mitgliedsbeitrag
§ 4   Vereinsorgane
§ 5   Mitgliederversammlung
§ 6   Revision/Kassenprüfer
§ 7   Vorstand
§ 8   Geschäftsführung
§ 9   Vereinsauflösung
§ 10   Inkrafttreten

2. Klausuren mit Erwerbskonstellationen

137 Es ist auch möglich, dass Sie mit einem **Erwerbswunsch** konfrontiert werden.[249] Der Mandant kann zB vortragen, dass er ein bestimmtes Unternehmen (zB die »Meyer Transporte«) erwerben möchte. Dazu möchte er die vier Lastwagen, den Kundenstamm, den Namen und die eingetragene Marke »Meyer Transporte« übernehmen, nicht aber die Arbeitnehmer. Die Thematik kam bislang nur in Niedersachsen vor (Verkauf eines Tierbestattungsunternehmens, Verkauf einer Tankstelle).

Im Gutachten sind dann alle relevanten Punkte häppchenweise abzuhandeln. Schuldrechtlich ist hier ein Kauf (Sach- oder Rechtskauf) oder eben eine Schenkung möglich. Letzteres vor allem, wenn zu Lebzeiten der bisherige Inhaber auf seinen Filius als Nachfolger übertragen will. Dann ist § 518 BGB zu beachten. Da im BGB keine Verfügung über einen Betrieb im Ganzen vorgesehen ist, müssen die einzelnen Rechte und Sachen, die den Betrieb ausmachen, in der Übertragungsvereinbarung einzeln aufgezählt (sog. sachenrechtlicher Bestimmtheitsgrundsatz) und übereignet werden. Auch Kunden können nicht im zivilrechtlichen Sinne »übertragen« werden. Möglich ist aber, dass der bisherige Betriebsinhaber sich verpflichtet, die Kundenkartei nach §§ 929 ff. BGB zu übereignen. Bezüglich der laufenden schuldrechtlichen Verträge bietet sich eine Vertragsübernahme an, bei der die jeweiligen Vertragspartner des bisherigen Betriebsinhabers allerdings zustimmen müssten. Sollten die Vertragspartner der Übernahme nicht zustimmen, bliebe nur eine Abtretung nach §§ 398 ff. BGB durch den bisherigen Betriebsinhaber an den Erwerber. Bezüglich der Schulden ist eine Schuldübernahme nach §§ 414 ff. BGB möglich. Beachten Sie hier § 415 III 2 BGB (lesen!). Arbeitsrechtlich ist der § 613a BGB in der Klausur zu finden, wenn bisherige Arbeitnehmer übernommen oder eben nicht übernommen werden sollen.

---

249 Es wird sich im Examen idR um einen sog. Asset Deal handeln, dh, die Wirtschaftsgüter werden einzeln übertragen. Ein sog. Share Deal wäre der Erwerb per Erwerb der Gesellschaftsanteile (§ 453 BGB).

Soll die bisherige Firma übernommen werden, sind §§ 25 f. HGB (gegebenenfalls zusätzlich §§ 22, 29, 12 HGB, wenn der bisherige Kaufmann im Handelsregister als Kaufmann eingetragen ist – dann Berichtigung des Handelsregisters nötig) relevant, bei Übertragung einer Marke der § 27 MarkG. Bei Ehegatten ist auf § 1365 BGB auf Veräußererseite zu achten. Auch Wettbewerbsverbote und Geheimhaltungsvereinbarungen sind gegebenenfalls gewollt.

III. Klausuren aus dem Erbrecht

Klausurtipp: Bei den bayerischen Kautelarklausuren spielt das sehr praxisrelevante Erbrecht eine ganz **entscheidende Rolle**. Vor allem die Bayern sollten dieses Kapitel gründlich lesen! **138**

Die **gesetzliche Erbfolge** ist einschlägig, wenn keine Regelung durch letztwillige Verfügung getroffen wurde. Das Erbrecht der Abkömmlinge und Verwandten ist in §§ 1924 ff. BGB geregelt, das Ehegattenerbrecht in § 1931 BGB. Das Lebenspartnererbrecht nach § 10 LPartG entspricht dem Ehegattenerbrecht. Der Eintritt der gesetzlichen Erbfolge (in der Regel zuerst zu prüfen!) wird vom Mandanten in der Regel nicht gewünscht sein, sodass es in der Klausur im Wesentlichen darum geht, abweichende Gestaltungsmöglichkeiten zu finden und gegeneinander abzuwägen.

1. Gestaltungsmöglichkeiten durch letztwillige Verfügungen

Eine Erbregelung kann durch **Testament** erfolgen, vgl. §§ 2064 ff. BGB. Dieses muss eigenhändig geschrieben und unterschrieben werden, vgl. §§ 2231, 2247 BGB.[250] Das notarielle Einzeltestament nach §§ 2231, 2232 BGB ist zwar kostenintensiver, hat aber den Vorteil der fachkundigen Beratung durch einen Notar, zudem ersetzt es im Grundbuchverkehr nach § 35 GBO den Erbschein (Kostenersparnis). **139**

Als **Inhalt** des Testamentes[251] kommen eine Erbeinsetzung (ein Erbe oder mehrere Erben in Erbengemeinschaft), die Bestimmung einer Vor- und Nacherbenschaft nach §§ 2100 ff. BGB oder eine Enterbung nach § 1938 BGB in Betracht. Es können auch Ersatzerben nach § 2096 BGB bestimmt werden. Bei mehreren Erben ist an eine Teilungsanordnung nach § 2048 BGB zu denken, wenn Nachlassgegenstände in bestimmter Weise innerhalb der Erbengemeinschaft zugeordnet werden sollen. Für die Miterben sollte dann gegebenenfalls ein konkreter Wertausgleich angeordnet werden, wenn der einem bestimmten Erben zugedachte Gegenstand höherwertig ist als die Erbquote. Soll der Gegenstand/Wert des Gegenstandes nicht auf die Erbquote angerechnet werden, so muss die Anordnung als Vorausvermächtnis iSv §§ 2147 ff. BGB erfolgen. Das Vorausvermächtnis kann – anders als die Teilungsanordnung, vgl. § 2270 III BGB – nicht ohne Weiteres widerrufen werden.[252] Den Erben oder Vermächtnisnehmern können auch Auflagen gemacht werden, vgl. §§ 1940, 2192 ff. BGB (zB Grabpflege, Spendenanordnung). Wenn außerhalb der Erbfolge im Erbfall einzelne Vermögenswerte an Dritte fließen sollen, so kommt die Ausbringung eines Vermächtnisses nach §§ 2147 ff. BGB in Betracht. Dieses kann auch bedingt sein, vgl. § 2177 BGB. Soll das Vermächtnis in einer bestimmten Reihenfolge an mehrere Personen gehen, so kann dieses als Vor- und Nachvermächtnis ausgestaltet werden, vgl. § 2191 BGB. Für den Fall des Wegfalls eines Vermächtnisnehmers kann eine Ersatzvermächtnisanordnung nach § 2190 BGB erfolgen. Soll einer der Miterben oder ein Dritter als Verantwortlicher die Erbauseinandersetzung und/oder die Verwaltung des Nachlasses übernehmen und leiten, so kommt die Anordnung einer Testamentsvollstreckung in Betracht, vgl. §§ 2197 ff. BGB.

Beachte: Vor allem in der Praxis ist die Abstimmung der Nachfolgeregelung im Testament mit der Nachfolgeklausel im Gesellschaftsvertrag wichtig. Lesen Sie dazu *Kaiser/Kaiser/Kaiser* MatZivilR Rn. 114.

---

250 *Kaiser/Kaiser/Kaiser* MatZivilR Rn. 97.
251 Vgl. dazu auch *Graf Wolffskeel v. Reichenberg* JA 2018, 371 ff.; *Langenfeld* JuS 1998, 521.
252 Palandt/*Weidlich* BGB § 2048 Rn. 8.

Bei der Enterbung ist an **Pflichtteils- und Pflichtteilsergänzungsansprüche** zu denken, vgl. §§ 2303 ff. BGB. Pflichtteilsansprüche (in der Regel die Hälfte vom – gegebenenfalls ergänzten – Wert der gesetzlichen Erbteile) greifen bei rechtlicher Enterbung, Pflichtteilsergänzungsansprüche bei Minderung des Nachlasswertes durch lebzeitige Schenkungen des Erblassers (vgl. § 2325 BGB). Lesen Sie die Ausführungen unten bei → Rn. 143 zu den Minimierungsmöglichkeiten bezüglich des Pflichtteils.

Ehegatten haben zudem die Möglichkeit, ein **gemeinschaftliches Testament** iSv §§ 2265 ff. BGB zu errichten.[253] Dieses erlangt neben Formerleichterungen (vgl. § 2267 BGB) seine Bedeutung vor allem wegen der Bindungswirkung darin getätigter wechselbezüglicher Verfügungen, vgl. §§ 2270 f. BGB. In § 2269 BGB ist das sog. Berliner Testament geregelt.

Beachte: Die Regeln der §§ 2265 ff. BGB über das gemeinschaftliche Testament gelten wegen § 10 LPartG auch für **Lebenspartnerschaften, nicht** aber bei **nichtehelichen Lebensgemeinschaften**. Diese können gemeinschaftlich nur durch Erbvertrag testieren oder eine mit §§ 2270 f. BGB vergleichbare Bindungswirkung durch entsprechende Bedingungen in den jeweiligen, aufeinander abgestimmten Einzeltestamenten erreichen.

Die oben genannten inhaltlichen Regelungen können auch in einen **Erbvertrag** aufgenommen werden, vgl. §§ 1941, 2274 ff. BGB. Dieser bedarf der notariellen Form nach §§ 2276 BGB und verursacht dadurch auch mehr Kosten. Der Erbvertrag zeichnet sich insbesondere durch seine Bindungswirkung für sog. vertragsgemäße Verfügungen aus. Die Lösungsmöglichkeiten vom Erbvertrag und die Bindungswirkungen sind in §§ 2287 ff. BGB geregelt. Eine schöne Übungsklausur zum Erbvertrag (und anderen Dingen): *Matzkat-Eschenburg* JA 2018, 292 ff.

2. Gestaltungsmöglichkeiten durch Rechtsgeschäfte unter Lebenden

140 Die Verteilung von Vermögensgegenständen an Dritte durch Rechtsgeschäfte unter Lebenden wird oft als **vorweggenommene Erbfolge** bezeichnet (im Volksmund »Übertragung mit warmer Hand«). Oft sind es steuerliche Gesichtspunkte, zum Teil auch familiäre Motive, die Anlass der Übertragung sind. Relevant ist dann vor allem die lebzeitige Vermögenszuwendung durch **Schenkung nach §§ 516 ff. BGB**. Eine Schenkung nach **§ 2301 BGB** liegt dann in der Regel nicht vor, weil das Rechtsgeschäft nicht unter die Bedingung gestellt werden soll, dass der Beschenkte den Schenker überlebt.

Die **späteren Erben** werden durch Rechtsgeschäfte zu Lebzeiten des Erblassers gegebenenfalls benachteiligt, weil sich die Erbmasse dadurch verringert. **Ausgleichsregelungen** sind in §§ 2050 ff. BGB und in §§ 2325 f., 2329 BGB enthalten. Ein Verzicht auf diese Ansprüche ist nach § 2346 BGB möglich. Will der Erblasser bei der Auseinandersetzung unter Miterben die Anrechnung von Vorempfängen zugunsten eines Miterben auf den Erbteil über die dazu bestehenden gesetzlichen Regeln insbesondere in §§ 2050, 2052 BGB hinaus erreichen, muss er dies durch letztwillige Verfügung anordnen.[254]

Soll die Zuwendung im Todesfall aus dem Vermögen Dritter erfolgen (zB Lebensversicherungen, Bankguthaben), so ist an einen **Vertrag zugunsten Dritter auf den Todesfall** zu denken, vgl. §§ 330 ff. BGB. Die Formvorschrift von §§ 2301 I 1, 2276 BGB gilt dann für die zugrunde liegende Schenkung nicht.[255]

3. Gestaltungsmöglichkeiten nach dem Erbfall

141 Hier kommt zB eine **Ausschlagung** nach §§ 1942 ff. BGB in Betracht. Die **Anfechtung** von Testamenten oder Erbverträgen ist in §§ 2078 ff., 2340 ff. BGB geregelt.[256] Das Vorgehen gegen einen (zu Unrecht) erteilten Erbschein ist in §§ 58 ff. FamFG und § 2361 BGB geregelt.

---

253 *Kaiser/Kaiser/Kaiser* MatZivilR Rn. 97.
254 BGH MDR 2010, 86 = BeckRS 2009, 86936.
255 *Kaiser/Kaiser/Kaiser* MatZivilR Rn. 90.
256 *Kaiser/Kaiser/Kaiser* MatZivilR Rn. 97.

4. Hinweis auf einige wichtige Klausurkonstellationen

Im Folgenden werden einige klausurrelevante Besonderheiten dargestellt, die sich nach der **142**
Analyse bisheriger (bayerischer) Klausuren in derartigen Kautelarklausuren ergeben haben.

Welche Klausurkonstellationen sind besonders relevant?

- Beratung eines Ehepaares hinsichtlich der Verfügung von Todes wegen
- Beratung hinsichtlich der Reaktionsmöglichkeiten nach Eintritt des Erbfalls
- Beratung hinsichtlich des »Ausstiegs« aus einem gemeinschaftlichen Testament
- Beratung hinsichtlich der lebzeitigen Vermögensübertragung auf einen Dritten

a) Beratung von Ehepaaren mit Kindern/Berliner Testament

Bei der Frage der konkreten inhaltlichen Ausgestaltung der Verfügung von Todes wegen bie- **143**
tet es sich in der Regel an, im Gutachten zuerst die **gesetzliche Erbfolge** darzustellen und
dann zu überprüfen, wie das gefundene (in der Regel nicht gewollte) Ergebnis durch eine gewillkürte Erbfolge abgeändert werden kann.

Dann sind die verschiedenen **Möglichkeiten der Verfügung** von Todes wegen (Einzeltestament, gemeinschaftliches Testament, Erbvertrag) darzustellen, anschließend ist im Hinblick
auf den konkreten Klausursachverhalt eine Auswahl zu treffen. Dem Wunsch der Mandanten
wird in der Regel das gemeinschaftliche Testament nach §§ 2265 ff. BGB entsprechen.

Wenn der Mandant sich durch frühere letztwillige Verfügungen bereits gebunden hat, so ist
zu prüfen, **ob überhaupt noch abweichend testiert werden kann**. Gegebenenfalls ist an eine
Lösungsmöglichkeit von der früheren Vereinbarung zu denken (vorsorglicher Widerruf, Anfechtung, gemeinsame Aufhebung).[257] Denken Sie bei einem früheren gemeinschaftlichen Testament aus erster Ehe an §§ 2268 I, 2077 I BGB.

Darüber hinaus sind die konkreten Möglichkeiten der inhaltlichen Ausgestaltung zu würdigen und gegeneinander abzugrenzen. Im Wesentlichen wird es um die Wahl zwischen der sog.
Einheitslösung und der **Trennungslösung** gehen.[258] Für welche der beiden Möglichkeiten Sie
sich entscheiden, hängt vom Klausursachverhalt ab (Wunsch der Mandanten?).

> **Beachte:** Möglich wäre auch die Erbeinsetzung der Kinder und ein Nießbrauch des überlebenden
> Ehegatten an der Erbschaft, §§ 1030 ff. BGB. Dies kollidiert jedoch in der Regel mit dem Wunsch
> der Mandanten, dass der überlebende Ehegatte, solange er lebt, über das Vermögen beider Ehegat-
> ten frei verfügen können soll.
> In der Praxis wird die Frage der Testamentsgestaltung nicht selten vor allem bei größeren Vermögen
> von **steuerrechtlichen Aspekten** bestimmt. Keine Angst: Aus dem Bearbeitervermerk wird sich in
> der Regel ergeben, dass steuerrechtliche Fragen außer Betracht bleiben können.

Der **Nachteil der Einheitslösung** ist, dass die Kinder im Falle des Todes Pflichtteilsansprüche
geltend machen können und so die Vermögensmehrung des Längerlebenden wirtschaftlich
erheblich belastet werden könnte. Die Kinder werden sich dann auch auf die grundsätzlich
möglichen (notariellen) Pflichtteilsverzichtsverträge nach § 2346 BGB nicht einlassen, in der
Regel auch nicht bei Zahlung einer Abfindung. Auch ein Entzug des Pflichtteils ist nur in den
engen Grenzen des § 2333 BGB möglich. Die Praxis hilft sich hier mit sog. **Verwirkungs-
klauseln**, die eine unerwünschte Pflichtteilsforderung beim ersten Erbfall sanktionieren. Die
Klausel bestimmt, dass dasjenige Kind, welches nach dem Tod des Vorversterbenden den
Pflichtteil verlangt (nicht: »bekommt«), enterbt wird und auch bei dem Tod des Längerlebenden auf den Pflichtteil gesetzt wird (beachte: diesen Wunsch wird der Mandant in der Klausur
dann vortragen).[259] Zudem ist in Kombination mit der Verwirkungsklausel an ein bedingtes
Vermächtnis in Gestalt der sog. »Jastrowschen Klausel«[260] zu denken. Sie bestimmt, dass das

---

257 *Kaiser/Kaiser/Kaiser* MatZivilR Rn. 97.
258 *Kaiser/Kaiser/Kaiser* MatZivilR Rn. 97.
259 Palandt/*Weidlich* BGB § 2269 Rn. 13 ff. Auskunftsverlangen und Forderung nach Nachlassverzeichnis
     kann nach OLG Köln die Strafklausel schon auslösen, vgl. OLG Köln BeckRS 2018, 25213.
260 Palandt/*Weidlich* BGB § 2269 Rn. 12. Danach wird gerne in der Mündlichen in Bayern gefragt!

Kind, welches den Pflichtteil beim Tod des Vorversterbenden nicht verlangt, aus dem Nachlass des Vorversterbenden ein Vermächtnis erhält, das so groß ist, wie dessen Erbanteil bei gesetzlicher Erbfolge. Dieses Vermächtnis fällt bei Tod des Vorversterbenden an, wird aber erst beim Tod des Längerlebenden ausgezahlt. Diese Regelung bewirkt, dass der Nachlass des Längerlebenden wegen des Vermächtnisses gemindert wird. Das beim Tod des Längerlebenden den Pflichtteil fordernde Kind erhält dann entsprechend weniger aus dem Nachlass des Längerlebenden.

Die Einheitslösung ist auch dann nachteilig, wenn das Kind eines Mandanten aus dessen erster Ehe nicht erben soll. Wenn nämlich der andere Ehegatte zuerst stirbt, wird der Längerlebende Erbe und damit Inhaber des Gesamtvermögens beider Ehegatten. Wenn er später verstirbt, berechnet sich der Pflichtteilsanspruch des enterbten Kindes nach dem Gesamtnachlass beider Ehegatten. Dies wäre bei der Trennungslösung anders, weil das übergegangene Vermögen des Verstorbenen Sondervermögen des Längerlebenden ist und nicht zum Nachlass des Vorerben gehört, wenn dieser später verstirbt.[261]

Beachte: Allgemein gibt es folgende Möglichkeiten, das **Pflichtteilrisiko** der Erben (zB weil enterbte Kinder Pflichtteilsansprüche stellen) **durch letztwillige Verfügung** des Erblassers **zu minimieren**:[262]

- Wahl der Trennungslösung, §§ 2113 ff. BGB
- Pflichtteilsverzicht, § 2346 BGB
- Pflichtteilsentziehung, §§ 2333 ff. BGB
- Pflichtteilsbeschränkung bei Verschwendungssucht des Abkömmlings, § 2338 BGB
- Pflichtteilsklausel/Verwirkungsklausel
- Bedingtes Vermächtnis/Jastrowsche Klausel
- Erbeinsetzung exakt in Höhe des Pflichtteils, vgl. § 2305 BGB

Auch **durch lebzeitige Zuwendungen** kann der Pflichtteil zum Schutze der späteren Erben reduziert werden, vor allem durch folgende Maßnahmen:[263]

- Zuwendung des Erblassers an Pflichtteilsberechtigten unter Bestimmung der Anrechnung auf Pflichtteil, § 2315 BGB
- Zuwendungen des Erblassers an Dritte (beachte § 2325 III BGB)
- Lebensversicherungen mit Einsetzung eines Dritten als Bezugsberechtigten (derartige Vermögenswert fallen nicht in den Nachlass)[264]

Als **familienrechtliche Gestaltungsmöglichkeiten** bieten sich folgende Maßnahmen an:[265]

- Schaffung neuer Pflichtteilsberechtigter durch Geburt/Adoption von Kindern oder durch Heirat
- Wechsel des Güterstandes (Beispiel: Beim Übergang von der Gütertrennung zur Zugewinngemeinschaft erhöht sich der Ehegattenerbteil gem. § 1371 I BGB um ¼; dadurch wird der Pflichtteil der Abkömmlinge entsprechend kleiner.)
- Modifikationen der Gütertrennung/sog. Gütertrennungsmodell (Beispiel: Im gesetzlichen Güterstand wird zunächst Gütertrennung vereinbart und der bis dahin entstandene Zugewinn durch die Übertragung von Vermögensgegenständen ausgeglichen. Sofern deren Wert nicht erheblich über dem rechnerischen Zugewinn liegt, ist die Übertragung entgeltlich und damit nicht ergänzungspflichtig iSd § 2325 BGB.)
- Modifikationen der Gütergemeinschaft/sog. Gütergemeinschaftsmodell (Beispiel: Hier überträgt der vermögende Ehegatte die Hälfte seines Vermögens als Gesamtgut auf den anderen Ehegatten und kann dadurch die pflichtteilsrelevante Bemessungsgrundlage deutlich reduzieren. Nach dem BGH liegt hierin keine ergänzungspflichtige Schenkung, sofern keine außerehelichen Zwecke verfolgt werden.)[266]

---

261 Palandt/*Weidlich* BGB § 2100 Rn. 10.
262 *Jülicher/Klinger* NJW-Spezial 2007, 157; *Keim* NJW 2008, 2072.
263 *Klinger* NJW-Spezial 2007, 301.
264 *Kaiser/Kaiser/Kaiser* MatZivilR Rn. 99 und Palandt/*Weidlich* BGB § 2325 Rn. 13.
265 *Klinger* NJW-Spezial 2007, 397.
266 BGH NJW 1992, 558.

Auch auf **gesellschaftsrechtlicher Ebene** können Gestaltungsvarianten gewählt werden, wenn sich im Vermögen des Erblassers eine Gesellschaft befindet.[267] Bei Personengesellschaften ist an die Aufnahme einer Fortsetzungsklausel zu denken, gegebenenfalls sogar mit Ausschluss des Abfindungsanspruches.[268]

Ein weiterer Nachteil der Einheitslösung ist, dass für den Längerlebenden (außer analog § 2287 BGB bei »böslichen Schenkungen«[269]) keine Beschränkungen in dem Umgang mit der Erbschaft bestehen, sodass die Gefahr besteht, dass am Ende die den Schlusserben zufallende Erbschaft wirtschaftlich ausgehöhlt ist.

Der **Vorteil der Trennungslösung** dagegen ist, dass der Längerlebende durch § 2113 BGB gewissen Beschränkungen in der Verfügungsmöglichkeit über die Vorerbschaft unterliegt und so der Schutz der Kinder gewährleistet ist (eine Befreiung von § 2113 BGB ist nach § 2136 BGB auch möglich, dann spricht man vom sog. befreiten Vorerben). Die Vor- und Nacherbfolge bietet sich also als Regelungsinstrument an, wenn der Erblasser sein Vermögen möglichst ungeschmälert dem Nacherben erhalten möchte (zB weil das Familienvermögen im Wesentlichen aus seinem Familienstamm kommt und es diesem erhalten bleiben soll oder weil die Ehegatten Kinder aus unterschiedlichen Verbindungen haben (Variante davon: sog. Behindertentestament – hier soll der Sozialhilfeträger nach dem Erbfall nicht auf das Erbe des behinderten Kindes zugreifen können[270]). Die Kinder werden gerade nicht enterbt, sodass zudem die Gefahr der Geltendmachung von Pflichtteilsansprüchen geringer ist als bei der Einheitslösung. Werden diese dennoch geltend gemacht, so berechnet sich der Pflichtteil jeweils nur nach dem Einzelvermögen, nicht nach der vereinigten Erbmasse. Auch für den Fall des überschuldeten Ehegatten bietet sich die Trennungslösung an, da durch § 2115 BGB, § 773 ZPO und § 83 II InsO ein gewisser Vollstreckungsschutz der Nacherben vor Gläubigern des überlebenden Ehegatten gewährleistet ist. Dann bietet sich auch flankierend eine Anordnung der Testamentsvollstreckung an, vgl. § 2214 BGB.

Bei Bedarf kann auch geregelt werden, ob bei Vorversterben des Nacherben vor dem Vorerben die Nacherbenanwartschaft iSv § 2108 II BGB auf den Erben des Nacherben übergehen oder stattdessen ein anderer die Nacherbenstellung einnehmen soll.

Auch bei der Trennungslösung ist natürlich nicht ausgeschlossen, dass ein Kind die Nacherbschaft ausschlägt und seinen Pflichtteil aus dem Erbe des Vorversterbenden verlangt. Für diese Konstellation kann ebenfalls eine Verwirkungsklausel in die letztwillige Verfügung mit aufgenommen werden.

Bei der gegenseitigen Erbeinsetzung ist es ratsam, im Testament konkret zu bezeichnen, welche Verfügung **wechselseitig** iSd § 2270 BGB sein soll, um Auslegungsfragen auszuschließen.

Gegebenenfalls ist es auch ratsam, bei entsprechendem Hinweis im Sachverhalt eine sog. **Wiederverheiratungsklausel** aufzunehmen. Die hierbei möglichen Gestaltungskonstellationen ergeben sich aus der guten Kommentierung bei Palandt/*Weidlich* **BGB § 2269 Rn. 16 ff.** Machen Sie in der Klausur unbedingt davon Gebrauch und lernen Sie hier nichts auswendig!

Klausurtipp: Die hier angestellten Überlegungen sollten Sie sich mehrmals durchlesen, da diese sicher nicht ganz leicht zu verstehen sind. Aber seien Sie unbesorgt: Bei Palandt/*Weidlich* **BGB § 2269 Rn. 1 ff.** findet sich eine perfekte Kommentierung zu den meisten der hier genannten Punkten.

Sind die Kinder noch minderjährig (oder bei entsprechendem Hinweis durch den Mandanten), kann in die letztwillige Verfügung mit aufgenommen werden, dass bis zum Eintritt der Volljährigkeit der Kinder die **Testamentsvollstreckung** angeordnet wird, vgl. §§ 2197 ff. BGB. In diesem Fall müssen Sie neben der Anordnung der Testamentsvollstreckung als solche auch einen Testamentsvollstrecker ernennen oder die Ernennung nach § 2200 BGB dem Nachlassgericht überlassen.

---

267 *Klinger* NJW-Spezial 2007, 397.
268 *Kaiser/Kaiser/Kaiser* MatZivilR Rn. 114.
269 *Kaiser/Kaiser/Kaiser* MatZivilR Rn. 97.
270 Gut kommentiert im Palandt/*Ellenberger* BGB § 138 Rn. 50a.

Die Mandanten werden oft auch **weitere Anordnungen** aufnehmen wollen. Hier kommen dann Teilungsanordnungen, Vorausvermächtnisse, Vermächtnisse oder Auflagen in Betracht (→ Rn. 139).

Neben den inhaltlichen Fragen der Testamentsgestaltung sollte der Mandant dann auch hinsichtlich der **Formvorschriften** der §§ 2247, 2064, 2065 II BGB beraten werden (höchstpersönliche und handschriftliche Abfassung, eigenhändige Unterschrift mit Vor- und Nachnamen, Angabe des Datums und des Orts der Abfassung, auch Nachträge sind zu unterschreiben, keine Erbeinsetzung durch Dritte). Auch die Verwahrungsmöglichkeit des Testaments nach § 2248 BGB sollten Sie ansprechen. In diesem Zusammenhang wurde das sog. Zentrale Testamentsregister eingeführt.[271]

b) Testamentsgestaltung bei Enterbungswunsch

144 Es kann auch vorkommen, dass der Mandant den Entwurf eines Testamentes wünscht, in dem er zB seine **Frau** (zugunsten der Kinder) **enterben möchte** und danach fragt, was die verschiedenen Rechtsfolgen einer Nichtberücksichtigung der Ehefrau sind. In der Regel wird es sich dann um ein Ehepaar in gesetzlichem Güterstand, also Zugewinngemeinschaft, handeln.

Wenn der Güterstand durch den Tod des einen Ehegatten beendet wird, ohne dass eine gewillkürte Erbfolge vorliegt (dh hier würde der Mandant keine gewillkürte Erbfolge veranlassen), so wird der Zugewinn gerade nicht nach §§ 1371 ff. BGB ausgeglichen. Vielmehr erfolgt hier der Ausgleich über das Erbrecht, nämlich durch die pauschale Erhöhung des gesetzlichen Erbteils der Ehefrau um ¼ der Erbschaft, vgl. §§ 1931 III, 1371 I BGB (erbrechtlicher Zugewinnausgleich).

Wenn nun der Mandant seine Frau durch eine letztwillige Verfügung ausdrücklich enterben würde, so kann er dadurch das gesetzliche Erbrecht der Frau und den erbrechtlichen Zugewinnausgleich ausschließen. In diesem Fall wird der während der Ehe erwirtschaftete Zugewinn aber nach familienrechtlichen Grundsätzen, nämlich über §§ 1931 III, 1371 II, 1373 ff. BGB, ausgeglichen (güterrechtlicher Zugewinnausgleich wie bei einer Scheidung). Den Pflichtteilsanspruch behält die Ehefrau daneben natürlich auch. Dieser bemisst sich aber nach dem gesetzlichen Erbteil der Ehefrau gem. § 1931 BGB ohne die oben dargestellte Erhöhung (sog. kleiner Pflichtteil).

c) Klausuren nach Eintritt des Erbfalls

145 Hier wird die Klausur in der Regel so konzipiert sein, dass zB die Ehefrau oder die Tochter nach den verschiedenen Reaktionsmöglichkeiten fragt, nachdem Sie durch den Erblasser **als Erbin eingesetzt** wurde. Die Ehegatten werden dabei in der Regel im gesetzlichen Güterstand der Zugewinngemeinschaft gelebt haben. Zuvorderst kommt natürlich die Annahme der Erbschaft in Betracht. Dies wird die Mandantin (zB weil der Nachlass überschuldet ist) in der Regel nicht wollen, sodass untersucht werden muss, ob eine Loslösung infrage kommt. Die Ausschlagung ist in §§ 1942 ff. BGB geregelt (Sechs-Wochen-Frist!). Ist die Erbschaft bereits angenommen worden, so muss inzident geprüft werden, ob eine Anfechtung der Annahme in Betracht kommt.[272]

Hier kommt es öfters zu folgender Klausurfalle: Die Mandantin wünscht eine Ausschlagung, weil ihr als Pflichtteilsberechtigter (neben anderen Erben) ein Erbteil hinterlassen wurde, der geringer ist als der Pflichtteil. Eine Ausschlagung ist hier aber gerade nicht ratsam. Nach hM erhält der Ausschlagende in diesen Fällen nämlich lediglich den Rest-Pflichtteil nach § 2305 BGB,[273] diesen würde die Mandantin aber auch bekommen, wenn sie nicht ausschlägt. Will die Mandantin ausschlagen, weil ihr Erbteil (zB durch Vermächtnisse) erheblich beschränkt und beschwert ist, gilt die gesetzliche Regelung in § 2306 BGB. Relevant sind schließlich die Fälle von § 1371 III BGB bei in Zugewinngemeinschaft lebenden Ehegatten (s. unten). Wie sich der Anwalt dann entscheidet hängt maßgeblich von den wirtschaftlichen Umständen des Einzelfalls ab.

---

271 *Diehn* NJW 2011, 481.
272 *Kaiser/Kaiser/Kaiser* MatZivilR Rn. 98.
273 Palandt/*Weidlich* BGB § 2305 Rn. 5.

Hat der Erblasser die Ehefrau **letztwillig nicht bedacht**, so greift die gesetzliche Erbfolge. Der gesetzliche Erbteil der Ehefrau erhöht sich um ein Viertel, vgl. §§ 1931 I, III, 1371 I BGB (erbrechtliche Lösung). Alternativ kann die Erbschaft auch ausgeschlagen werden, sodass dann ein Anspruch auf Zugewinnausgleich geltend gemacht werden kann, vgl. §§ 1371 II, 1372 ff. BGB. Zusätzlich gewährt § 1371 III BGB dem ausschlagenden Ehegatten einen Pflichtteilsanspruch. Da sich dieser nach § 1371 II BGB nach dem nicht um das pauschale Viertel aus § 1371 I BGB erhöhten gesetzlichen Erbteil iSd § 1931 BGB bestimmt, spricht man vom sog. »kleinen Pflichtteil«.[274]

Eine weitere (in Bayern) klausurrelevante Konstellation ist die Frage des Mandanten nach den Möglichkeiten der **Abwicklung einer entstandenen Erbengemeinschaft**, dessen Mitglied er ist. Grundsätzlich sind drei Möglichkeiten anerkannt: die Auseinandersetzung der gesamten Erbengemeinschaft nach § 2042 BGB, die notarielle Übertragung des Erbteils nach § 2033 I BGB und die formfrei zulässige sog. persönliche Abschichtung.[275]

d) Ausstieg aus einem gemeinschaftlichen Testament

Möglich sind auch Klausuren, bei denen es um den »Ausstieg« aus einem gemeinschaftlichen **146** Testament geht, dies vor allem nach dem Tod eines der Ehegatten. Hier wird es dann um Fragen des Widerrufs nach §§ 2254 ff., 2271 BGB, der Ausschlagung nach § 2271 II 1 BGB und der Anfechtung analog § 2281 BGB gehen (zuletzt Bayern Junitermin 2018!).[276]

e) Wunsch nach lebzeitiger Vermögensübertragung

Hier handelt es sich um Gestaltungsmöglichkeiten bei Übertragung von Grundvermögen auf **147** Dritte zu Lebzeiten (vgl. → Rn. 140).[277] Ist ein Rechtsgeschäft unter Lebenden gewollt, so bietet sich in der Regel eine an die speziellen Umstände angepasste Schenkung nach §§ 516 ff. BGB an (oft *»Übergabevertrag«* oder *»Überlassungsvertrag«* genannt, vgl. das Muster bei → Rn. 154). Als Abwandlung wurden diese Themen zuletzt in Bayern im Juni 2018 abgeprüft.

Beachte: Oft handelt es sich bei derartigen Klausuren um die *»verwitwete reiche Seniorin S«* (die Mandantin), die ihrem *»Neffen N«* Grundbesitz übertragen will, ohne sich aber bereits hinsichtlich der Erbfolge endgültig festlegen zu wollen und ohne bereits zu Lebzeiten alle Rechtspositionen zu verlieren. Zum Teil sollte der Beschenkte zu Lebzeiten der Mandantin noch gewisse Dienste verrichten (Gartenpflege etc.). Im Gutachten sind dann die verschiedenen Möglichkeiten abzuarbeiten und der Weg zu wählen, der den Wünschen der Beteiligten am besten entspricht. Wichtig war es stets, sowohl die Möglichkeit der **Verfügung unter Lebenden als auch die Verfügung nach Formen des Erbrechts sauber zu trennen** und jeweils getrennt darzustellen. Welche Lösung gewählt werden soll, hängt vom Klausursachverhalt ab. Der Vorteil des Rechtsgeschäfts unter Lebenden (hier: Schenkung nach §§ 516 ff. BGB) ist in jedem Fall, dass die Erben, gegen die gegebenenfalls ein Auseinandersetzungsverfahren angestrengt werden müsste, nicht zwischengeschaltet sind.
Nun kurz zu den Regelungsmöglichkeiten nach Erbrecht: Eine Einsetzung des Neffen als Erben entspricht in der Regel nicht dem Wunsch der Mandantin, vielmehr bietet sich erbrechtlich höchstens eine Vermächtnisanordnung an. Da ein Testament jederzeit widerrufen werden könnte, kommt vor allem eine Anordnung in einem Erbvertrag infrage, der aufgrund seiner stärkeren Bindungswirkung bei vertragsgemäßen Verfügungen eine angemessene Lösung darstellt. Der Vertragspartner muss nicht gleichzeitig Erbe sein. Zudem ist eine Vermächtnisanordnung im Erbvertrag auch ohne gleichzeitige Erbeinsetzung möglich, vgl. § 2278 II BGB. Eine Loslösung der Mandantin vom Erbvertrag ist nach §§ 2281 ff., 2290 ff. BGB möglich. Die Sicherung des Vermächtnisnehmers sieht das Gesetz in §§ 2286, 2288 II, 2287 BGB nur bedingt vor. Möglich ist aber die Vereinbarung eines Verfügungsverbotes. Dieses wirkt nach § 137 BGB aber nur schuldrechtlich, nicht dagegen dinglich. Bei einem Verstoß hat der Neffe einen Unterlassungsanspruch, der durch eine einstweilige Verfügung gesichert werden kann (Inhalt der einstweiligen Verfügung: Eintragung des Veräußerungsverbotes im

---

274 *Herrler* JA 2008, 450.
275 Vgl. den guten Aufsatz von *Fest* in JuS 2007, 1081; Palandt/*Weidlich* BGB § 2042 Rn. 6 ff.
276 *Kaiser/Kaiser/Kaiser* MatZivilR Rn. 97.
277 Vgl. dazu die guten Aufsätze von *Hagedorn/Danowski* JA 2016, 370; *Sikora* JA 2012, 53 und JA 2006, 524 sowie von *Herrler* JA 2007, 120.

Grundbuch). Zudem sollte das Verfügungsverbot durch einen bedingten Auflassungsanspruch des Neffen abgesichert werden (Übereignungspflicht bei Verstoß gegen Verfügungsverbot), der wiederum durch die Eintragung einer Vormerkung gesichert werden kann.[278]

Zu beachten ist die **Beurkundungspflicht** nach §§ 518, 311b I 1 BGB bei Übertragung von Grundstücken (erstreckt sich auf alle Vereinbarungen, aus denen sich nach dem Parteiwillen das Rechtsgeschäft zusammensetzt).

Entsprechende Klausuren können zB mit **Minderjährigenrecht** angedickt werden. So kann die Mandantin zB den Wunsch haben, ein Grundstück auf ihren minderjährigen Enkel zu übertragen. Hier sind dann Fragen der Vertretung des Minderjährigen relevant, vor allem §§ 107, 1629 ff., 1795, 1909, 181 BGB. Die §§ 1643, 1821 I BGB sind dagegen nicht betroffen.

Oft spielen in der Klausur auch die **Sicherungsmöglichkeiten** des Schenkers eine Rolle. Die Sicherung des Schenkers kann neben den gesetzlichen Regelungen (§§ 528, 530 BGB) vor allem durch die vertragliche Vereinbarung eines Rückübertragungsanspruches erreicht werden (zB für den Fall, dass es zu Zwangsvollstreckungsmaßnahmen gegen den Beschenkten kommt, bei Verstoß des Beschenkten gegen Auflagen, bei Vorversterben des Beschenkten, bei einer nicht gewünschten Veräußerung des Grundstücks durch den Beschenkten etc.). Ein dinglich wirkendes Veräußerungsverbot wäre wegen § 137 S. 1 BGB unwirksam. Die schuldrechtliche Unterlassungsverpflichtung nach § 137 S. 2 BGB wird nach einer neueren Entscheidung des BGH nicht automatisch nach 30 Jahren unwirksam.[279] Dieser vertragliche Rückauflassungsanspruch kann dinglich durch eine Vormerkung nach §§ 883 ff. BGB gesichert werden (vgl. *Kaiser/Kaiser/Kaiser* MatZivilR Rn. 45). Zudem sollten für den Fall der Rückabwicklung dessen Modalitäten möglichst genau geregelt werden (Ersatz von Nutzungen, Erstattung von Aufwendungen, Rechtsfolgen bei Veränderung des Grundstücks etc.). Soll eine Überlebensbedingung eingebaut werden, so ist an §§ 2301, 2276 BGB zu denken (Schenkung auf den Todesfall).

Will der Schenkende vor allem bei Grundstücksschenkungen **noch bestimmte Rechte** behalten (klausurrelevant ist zB der Wunsch, in der obersten Etage wohnen zu bleiben), so kommen neben einer schuldrechtlichen Vereinbarung (Miete, Leihe) auf dinglicher Ebene vor allem ein Wohnrecht (§§ 1018 ff., 1093 BGB) oder ein Nießbrauch (§§ 1030 ff. BGB) in Betracht, weil eine Wohnungsreallast nach § 1105 BGB in der Regel nicht sinnvoll ist.[280] Ein Nießbrauch ist in der Regel sinnvoll, weil dann im Falle eines Auszuges in ein Pflegeheim eine Vermietung durch den Nießbrauchsberechtigten möglich bleibt (ein Nießbrauch berechtigt ja – anders als das Wohnrecht – zur kompletten Nutzungsziehung, also auch zur weiteren Vermietung). Auch kann die Ausübung des Nießbrauchs – anders als beim Wohnrecht – frei auf Dritte übertragen werden, vgl. §§ 1059 S. 2, 1059a ff., 1092 I 2, 1093 II BGB.[281] Die Zuwendung unter Vorbehalt eines Nießbrauchs oder Wohnrechts am Grundstück wird rechtlich als Schenkung unter Auflage qualifiziert.[282] Die Vereinbarung einer reinen Miete oder Leihe ist wegen ihrer lediglich schuldrechtlichen Wirkung und Kündbarkeit nicht gleichermaßen ratsam. Insgesamt kommt es aber stets auf die konkreten Wünsche der Beteiligten an. Denn wenn zB in der Tat nur ein Teil des Grundstücks genutzt werden soll, scheidet ein Nießbrauch – anders als das Wohnrecht – aus, da an einzelnen Teilen des Grundstücks ein Nießbrauch nicht möglich ist (»*ganz oder gar nicht*«). Wenn ein Nießbrauch/dingliches Wohnrecht vereinbart werden soll, so ist zu beachten, dass eine Regelung über die Kostentragungspflicht sinnvoll ist (zB Steuern, Heiz- und Betriebskosten, größere Reparaturen), um spätere Streitigkeiten zu vermeiden.

---

278 Palandt/*Weidlich* BGB § 2278 Rn. 6.
279 BGH NJW 2012, 3162, dort auch zur Frage der Sittenwidrigkeit.
280 Vgl. zur Wohnungsreallast Palandt/*Herrler* BGB Überbl v § 1105 Rn. 3. Bei ihr wäre der Eigentümer nur verpflichtet, irgendwelche Räumlichkeiten zu gewähren und keine bestimmten Räume und zwar ohne Ausschluss seiner Benutzungsrechte. Ergo: idR nicht sinnvoll!
281 *Brückner* NJW 2008, 1111 zum Wohnrecht bei Umzug in ein Altenheim.
282 Palandt/*Weidenkaff* BGB § 525 Rn. 7 mwN.

Auch kann die **finanzielle und tatsächliche Versorgung** des Schenkers eine Rolle spielen. Möglich ist hier die Einräumung einer Leibrente nach §§ 759 ff. BGB oder einer sog. dauernden Last. Beide Begriffe sind gesetzlich nicht definiert. Es handelt sich bei beiden um Zahlungen auf Lebensdauer, wobei die Leibrente in der Höhe gleich bleibend oder nur in bestimmtem Ausmaß veränderbar ist (zB durch die Koppelung an einen Lebenshaltungsindex), die dauernde Last dagegen in seiner Höhe sich nach den Bedürfnissen des Bedachten oder/und nach der Leistungsfähigkeit des Verpflichteten richtet. Was gewollt ist, muss sich aus dem Mandantenbegehren ergeben. Sinnvoll ist die dingliche Absicherung der Leibrente/dauernden Last durch eine Reallast iSv §§ 1105 ff. BGB, da dann eine Vollstreckung ins Grundstück möglich ist.[283] Eine Absicherung durch eine sog. Rentenschuld nach § 1199 BGB ist ebenfalls möglich, jedoch in der Regel nicht sinnvoll. Nach § 1199 II BGB muss nämlich eine Ablösesumme angegeben werden. Die Dauer der monatlichen Zahlungsverpflichtungen des Beschenkten gegenüber dem Schenker ist aber naturgemäß nicht absehbar.

Auch kann eine **schuldrechtliche Verpflichtung des Beschenkten** zur Übernahme bestimmter weiterer Leistungen (zB Pflegeleistungen, Gartenarbeit, Einkaufen, Grabpflege, Zahlungen an Geschwister etc.) vereinbart werden.[284] Wichtig ist die exakte Beschreibung der Pflegeverpflichtung. Weil gegebenenfalls zu erwartende Sozialleistungen der Behörden (insbesondere ergänzende Hilfe zur Pflege nach §§ 61 ff. SGB XII) an die Schenkerin nachrangig sind (§ 2 I SGB XII), sollte die Pflegeverpflichtung nicht so formuliert werden, dass sie an die Stelle möglicher Sozialleistungen tritt. Auch sollte gegebenenfalls geregelt werden, ab welcher Pflegestufe der Beschenkte von der Verpflichtung frei wird (Zumutbarkeitsvorbehalt). Es bietet sich zB an, höhere Pflegestufen als Pflegestufe I (vgl. §§ 14 f. SGB XI) als nicht mehr zumutbar festzumachen. Für den Fall, dass die Pflegeleistung wegen Umzugs des Berechtigten in ein Pflege- oder Altersheim nicht mehr durchgeführt werden kann, sollten im Vertrag Regelungen aufgenommen werden. Im Falle von Gegenleistungspflichten des Beschenkten liegt in der Regel eine gemischte Schenkung vor.

Ist der **Beschenkte Erbe**, so ist zu prüfen, ob der Gegenstand auf die Erbquote angerechnet werden soll oder nicht (Teilungsanordnung/Vorausvermächtnis). Auch ein Erb- und Pflichtteilsverzicht durch den Beschenkten ist möglich, vgl. § 2346 BGB.

Problematisch sind die Fälle, in denen der **Vollzug der Schenkung** noch nicht zu Lebzeiten des Schenkers eintreten soll, es soll also jetzt noch keine Übereignung nach §§ 873, 925 BGB erfolgen (vgl. *Kaiser/Kaiser/Kaiser* MatZivilR Rn. 44). Eine solche sog. betagte Schenkung ist möglich, eine Bedingung der dinglichen Einigung ist aber wegen § 925 II BGB nicht möglich. Eine zulässige Gestaltungsmöglichkeit wäre die sofortige Auflassung iSv § 925 BGB mit unwiderruflicher Anweisung an den Notar, die Schenkung erst nach dem Tod des Schenkers gegen Vorlage der Sterbeurkunde zu vollziehen. Möglich ist auch eine Vollmachtserteilung auf den Todesfall an den Beschenkten unter Befreiung von § 181 BGB. Der Beschenkte kann nach Eintritt des Todesfalls dann die Auflassung selbst erklären.[285] Die in diesen Fällen bestehende Schutzbedürftigkeit des Beschenkten kann durch die Eintragung einer Auflassungsvormerkung gesichert werden, § 885 BGB.

Denken Sie bei Vermögensübertragung größeren Ausmaßes bei Ehegatten im gesetzlichen Güterstand an **§ 1365 BGB** (Zustimmung des anderen Ehegatten).

IV. Klausuren aus dem Familienrecht

1. Gestaltungsmöglichkeiten bei einem Ehevertrag

Bei Klausuren aus dem Familienrecht geht es häufig um die Regelungsmöglichkeiten in einem notariellen **Ehevertrag**, §§ 1408 ff. BGB. So kann zB ein junges Doppelverdienerehepaar mit Kinderwunsch in der Klausur auftreten. Beide wollen weiterhin berufstätig bleiben und be- **148**

---

283 Vgl. zur Reallast bei Bedarf den Überblicksaufsatz von *Becker* JA 2013, 171.
284 Auch diese Pflichten können durch eine Reallast dinglich abgesichert werden.
285 Palandt/*Weidlich* BGB Einf v § 2197 Rn. 9 ff.

stimmte gesetzliche Scheidungsfolgen (Zugewinnausgleich, Versorgungsausgleich, nachehelichen Unterhalt) vertraglich ausschließen bzw. modifizieren.

Die dann bestehenden Gestaltungsmöglichkeiten können aufgrund der großen Bandbreite von Konstellationsvarianten nur angedeutet werden. Oft geht es materiell-rechtlich um folgende Aspekte: In vielen Fällen muss auf die güterrechtliche Gestaltung eingegangen werden. Hier sollten Sie die verschiedenen Möglichkeiten aufzeigen und je nach Klausursachverhalt auswählen (Gütertrennung nach § 1414 BGB, Gütergemeinschaft nach §§ 1415 ff. BGB, Zugewinnausgleich nach §§ 1371 ff. BGB). In der Regel läuft es in der Klausur auf eine sog. **modifizierte Zugewinngemeinschaft** hinaus. Solche Vereinbarungen sind nach der von der Rspr. praktizierten weiten Auslegung von § 1378 III 2 BGB auch vor der Rechtshängigkeit eines Verfahrens auf Scheidung zulässig.[286]

> **Klausurtipp:** Es kann auch sein, dass einige der hier dargestellten Aspekte nicht im Rahmen eines Ehevertrages, sondern in einer sog. **Scheidungsfolgenvereinbarung** aufgenommen werden. Diese wird in der Regel wegen §§ 1378 III 2, 1587o II, 1585c S. 2 BGB, § 7 VersAusglG in notarieller Form geschlossen. Neben den hier aufgezählten möglichen Inhalten können in dieser beliebig viele sonstige Regelungen getroffen werden. Relevant werden hier vor allem Vereinbarungen über das Sorgerecht für das gemeinsame Kind nach §§ 1626, 1687, 1671 f. BGB (lesen!) und/oder das Umgangsrecht nach § 1684 BGB (lesen!). Bei der Frage der Sittenwidrigkeit solcher Regelungen können Sie viel mit dem **Palandt/*Ellenberger* BGB § 138 Rn. 46 ff.** arbeiten! Gegebenenfalls ist zugleich bei Vorliegen der Scheidungsvoraussetzungen ein **Scheidungsantrag** zu formulieren.

Infrage kommt zB die Vereinbarung, dass der **Zugewinnausgleich** auf eine bestimmte Summe begrenzt ist oder dass bestimmte Gegenstände nicht in den Zugewinnausgleich fallen sollen. Wenn ein in der Ehe gegebenenfalls zu erwartender Erwerb von Todes wegen (vor allem Erbschaft) nicht in den Zugewinnausgleich fallen soll, so kann auch dies bestimmt werden. Beachten Sie, dass der Verzicht auf den Zugewinn gegebenenfalls nach § 138 I BGB sittenwidrig sein kann, wenn im Zeitpunkt der Vereinbarung eine evident unangemessene einseitige Benachteiligung des verzichtenden Ehegatten gegeben ist (zB Ehepartner drängt den anderen in den Verzicht; nicht aber schon dann, wenn verzichtender Ehegatte sich allein um die Kinder und den Haushalt kümmert).[287]

Oft geht es in den Klausuren auch um die Behandlung von **Zuwendungen unter Ehegatten**. Eine Rückforderung der Zuwendung nach Schuldrecht, Bereicherungsrecht oder nach § 313 BGB scheidet wegen des Vorrangs des Zugewinnausgleichs in der Regel aus.[288] Um eine auch bei § 313 BGB unter engen Voraussetzungen mögliche Rückforderung sicher auszuschließen (dies wird in der Regel dem Mandantenwunsch entsprechen), kann zB vereinbart werden, dass Zuwendungen nur bei entsprechender Vereinbarung rückforderbar sind (dann gegebenenfalls mit der sich daran anschließenden Regelung, dass etwaige Verwendungen des Rückerstattungsschuldners zu ersetzen sind). In der Klausur sollten Sie in diesem Zusammenhang kurz auf die Regelung in § 1380 BGB eingehen, nach der unbenannte Zuwendungen (wie nach hM auch jede andere Schenkung zwischen den Ehegatten) bei der Berechnung des Zugewinns angerechnet werden. Da die Regelung in § 1380 BGB nach hM zumindest für die Zukunft nicht ausgeschlossen werden kann, können die Parteien zumindest vereinbaren, dass abweichend von § 1380 BGB für bisherige Zuwendungen eine Anrechnung nicht stattfindet. Es bleibt zudem stets die Möglichkeit offen, bei der Zuwendung selbst vertraglich zu bestimmen, dass das Zuwendungsobjekt vom Zugewinnausgleich und von der Anrechnung nach § 1380 BGB ausgenommen ist. Soll die Zuwendung nach einem Scheitern der Ehe rückforderbar sein, so kann dies vereinbart werden.

Zum Teil sollen auch die strengen Folgen der **§§ 1365 ff. BGB** (Verpflichtungs- und Verfügungsbeschränkungen) beim gesetzlichen Güterstand ausgeschlossen werden. Eine vertragliche Vereinbarung diesbezüglich ist zulässig.

---

286 Palandt/*Brudermüller* BGB § 1378 Rn. 13; *Graf Wolffskeel v. Reichenberg* JA 2018, 371 ff. mwN.
287 BGH NJW 2008, 1076.
288 *Kaiser/Kaiser/Kaiser* MatZivilR Rn. 95.

Die Vereinbarung **scheidungserleichternder Abreden** ist nach § 134 iVm §§ 1564 ff. BGB und Art. 6 GG grundsätzlich unwirksam. Gleiches gilt in der Regel für scheidungserschwerende Vereinbarungen.[289]

Soll im Ehevertrag der **Versorgungsausgleich** ausgeschlossen werden, so ist dies nunmehr nach § 6 VersAusglG möglich. Bei der Frage des **Verzichts auf Unterhaltsansprüche** ist zu differenzieren: Für die Zeit nach der Scheidung ist es den Parteien grundsätzlich nicht verwehrt, Vereinbarungen über den nachehelichen Ehegattenunterhalt/Scheidungsunterhalt iSv §§ 1569 ff. BGB zu treffen, vgl. § 1585c BGB. Bei gestörter Vertragsparität zwischen den Ehegatten kann es jedoch zu Konflikten mit Art. 6 GG und §§ 138, 242 BGB kommen. In der Klausur können Sie traumhaft mit **Palandt/*Brudermüller* BGB § 1408 Rn. 7 ff. und § 1585c Rn. 16 f. arbeiten** (nichts auswendig lernen!). Auf den Trennungsunterhalt nach § 1361 BGB (Unterhalt zwischen Ehegatten während der Trennung vor der Scheidung), auf den Familienunterhalt nach § 1360 BGB (Unterhalt während der Ehe) und auf den Verwandtenunterhalt nach §§ 1301 ff. BGB (zB Unterhaltsanspruch des Kindes gegenüber den Eltern) kann für die Zukunft nicht verzichtet werden, vgl. §§ 1360a III, 1361 IV 3, 1614 BGB.

Wollen die Parteien verbindlich festlegen, wer die **Führung des Haushaltes** zu übernehmen hat (putzen, waschen etc.), so sollten Sie auf § 888 II ZPO (analog) hinweisen: Derartige Verpflichtungen wären auch im Falle der Titulierung nicht vollstreckbar. Eine diesbezügliche Vereinbarung macht also keinen Sinn. Verpflichtungen bezüglich der **Familienplanung** (Anzahl der Kinder, Gebrauch oder Unterlassung der Empfängnisverhütung etc.) sind von vorneherein unwirksam.[290] Grundsätzlich unbedenklich sind dagegen Abreden über die **Namensführung** nach der Scheidung.[291]

2. Klausuren mit einer nichtehelichen Lebensgemeinschaft

Vereinzelt gab es Klausuren, bei denen die Partner einer nichtehelichen Lebensgemeinschaft **149** um Beratung bezüglich ihrer weiteren Lebensgestaltung baten.[292] Oft wurden dann **mietrechtliche** (vor allem §§ 540, 535 BGB: Einzug in die Wohnung eines Partners, Alternative: Aufnahme in den Mietvertrag bei Zustimmung durch den Vermieter; § 563 BGB: Rechtsfolgen bei Tod eines Partners) oder **sachenrechtliche** (vor allem die Frage, wer Eigentümer von gemeinsam angeschafften Sachen wurde) oder – ganz simpel – **schuldrechtliche** Fragestellungen (zB gegenseitige Vertretung nach §§ 164 ff. BGB) in die Klausur eingebaut.

Bei Aspekten des **Sorge- und Umgangsrechts** für das von einem in die Partnerschaft mitgebrachte Kind reicht für den Ernstfall die Gesetzeslektüre. »Belohnt« wird hier in der Regel das schnelle Auffinden der relevanten Normen. Oft ging es um § 1626a I, II BGB (Sorgerecht der Mutter, gegebenenfalls notariell zu beurkundende Sorgerechtserklärung bezüglich des gemeinsamen Sorgerechts), § 1680 II BGB (Sorgerechtsübertragung nach dem Tod des Sorgeberechtigten), §§ 1626b III, 1671 BGB (Sorgerecht bei Trennung), § 1626 III BGB (Umgangsrecht bei Trennung) und § 1615l BGB (Unterhaltsansprüche bei Trennung). Wenn der andere Partner das Kind adoptieren will, so werden die §§ 1754, 1748 BGB relevant. Sie sollten die aufgezählten Paragraphen in jedem Fall vor Ihrem Examenstermin einmal in Ruhe durchlesen. Eine Pflicht zu Gewährung von **Unterhalt** gibt es bei der nichtehelichen Lebensgemeinschaft nicht. Bei entsprechendem Wunsch kann dies aber vertraglich vereinbart werden.

Wenn die Mandanten ein gemeinsames **Testament** errichten wollen, so sollte klargestellt werden, dass ein gemeinschaftliches Testament nach §§ 2265 ff. BGB nicht zulässig ist.[293] Infrage kommen dann Einzeltestamente oder ein Erbvertrag. Im Falle des Wunsches nach gegenseitiger Erbeinsetzung werden dann wieder die bereits geschilderten Fragestellungen relevant (Einheitslösung, Trennungslösung). Lesen Sie dazu *Kroiß/Eckert* **NJW 2012, 3768.**

---

289 Palandt/*Brudermüller* BGB § 1564 Rn. 4 auch zu den Ausnahmen.
290 Palandt/*Brudermüller* BGB § 1353 Rn. 7.
291 BGH NJW 2008, 1528; wohl anders bei Verzicht gegen Entgelt.
292 Arbeiten Sie dazu bei Interesse die Musterklausur bei *Mürbe/Geiger/Haidl* Anwaltsklausur 269 ff. durch.
293 *Kaiser/Kaiser/Kaiser* MatZivilR Rn. 97.

Durch die stets aktuelle Rspr. zum **Ausgleich unbenannter Zuwendungen** zwischen Partnern einer nichtehelichen Lebensgemeinschaft[294] sind auch hierzu Fragestellungen in der Kautelarklausur zu erwarten. Der Mandant kann zur Rspr. abweichende Wünsche haben, sodass eine Vereinbarung zu treffen ist.

Die Partner einer nichtehelichen Lebensgemeinschaft können zur Regelung ihres Zusammenlebens einen **Partnerschaftsvertrag** (meint nicht den iSd PartGG!) schließen, wobei allerdings Regelungen sittenwidrig sind, welche die Lösung der Partnerschaft verhindern oder über Gebühr erschweren.

3. Sonstiges

149a Achten Sie darauf, dass in §§ 1901a ff. BGB die sog. **Patientenverfügung** gesetzlich geregelt ist. Hierzu können Sie *Diehn/Rebhan* NJW 2010, 326 lesen. Durch die Patientenverfügung wird – wie beim Testament betreffend das Vermögen – für den Bereich der medizinischen Versorgung das Selbstbestimmungsrecht der Verfügenden verwirklicht.

---

294 *Kaiser/Kaiser/Kaiser* MatZivilR Rn. 95.

E. Musterentwürfe für die Kautelarklausur

Vorliegend haben wir uns darauf beschränkt, die nach der Analyse bisher gelaufener Kaute-　**150**
larklausuren wohl am ehesten anzutreffenden Entwürfe, die aufgrund ihrer Komplexität den
Referendaren in der Regel Schwierigkeiten bereiten, in einem Grobschema aufzuführen.

I. Allgemeines zum Vertrag

Für das Fertigen eines Vertrages können Sie sich als Grobschema an eine Struktur halten, die　**151**
die Praxis für den Typus des gegenseitigen Austauschvertrags entwickelt hat.

Dieses **Grobschema** sieht folgendermaßen aus:

1. Einleitung/Präambel
   - Überschrift/Bezeichnung des Textes (zB Kaufvertrag, Testament)
   - Bezeichnung der Parteien
   - Ggf. Vertretungsverhältnisse (bei Gesellschaften)

2. Konkreter Vertragsinhalt
   - Rechte und Pflichten der Parteien
   - Vertragsbedingungen
   - Vertragsdauer
   - Rücktritt oder Kündigung
   - Rechtsfolgen der Vertragsbeendigung
   - Sicherungsmittel (Eigentumsvorbehalt, Sicherungsübereignung, Sicherungszession, Grundpfandrechte, Bürgschaft, Schuldbeitritt Dritter)

3. Pflichtverletzung
   - Gewährleistungsregelungen
   - Garantien, Beschaffenheitsvereinbarungen
   - Ggf. Wettbewerbsverbote, Verschwiegenheitsvereinbarung
   - Ggf. Vertragsstrafen, §§ 339 ff. BGB

4. Schluss
   - Salvatorische Klausel mit Ersetzungsklausel
   - Formerfordernis von Vertragsänderungen
   - Ggf. Gerichtsstandsvereinbarung
   - Ggf. Schiedsklausel/-gutachterklausel
   - Inkrafttreten

Unterschriftsbereich für beide Parteien

Tag und das Datum der Vertragsunterzeichnung

II. Musterentwürfe

1. Kaufvertrag über bewegliche Sachen

152 Nun das Grobschema eines Kaufvertrages über eine bewegliche Sache, in den einige der oben dargestellten Besonderheiten eingearbeitet wurden.[295]

Kaufvertrag   – ENTWURF –

zwischen ... (Verkäufer) und ... (Käufer)

§ 1 Kaufgegenstand

Der ... verkauft dem ... hiermit ... nebst ...

§ 2 Kaufpreis

Der Kaufpreis beträgt ... zzgl. Mehrwertsteuer. Dieser ist in ... gleichen Raten in Höhe von jeweils ... auf folgendes Konto zu zahlen: ... Die erste Rate ist am ... fällig, die jeweils weiteren jeweils am 1. des folgenden Kalendermonats.

§ 3 Übergabe

Die Übergabe des ... erfolgt am ... in den Geschäftsräumen des ... Die Kosten des Transports hat ... zu tragen.

§ 4 Gesamtfälligkeitsklausel

Gerät der Käufer mit zwei aufeinander folgenden Raten ganz oder teilweise in Verzug, so ist der Verkäufer berechtigt, vom Käufer die Zahlung der gesamten Restzahlung auf einmal zu verlangen. Anstelle der Geltendmachung der Restsumme ist der Verkäufer berechtigt, vom Vertrag zurückzutreten und den ... wieder abzuholen. Befindet sich der ... zu diesem Zeitpunkt nicht mehr in den Geschäftsräumen des Käufers, so hat der Käufer auf eigene Kosten den ... zum Verkäufer zu bringen.

§ 5 Gewährleistung

Der ... wird unter Ausschluss jeglicher Gewährleistung verkauft.

§ 6 Eigentumsvorbehalt

Die Parteien sind sich einig, dass der ... bis zur vollständigen Zahlung des Kaufpreises im Eigentum des Verkäufers bleibt.

§ 7 Rücktritt

Im Falle des Rücktritts aufgrund eines gesetzlichen Rücktrittsgrundes oder eines Grundes nach § 4 dieses Vertrages sind die jeweils empfangenen Leistungen Zug um Zug zurückzugewähren. Der Verkäufer kann pro angefangenem Monat für die Benutzung des ... eine Überlassungsvergütung von ... EUR verlangen. Diese ist ab dem Zugang der Rücktrittserklärung fällig.

§ 8 Sonstiges

Der Käufer verpflichtet sich, den ... während der Dauer des Eigentumsverbleibes beim Verkäufer pfleglich zu behandeln und Schaden von ihm abzuwehren. Eine Beschädigung des ... hat der Käufer für die Dauer des Eigentumsverbleibes beim Verkäufer diesem unverzüglich anzuzeigen. Bei Verletzung dieser Pflicht ist der Käufer verpflichtet, dem Verkäufer im Falle eines Rücktritts den durch die Nichtanzeige entstandenen Schaden zu ersetzen.

§ 9 Schriftform

Änderungen dieses Vertrages bedürfen der Schriftform. Das Schriftformerfordernis kann ebenfalls nur schriftlich aufgehoben werden.

§ 10 Gerichtsstandsvereinbarung

Gerichtsstand für alle Ansprüche aus diesem Vertragsverhältnis ist ...

Unterschriften, Ort und Datum

---

295 Vgl. auch BeckFormB BHW 211 ff.

2. Grundstückskaufvertrag

Nun das Grobschema eines Grundstückskaufvertrages:[296]

153

Grundstückskaufvertrag   – ENTWURF –

zwischen ... (Verkäufer) und ... (Käufer)

§ 1 Grundbuchstand/Vertragsobjekt

Im Grundbuch von ..., Band ..., Blatt, Abteilung ..., Flurstück ..., des Amtsgerichts ..., ist folgender Bestand verzeichnet: Als Eigentümer ist ... eingetragen. Der Grundbesitz ist derzeit wie folgt belastet: Abt. II ..., Abt. III ...

Den vorstehend wiedergegebenen Inhalt des Grundbuchs hat der Notar durch Einsichtnahme am ... festgestellt.

§ 2 Kaufgegenstand

Der ... verkauft an ... den in § 1 bezeichneten Grundbesitz mit allen gesetzlichen Bestandteilen und sämtlichem Zubehör in seinem heutigen Zustand, wie er dem Käufer bekannt ist.

Der Kaufgegenstand wird verkauft wie er steht und liegt, unter Ausschluss jeglicher Sachmängelhaftung, auch für verborgene Mängel. Der Verkäufer sichert keine Eigenschaften zu und übernimmt keinerlei Haftung für Größe und Güte des Kaufgegenstandes.

Der Verkäufer ist nicht im Besitz eines (gültigen) Energieausweises gem. § 16 EnEV.

Der Käufer verzichtet endgültig auf dessen Vorlage und Übergabe. Ihm ist bekannt, dass er künftigen Mietinteressenten auf Verlangen einen solchen Ausweis vorzulegen hat und dass ihn Nachrüstungspflichten treffen können.

§ 3 Lasten

Der Verkäufer hat das Grundbuch frei von grundbuchlich eingetragenen Rechten zu liefern, es sei denn, der Käufer hat solche ausdrücklich übernommen oder an der Bestellung mitgewirkt.

Der Verkäufer ist verpflichtet, die Löschungsbewilligung für die im Grundbuch eingetragene Grundschuld ... von ... zu beschaffen und die Löschung der Grundschuld zu beantragen.

Der Verkäufer versichert, dass ihm aus dem Grundbuch nicht ersichtliche Lasten und Beschränkungen, insbesondere Eintragungen in das Baulastenverzeichnis und eigentumsbeschränkende persönliche Verfügungen hinsichtlich des Grundstückes, nicht bekannt sind.

§ 4 Kaufpreis und Zahlungsbestimmungen

Der Kaufpreis beträgt ... EUR. Der Kaufpreis ist fällig am ... und zahlbar zu treuen Händen des beurkundenden Notars auf dessen noch neu einzurichtendes Notaranderkonto.

Der Kaufpreis ist in keinem Fall vor Ablauf von 14 Tagen nach einer schriftlichen Mitteilung des Notars an den Käufer, dass folgend Voraussetzungen erfüllt sind:

1. ...

2. ...

fällig.

Zahlt der Käufer nicht termingemäß, gerät er in Verzug, ohne dass es einer Mahnung bedarf. Der jeweils rückständige Teil ist mit 5 Prozentpunkten über dem jeweiligen Basiszinssatz zu verzinsen. Die Geltendmachung eines darüber hinausgehenden Verzugsschadens des Verkäufers ist dadurch nicht ausgeschlossen.

Der Käufer unterwirft sich hinsichtlich seiner Verpflichtung zur Zahlung des Kaufpreises der Zwangsvollstreckung in sein gesamtes Vermögen. Er ermächtigt den Notar, dem Verkäufer jederzeit eine vollstreckbare Ausfertigung dieser Urkunde zu erteilen, wenn die oben genannten Fälligkeitsvoraussetzungen für den Kaufpreis vorliegen. Die Unterwerfung erstreckt sich auch auf die Verpflichtung zur Zinszahlung.

§ 5 Übergabe

Übergabetag ist der ..., nicht jedoch, bevor der Kaufpreis gezahlt oder wenigstens auf dem Notaranderkonto hinterlegt ist. Sollte das nicht der Fall sein, erfolgt die Übergabe an dem Tag, der auf die vollständige Einzahlung des Kaufpreises folgt.

---

296 Vgl. dazu auch MVHdb V BürgerlR I 1 ff.; Becksches FormB BHW 279 ff.

Mit diesem Tag, der zugleich Verrechnungstag ist, gehen unabhängig vom Zeitpunkt der Eigentumsumschreibung die Nutzungen und Lasten des Grundstückes von dem Verkäufer auf den Käufer über.
Der Käufer trägt dann alle Steuern, Versicherungen, Abgaben und sonstige Grundstückslasten.

§ 6 Mietverträge

Der Kaufgegenstand ist unvermietet und frei von Besitzrechten Dritter.

§ 7 Anliegerbeiträge

Künftige Anliegerbeiträge trägt der Käufer. Soweit sie jedoch den heutigen Ausbauzustand betreffen, trägt der Verkäufer sie auch dann, wenn sie erst nach Vertragsabschluss erhoben werden.

§ 8 Auflassungsvormerkung und Auflassung

Von dem Notar ausdrücklich auf die Bedeutung einer Auflassung und einer Auflassungsvormerkung
hingewiesen, bewilligen und beantragen die Parteien die Eintragung einer Vormerkung gem. § 883
BGB zur Sicherung des Anspruchs auf Übertragung des Eigentums zugunsten des Käufers in Abt. II
des Grundbuches. Die Löschung der Vormerkung wird schon heute Zug um Zug mit der Eintragung
des Eigentumsübergangs bewilligt und beantragt, vorausgesetzt, dass keine Zwischenanträge im
Grundbuch eingetragen worden oder beim Grundbuchamt eingegangen sind, denen der Erwerber
nicht zugestimmt hat.

Die Parteien bewilligen und beantragen die Löschung der Auflassungsvormerkung, sofern der Kaufpreis nicht innerhalb von zwei Monaten nach Fälligkeit gezahlt oder auf dem Notaranderkonto eingegangen ist. Die Parteien beauftragen den Notar, diesen Antrag bei Fristablauf und nach Vorliegen
einer schriftlichen Anweisung des Verkäufers beim Grundbuchamt einzureichen.

Die Parteien erklären nunmehr die Auflassung wie folgt:

Wir sind uns darüber einig, dass das Eigentum des in § 1 bezeichneten Grundbesitzes vom Verkäufer
auf den Käufer übergeht und bewilligen die Eintragung dieser Rechtsänderung im Grundbuch.

Der Notar wird von den Parteien angewiesen, die entsprechenden Anträge gegenüber dem Grundbuchamt erst zu stellen und eine Ausfertigung sowie beglaubigte Fotokopien dieses Vertrages mit
der Auflassungserklärung erst zu erteilen, sobald der Kaufpreis gezahlt oder auf dem Notaranderkonto eingegangen ist und die erforderlichen behördlichen Genehmigungen vorliegen. Hierzu gehört auch die Unbedenklichkeitsbescheinigung des Finanzamtes.

Die Vertragsparteien verzichten auf ihr eigenes Antragsrecht.

§ 9 Kosten

Sämtliche mit diesem Vertrag und seiner Durchführung verbundenen Kosten (Notar- und Gerichtskosten einschließlich etwaiger Anderkontogebühren usw.) trägt der Käufer.

Die Grunderwerbsteuer trägt der Käufer. Sie ist von dem Käufer unverzüglich nach Erhalt des Steu-
erbescheides zu begleichen, und zwar ungeachtet etwaiger Einspruchsverfahren, damit die Vertragsabwicklung nicht verzögert wird.

Der Verkäufer trägt die Kosten (Notar- und Gerichtskosten usw.), die erforderlich sind, um die im
Grundbuch eingetragenen Belastungen, soweit sie nicht übernommen werden, zur Löschung zu
bringen.

§ 10 Vertragsdurchführung

Der Notar wird beauftragt und ermächtigt, die zur Wirksamkeit und Durchführung des Vertrages
erforderlichen Genehmigungen und Bescheinigungen einzuholen und den Vollzug des Vertrages
herbeizuführen.

Sämtliche Zustellungen mit Ausnahme des Grunderwerbsteuerbescheides des Finanzamtes sind an
den durchführenden Notar zu richten.

Er hat Vollmacht für Klarstellungserklärungen jeder Art. Er wird ausdrücklich ermächtigt, die von
ihm selbst beurkundeten oder beglaubigten Erklärungen für das Grundbuchamt zu ergänzen, zu berichtigen oder den grundbuchlichen Erfordernissen inhaltlich anzupassen.

§ 11 Vollmacht

Die Parteien erteilen den bei dem Notar beschäftigten ..., und zwar jeder für sich allein, beide geschäftsansässig in ..., Vollmacht, alle zur Durchführung dieses Vertrages erforderlichen und zweckdienlichen Bewilligungen, Anträge, Ergänzungen, Berichtigungen, Vollmachten und Genehmigungen, welche diesen Vertrag betreffen, abzugeben und in Empfang zu nehmen. Die Bevollmächtigten

werden von den Beschränkungen des § 181 BGB befreit und sind ermächtigt, Unterbevollmächtigte zu bestellen. Diese Vollmacht berechtigt die Bevollmächtigten, die Auflassung zu erklären, Löschungsanträge und -bewilligungen jeder Art für alle im Grundbuch eingetragenen oder noch einzutragenden Belastungen in Abt. II und III für das durch diesen Vertrag betroffene Grundstück dem Grundbuchamt gegenüber zu erklären.

Von dieser Vollmacht kann nur vor dem amtierenden Notar oder seinem Vertreter im Amt Gebrauch gemacht werden.

Die Vollmacht erlischt nicht mit dem Tod eines Vollmachtgebers, jedoch sechs Monate nach dem grundbuchlichen Vollzug. Die Vollmacht kann bis zur endgültigen Abwicklung des Kaufvertrages nicht widerrufen werden.

§ 12 Sonstige Vereinbarungen/Salvatorische Klausel

Sollten einzelne Bestimmungen dieses Vertrages unwirksam sein, soll gleichwohl in jedem Falle der Vertrag ansonsten gültig bleiben. Die Parteien verpflichten sich, in einem solchen Falle eine dem Vertragszweck entsprechende wirksame ergänzende Vereinbarung zu treffen.

Das vorstehende Protokoll wurde den Erschienenen vorgelesen, von ihnen genehmigt und, wie folgt, von ihnen und dem Notar eigenhändig unterschrieben:

Unterschriften, Ort und Datum

3. Grundstücksübertragungsvertrag

Nun das Grobschema eines Grundstückübertragungsvertrages. Aus Gründen der Veranschaulichung wurde in diesen Vertrag der Wunsch des Mandanten eingebaut, an dem übertragenen Grundstück bzw. dem Haus ein Wohnrecht zu haben.   **154**

Grundstücksübertragungsvertrag	– ENTWURF –

zwischen ... und ...

§ 1 Grundbuchstand/Vertragsobjekt

Im Grundbuch von ..., Band ..., Blatt, Abteilung ..., Flurstück ..., des Amtsgerichts ..., ist folgender Bestand verzeichnet: Als Eigentümer ist ... eingetragen. Der Grundbesitz ist derzeit wie folgt belastet: Abt. II ..., Abt. III ...

Den vorstehend wiedergegebenen Inhalt des Grundbuchs hat der Notar durch Einsichtnahme am ... festgestellt.

§ 2 Übertragungsgegenstand

Der ...
– nachstehend der Übergeber genannt –
überträgt auf ...
– nachfolgend der Übernehmer genannt –
das in § 1 bezeichnete Grundstück mit allen gesetzlichen Bestandteilen und sämtlichem Zubehör in seinem heutigen Zustand, wie er dem Übernehmer bekannt ist.

§ 3 Übernahme von Lasten und Beschränkungen

Der Übernehmer übernimmt alle im Grundbuch in Abt. II und III eingetragenen Lasten und Beschränkungen sowie auch etwa vorhandene nicht aus dem Grundbuch ersichtliche Belastungen.
Der Übergeber steht für ungehinderten Besitz- und Übergang des Grundstücks ein. Er haftet für rückständige öffentliche Lasten.

§ 4 Übergabe

Übergabetag ist der ... Mit diesem Tag, der zugleich Verrechnungstag ist, gehen unabhängig vom Zeitpunkt der Umschreibung des Grundstücks dessen Nutzungen und Lasten von dem Übergeber auf den Übernehmer über.

§ 5 Anliegerbeiträge

Künftige Anliegerbeiträge trägt der Übernehmer. Soweit sie jedoch den heutigen Ausbauzustand betreffen, trägt der Übergeber sie auch dann, wenn sie erst nach Vertragsabschluss erhoben werden.

§ 6 Auflassung

Die Parteien erklären nunmehr die Auflassung wie folgt: Wir sind uns darüber einig, dass das Eigentum an dem in § 1 bezeichneten Grundstück vom Übergeber auf den Übernehmer übergeht und bewilligen und beantragen die Eintragung dieser Rechtsänderung im Grundbuch.

Der Notar wird von den Parteien angewiesen, die entsprechenden Anträge gegenüber dem Grundbuchamt zu stellen, sobald die erforderlichen behördlichen Genehmigungen vorliegen.

Die Vertragsparteien verzichten auf ihr eigenes Antragsrecht.

§ 7 Kosten

Sämtliche mit diesem Vertrag und seiner Durchführung verbundenen Kosten (Notar- und Gerichtskosten einschließlich etwaiger Anderkontogebühren usw.) trägt der Übernehmer.

Der Notar weist darauf hin, dass der Übergeber und der Übernehmer kraft Gesetzes für die Grunderwerbsteuer, die Notar- und Gerichtskosten als Gesamtschuldner haften.

§ 8 Vorbehaltene Rechte

Der ... behält sich ein lebenslanges Wohnungsrecht an allen Räumen des Übertragungsgegenstandes unter Ausschluss des jeweiligen Eigentümers vor. Die Parteien bewilligen und beantragen die Eintragung des Wohnungsrechtes für ... in das Grundbuch von ... , Band ..., Blatt ..., des Amtsgerichts ...

Der Jahreswert des Wohnungsrechtes beträgt EUR ...

§ 9 Rückübertragungsrecht

Für den Fall, dass der Übergeber es aus Gründen der persönlichen Lebensführung oder zu einer angemessenen Gestaltung der Lebenssituation für erforderlich hält oder es aus gesundheitlichen Gründen geboten ist, den Übertragungsgegenstand als eigene Wohnung aufzugeben und stattdessen entweder in eine andere Wohnung oder aber in eine Einrichtung der Altenversorgung (Altersheim, Wohnstift, Pflegeheim) zu übersiedeln, ist der Übernehmer verpflichtet, dem Übergeber bis zum Lebensende die hierfür erforderlichen Kosten zur Verfügung zu stellen, soweit der Übergeber sie nicht aus anderweitigen, eigenen Einkünften bestreiten kann.

Sollte der Übernehmer hierzu nicht in der Lage sein, ist er verpflichtet, das Grundstück auf den Übergeber zurück zu übertragen.

Der Rückübertragungsanspruch des Übergebers besteht auch für den Fall, dass der Übernehmer vor dem Übergeber verstirbt oder den Übertragungsgegenstand veräußert.

Dieser Anspruch soll durch eine Rückauflassungsvormerkung zugunsten des Übergebers grundbuchlich abgesichert werden. Die Vertragsparteien bewilligen und beantragen die Eintragung einer Rückauflassungsvormerkung für ... im Grundbuch von ..., Band ..., Blatt ... des Amtsgerichts ...

§ 10 Vertragsdurchführung

Der Notar wird beauftragt und ermächtigt, die zur Wirksamkeit und Durchführung des Vertrages erforderlichen Genehmigungen und Bescheinigungen einzuholen und den Vollzug des Vertrages herbeizuführen.

Sämtliche Zustellungen mit Ausnahme des Grunderwerbsteuerbescheides des Finanzamtes sind an den durchführenden Notar zu richten.

Er hat Vollmacht für Klarstellungserklärungen jeder Art. Er wird ausdrücklich ermächtigt, die von ihm selbst beurkundeten oder beglaubigten Erklärungen für das Grundbuchamt zu ergänzen, zu berichtigen oder den grundbuchlichen Erfordernissen inhaltlich anzupassen.

§ 11 Vollmacht

Die Parteien erteilen den bei dem Notar beschäftigten ..., und zwar jeder für sich allein, beide geschäftsansässig in ..., Vollmacht, alle zur Durchführung dieses Vertrages erforderlichen und zweckdienlichen Bewilligungen, Anträge, Ergänzungen, Berichtigungen, Vollmachten und Genehmigungen, welche diesen Vertrag betreffen, abzugeben und in Empfang zu nehmen. Die Bevollmächtigten werden von den Beschränkungen des § 181 BGB befreit und sind ermächtigt, Unterbevollmächtigte zu bestellen. Diese Vollmacht berechtigt die Bevollmächtigten, die Auflassung zu erklären, Löschungsanträge und -bewilligungen jeder Art für alle im Grundbuch eingetragenen oder noch einzutragenden Belastungen in Abt. II und III für das durch diesen Vertrag betroffene Grundstück dem Grundbuchamt gegenüber zu erklären.

Von dieser Vollmacht kann nur vor dem amtierenden Notar oder seinem Vertreter im Amt Gebrauch gemacht werden.

Die Vollmacht erlischt nicht mit dem Tod eines Vollmachtgebers, jedoch sechs Monate nach dem grundbuchlichen Vollzug. Die Vollmacht kann bis zur endgültigen Abwicklung des Kaufvertrages nicht widerrufen werden.

§ 12 Sonstige Vereinbarungen

Sollten einzelne Bestimmungen dieses Vertrages unwirksam sein, soll gleichwohl in jedem Falle der Vertrag ansonsten gültig bleiben.

Die Parteien verpflichten sich, in einem solchen Falle eine dem Vertragszweck entsprechende wirksame ergänzende Vereinbarung zu treffen.

Das vorstehende Protokoll wurde den Erschienenen vorgelesen, von ihnen genehmigt und, wie folgt, von ihnen und dem Notar eigenhändig unterschrieben:

Unterschriften, Ort und Datum

4. GbR-Gründungsvertrag

Im Folgenden nun das Grobmuster eines GbR-Vertrages.[297] Die beispielshafte Ausgangssituation ist dabei die Folgende: Zwei Personen (A und B) beabsichtigen, sich nach bestandener Kfz-Meisterprüfung selbstständig zu machen und eine gemeinsame Werkstatt zu gründen. Sie wollen sich das insbesondere mit der Gründung verbundene finanzielle Risiko teilen. Die Werkstatt erfordert keinen nach Art und Umfang in kaufmännischer Weise eingerichteten Geschäftsbetrieb. **155**

Vertrag zur Gründung einer Gesellschaft bürgerlichen Rechts – ENTWURF –

zwischen … und …

A und B errichten hiermit eine Gesellschaft bürgerlichen Rechts und schließen den folgenden Gesellschaftsvertrag:

§ 1 Gesellschaftszweck

Gegenstand der Gesellschaft ist der Betrieb einer Kfz-Reparaturwerkstatt.
Die Gesellschaft beginnt am … Die Dauer der Gesellschaft ist unbestimmt.

§ 2 Name der Gesellschaft, Sitz

Der Name der Gesellschaft ist … Die Geschäftsräume und der Sitz befinden sich in … Die Geschäftsräume werden gemietet. Einrichtung und Werkzeuge wird die Gesellschaft kaufen.

§ 3 Gesellschafter, Einlagen

Gesellschafter der Gesellschaft sind A und B. A und B verpflichten sich zu einer Bareinlage von jeweils … EUR. Die Einlagen sind sofort zur Zahlung fällig.
Die Gesellschafter verpflichten sich, der Gesellschaft ihre volle Arbeitskraft zur Verfügung zu stellen. Nebentätigkeiten sind nur mit vorheriger Zustimmung des jeweils anderen Gesellschafters zulässig.

§ 4 Geschäftsführung, Vertretung

Zur Geschäftsführung und Vertretung der Gesellschaft sind beide Gesellschafter jeweils allein befugt. Für folgende Maßnahmen und Geschäfte besteht nur gemeinschaftliche Geschäftsführungsbefugnis und Vertretungsmacht: …

---

297 *Arens/Rinck* GesR 86 ff.; MVHdb I GesR 7 ff.; BeckFormB BHW 1893 ff.

§ 5 Versammlung, Beschlüsse

Die ordentliche Gesellschafterversammlung ist mindestens einmal im Jahr einzuberufen. Jeder Gesellschafter kann darüber hinaus Gesellschafterversammlungen schriftlich unter Beachtung einer Ladungsfrist von mindestens 3 Wochen einberufen.

Die Gesellschafter entscheiden über Angelegenheiten der Gesellschaft mit Gesellschafterbeschluss. Diese können nur einstimmig gefasst werden und bedürfen der Schriftform.

§ 6 Buchführung, Jahresabschluss

Das Geschäftsjahr ist das Kalenderjahr.

Unter Beachtung der steuerlichen Vorschriften sind Bücher zu führen und ein Jahresabschluss in Form einer Steuerbilanz zu erstellen. Diese Bilanz ist für die Rechtsverhältnisse zwischen den Gesellschaftern verbindlich. Der Jahresabschluss ist von den Gesellschaftern innerhalb der ersten sechs Monate nach Abschluss des Geschäftsjahres zu erstellen und der Gesellschafterversammlung zur Beschlussfassung vorzulegen.

Die Ausführung der Buchführungs- und Bilanzierungspflichten iSd Paragraphen wird auf Kosten der Gesellschaft einem Angehörigen steuerberatender Berufe übertragen.

§ 7 Vergütung

Jeder Gesellschafter erhält von der Gesellschaft unabhängig von dem Vorhandensein eines Gewinns ab dem … monatlich eine feste Vergütung von … EUR, die spätestens am 3. Werktag des Monats fällig ist. Eine Anpassung der Vergütung entsprechend der Entwicklung der Tariflöhne (Tarifvertrag für angestellte Meister im Tarifbezirk der Gesellschaft) erfolgt einmal jährlich durch Gesellschafterbeschluss.

§ 8 Gewinn- und Verlustverteilung

Die Gewinn- und Verlustverteilung erfolgt nach Maßgabe der §§ 721 f. BGB. Jeder Gesellschafter ist darüber hinaus berechtigt, die Vergütung nach § 7 zulasten seines Gewinnanteils zu entnehmen.

§ 9 Wettbewerbsverbot

Den Gesellschaftern ist es nicht gestattet, mit der Gesellschaft unmittelbar oder mittelbar, gelegentlich oder gewerbsmäßig, unter eigenem oder fremdem Namen oder Rechnung im Geschäftszweig der Gesellschaft tätig zu werden oder sich an einem Unternehmen des gleichen Geschäftszweiges zu beteiligen.

§ 10 Verfügung über Geschäftsanteil

Verfügungen über den Geschäftsanteil, gleich welcher Art, sind nur wirksam, wenn vor der Verfügung alle Gesellschafter zugestimmt haben.

§ 11 Ausschluss

Ein Gesellschafter kann durch Gesellschafterbeschluss von der Gesellschaft ausgeschlossen werden, wenn … Der Ausschluss erfolgt durch Beschluss des anderen Gesellschafters. Der betroffene Gesellschafter hat kein Stimmrecht, erhält aber eine Abfindung. In diesen Fällen wird die Gesellschaft als einzelkaufmännisches Unternehmen mit dem verbleibenden Gesellschafter fortgesetzt.

Nach Wahl des verbleibenden Gesellschafters findet statt der Abfindung nach § 13 die Liquidation der Gesellschaft statt.

§ 12 Kündigung

Jeder Gesellschafter ist berechtigt, den Vertrag mit einer Frist von … zum Ende eines Geschäftsjahres zu kündigen, frühestens jedoch zum … Die Kündigung bedarf der Schriftform und ist dem anderen Gesellschaftern gegenüber zu erklären.

Folge der Kündigung ist die Abfindung nach § 13, nicht aber die Auflösung der Gesellschaft. Der Gesellschaftsanteil des ausscheidenden Gesellschafters geht auf den verbleibenden Gesellschafter über. In diesen Fällen wird die Gesellschaft als einzelkaufmännisches Unternehmen mit dem verbleibenden Gesellschafter fortgesetzt.

Nach Wahl des verbleibenden Gesellschafters findet statt der Abfindung nach § 13 die Liquidation der Gesellschaft statt.

§ 13 Abfindung

Der durch eine Kündigung nach § 12 ausgeschiedene Gesellschafter erhält eine Abfindung, die sich nach dem Wert des Geschäftsanteils zum Zeitpunkt des Ausscheidens errechnet unter Berücksichtigung auch der stillen Reserven. Vom Ergebnis wird ein Abzug von 25% zugunsten des Bestandsschutzes der Gesellschaft vorgenommen. Der Wert des Gesellschaftsanteils muss bei Uneinigkeit von einem Buchsachverständigen verbindlich festgestellt werden.

Bei einem Ausscheiden nach § 11 wird der Wert ebenso ermittelt. Zusätzlich zum Abschlag von 25% zugunsten des Bestandsschutzes der Gesellschafter wird jedoch zusätzlich ein weiterer Abschlag von 15% vorgenommen.

Die Abfindung erfolgt in 10 gleichen Raten.

§ 14 Tod eines Gesellschafters

Stirbt ein Gesellschafter oder tritt in seiner Person sonst ein Grund ein, der nach §§ 723, 728 BGB die Auflösung der Gesellschaft zur Folge haben würde, so hat der verbleibende Gesellschafter das Recht, das Vermögen der Gesellschaft und den Gesellschaftsanteil des anderen Gesellschafters zu übernehmen. Der verbleibende Gesellschafter hat dies binnen einer Frist von … nach Kenntnis des Auflösungsgrundes, spätestens aber innerhalb von 6 Wochen gegenüber dem ausscheidendem Gesellschafter oder dessen Erben schriftlich zu erklären. Im anderen Fall wird die Gesellschaft liquidiert.

§ 15 Schlussbestimmungen

Sollten einzelne Bestimmungen dieses Vertrages aus irgendwelchen Gründen unwirksam sein oder sollte sich in diesem Vertrag eine Lücke herausstellen, so wird die Wirksamkeit der übrigen Bestimmungen dadurch nicht berührt. Die Gesellschafter sind in diesem Falle verpflichtet, einer Änderung dieses Gesellschaftsvertrages zuzustimmen, durch die der mit der unwirksamen Bestimmung verfolgte Sinn und Zweck weitgehend erreicht wird oder eine Lücke entsprechend dem Sinn und Zweck des Vertrages geschlossen wird.

Änderungen dieses Vertrages bedürfen der Schriftform. Die Aufhebung dieses Schriftformerfordernisses bedarf ebenfalls der Schriftform.

Gerichtsstand für alle Streitigkeiten aus diesem Vertrag ist …

Unterschriften, Ort und Datum

5. Testament

Im Folgenden finden Sie das Grobschema eines gemeinschaftlichen Testamentes mit einigen **156** der bereits angesprochenen Besonderheiten:[298]

Testament – ENTWURF –

Wir, die Eheleute Eddy Penuschek, geboren am 11.4.1950 in Essen, und Irene Penuschek, geboren am 25.1.1958 in Herne, errichten nachfolgendes gemeinschaftliches Testament. Die Bedeutung der darin verwendeten Begriffe ist uns bekannt.

Dies ist unser letzter Wille:

1. Wir setzen uns gegenseitig zu alleinigen, nicht befreiten Vorerben ein.
2. Nacherben zu gleichen Teilen und Schlusserben nach dem Letztversterbenden sind jeweils unsere Kinder Kalle Penuschek, geboren am …, und Jacqueline Penuschek, geboren am …
3. Für die Auseinandersetzung wird angeordnet, dass Kalle … und Jacqueline … erhalten soll.
4. Das Kind von uns, welches beim Tode des ersten von uns egal durch welches Verhalten Pflichtteilsansprüche geltend macht, ist samt seinen sämtlichen Abkömmlingen beim Tode des Letzten von uns enterbt.
5. Im Falle der Wiederheirat von einem von uns nach dem Tode des ersten von uns fällt der gesamte Nachlass des Vorverstorbenen sofort an die Kinder. Auch in diesem Fall wird für die Auseinandersetzung angeordnet, dass Kalle … und Jacqueline … erhalten soll.

---

298 Vgl. auch MVHdb VI BürgerlR II 803 ff., 899 ff.; BeckFormB BHW 1533 ff. und 1560 ff.

6. Bis zum Eintritt der Volljährigkeit des jüngsten Kindes von uns, nämlich Jacqueline Penuschek, ordnen wir die Testamentsvollstreckung für alle Nacherben an. Zum Testamentsvollstrecker ernennen wir Waldemar Hachtmann, geboren am ...

7. Herr Karsten Böcher erhält beim Tode von Eddy Penuschek als Vermächtnis das Gemälde »Röhrender Hirsch am Bergsee« des Künstlers Erwin »Opa« Hoppenstedt. Karsten Böcher wird mit dem Untervermächtnis beschwert, dass Anne-Kathrin Böcher ein Mal im Monat das Bild für mindestens eine halbe Stunde betrachten kann.

Unterschriften, Ort und Datum

6. Ehevertrag

157 Im Folgenden finden Sie das Grobschema eines Ehevertrages mit einigen der bereits angesprochenen Besonderheiten:[299]

Ehevertrag – ENTWURF –

Verhandelt zu ... am ...

Vor dem unterzeichnenden Notar ... erschienen ...

Die Beteiligten erklärten: Wir sind deutsche Staatsangehörige und sind am ... vor dem Standesamt ... die Ehe eingegangen. Einen Ehevertrag haben wir nicht geschlossen, ebenso sind wir am Abschluss eines Ehevertrages durch frühere Verfügungen von Todes wegen nicht gehindert. Wir verzichten auf die Zuziehung von Zeugen, die Urkunde soll unverschlossen durch den Notar amtlich verwahrt werden.

Der Notar überzeugte sich durch die Verhandlung von der Geschäftsfähigkeit der Erschienenen.

§ 1 Güterstand

Wir vereinbaren den gesetzlichen Güterstand der Zugewinngemeinschaft. Wir verzichten auf den Ausgleich bisher entstandenen Zugewinns. Abweichend von § 1374 I BGB vereinbaren wir, dass das Anfangsvermögen der Erschienenen zu 2) unter Berücksichtigung ihrer persönlichen Schulden minus 10.000 EUR beträgt.

Zuwendungen jeglicher Art zwischen uns können, gleich aus welchem Rechtsgrund und gleich zu welchem Zeitpunkt, nur zurückverlangt werden, wenn dies bei der Zuwendung schriftlich vereinbart wurde.

Das Eigentum des Erschienen zu 1) am Grundstück ... soll beim Zugewinnausgleich nicht berücksichtigt werden.

§ 2 Nachehelicher Unterhalt

Wir verzichten für den Fall der Scheidung unserer Ehe auf jeglichen nachehelichen Unterhalt. Wir nehmen diesen Verzicht wechselseitig an. Ausgenommen sind der Kindesbetreuungsunterhalt nach § 1570 BGB sowie der daran anschließende Unterhalt nach § 1571 Nr. 2 und § 1572 Nr. 2 BGB.

§ 3 Versorgungsausgleich

Wir verzichten für den Fall der Scheidung unserer Ehe auf die Durchführung eines Versorgungsausgleiches nach §§ 1587 ff. BGB und hierzu ergangener ergänzender gesetzlicher Vorschriften. Wir nehmen diesen Verzicht wechselseitig an.

Ausgenommen davon sind Zeiten, in denen ein Ehegatte seine Berufstätigkeit aufgegeben oder weniger als 70 % der üblichen Arbeitszeit reduziert hat, weil von ihm wegen der Pflege oder Erziehung gemeinschaftlicher Kinder eine volle Berufstätigkeit nicht erwartet werden konnte.

§ 4 Belehrungen

(Diese sind in der Klausur in der Regel erlassen).

---

299 Nach Kersten/Bühling/*Zimmermann* Formularbuch § 85 Rn. 7; MVHdb VI BürgerlR II 633 ff.

§ 5 Schlussbestimmungen

Sollte vorstehende Vereinbarung ganz oder teilweise unwirksam sein oder werden, so sollen die übrigen Vereinbarungen wirksam bleiben. Die unwirksame Vereinbarung ist durch eine solche zu ersetzen, die dem Zweck der Vereinbarung möglichst weitgehend entspricht.
Die Kosten dieser Urkunde trägt ...

Unterschriften, Ort und Datum

7. Sonstige Schreiben

Anspruchsschreiben an den Gegner oder an Dritte: **158**

Name des Rechtsanwalts   Datum
Adresse des Rechtsanwalts

An   – ENTWURF –
Name und Adresse des Gegners

Betreff: Lucke ./. Kullerich
Aktenzeichen

Sehr geehrter Herr Kullerich,

in vorbezeichneter Angelegenheit zeige ich an, dass mich Herr Lucke, wohnhaft ..., mit der Wahrung seiner rechtlichen Interessen beauftragt hat. Eine Vollmacht ist diesem Schreiben beigefügt.
Sie schulden meiner Mandantschaft aus folgendem Sachverhalt einen Betrag von ... EUR: ... Am ... gewährte Ihnen meine Mandantschaft ...

Hiermit fordere ich Sie namens und in Vollmacht meiner Mandantschaft auf, den oben genannten Betrag

bis zum ...

auf folgendes Konto ... unter Angabe des Aktenzeichens zu überweisen. Empfangsvollmacht ergibt sich aus beigefügter Vollmacht.
Bei fruchtlosem Fristablauf wird meine Mandantschaft Klage gegen Sie einreichen.

Mit freundlichen Grüßen,

Unterschrift

Außerordentliche Kündigung eines Mietvertrages:

Name des Rechtsanwalts   Datum
Adresse des Rechtsanwalts

An   – ENTWURF –
Name und Adresse des Gegners

Betreff: Lucke ./. Kullerich
Aktenzeichen

Sehr geehrter Herr Kullerich,

in vorbezeichneter Angelegenheit zeige ich an, dass mich Herr Lucke, wohnhaft ..., mit der Wahrung seiner rechtlichen Interessen beauftragt hat. Eine Vollmacht ist diesem Schreiben beigefügt.
Hiermit kündige ich namens und in Vollmacht meiner Mandantschaft den Mietvertrag über ... vom ... mit sofortiger Wirkung.
Diese Kündigung beruht auf folgendem Sachverhalt: Sie haben ...
Hiermit fordere ich Sie namens und in Vollmacht meiner Mandantschaft auf, die oben genannte Wohnung bis spätestens zum ... geräumt an unsere Mandantschaft herauszugeben.
Hilfsweise spreche ich hiermit unter Bezugnahme auf die oben genannten Gründe die ordentliche Kündigung des Mietvertrages zum ... aus. Sie werden hiermit auf die Widerspruchsmöglichkeit nach §§ 574 ff. BGB hingewiesen.
Einer Fortsetzung des Mietverhältnisses wird hiermit vorsorglich nach § 545 BGB widersprochen.

Mit freundlichen Grüßen

Unterschrift

Anfechtung eines Vertrages:

Name des Rechtsanwalts   Datum
Adresse des Rechtsanwalts

An   – ENTWURF –
Name und Adresse des Gegners

Betreff: Lucke ./. Kullerich

Sehr geehrter Herr Kullerich,

in vorbezeichneter Angelegenheit zeige ich an, dass mich Herr Lucke, wohnhaft ..., mit der Wahrung seiner rechtlichen Interessen beauftragt hat. Eine Vollmacht ist diesem Schreiben beigefügt.
Mit Kaufvertrag vom ... haben Sie ...
Hiermit fechte ich namens und in Vollmacht meiner Mandantschaft den oben genannten Vertrag an.
Diese Anfechtung beruht auf folgendem Sachverhalt: ...
Ich darf Sie daher bitten, meinem Mandanten bis zum ...

Mit freundlichen Grüßen

Unterschrift

Wir wünschen Ihnen viel Spaß beim Lernen und noch mehr Glück im Examen.

Lübeck im Mai 2019   Die Verfasser

Stichwortverzeichnis

Die aufgeführten Zahlen bezeichnen Randnummern.